高中教育管理与教学创新研究

王华杰 著

吉林文史出版社
JILIN WENSHI CHUBANSHE

图书在版编目（CIP）数据

高中教育管理与教学创新研究 / 王华杰著. -- 长春：
吉林文史出版社, 2025. 1. -- ISBN 978-7-5752-0920-5

Ⅰ. G637.3

中国国家版本馆 CIP 数据核字第 2025R5J563 号

GAOZHONG JIAOYU GUANLI YU JIAOXUE CHUANGXIN YANJIU

高中教育管理与教学创新研究

著　　者	王华杰	
责任编辑	高冰若	
出版发行	吉林文史出版社	
地　　址	长春市福祉大路 5788 号	
邮　　编	130117	
印　　刷	潍坊新天地印务有限公司	
开　　本	700mm×1000mm	1/16
印　　张	16.75	
字　　数	211 千字	
版　　次	2025 年 1 月第 1 版	
印　　次	2025 年 1 月第 1 次印刷	
书　　号	ISBN 978-7-5752-0920-5	
定　　价	78.00 元	

目　录

第一章 高中教育管理概述

第一节 研究背景

一、社会发展对人才培养的新要求

随着科技的飞速发展和全球化进程的不断加速，社会对人才的需求发生了深刻变化。当今社会需要的不再是仅仅掌握单一知识技能的人，而是具有创新能力、批判性思维、团队合作精神和良好沟通能力的高素质综合型人才。高中教育作为基础教育的重要阶段，肩负着为社会培养合格人才的重任。因此，对高中教育管理与教学进行深度剖析并探索创新策略，以适应社会发展对人才培养的新要求，成为当前教育领域的重要课题。

二、教育改革的持续推进

近年来，我国教育改革不断深入，从课程改革到考试招生制度改革，从素质教育的全面实施到核心素养的提出，一系列的改革举措对高中教育产生了深远影响。课程改革强调课程的综合性、实践性和选择性，要求打破学科界限，培养学生的综合素养和创新能力。考试招生制度改革则注重对学生综合素质的评价，引导高中教育从应试教育向素质教育转变。在这样的背景下，高中教育管理与教学必须与时俱进，不断创新，以适应教育改革的新要求。

三、高中教育面临的现实问题

（一）教育管理方面

管理理念滞后:部分高中校仍然采用传统的管理模式,强调严格的纪律和规范,忽视学生的个性发展和主体地位。这种管理理念不利于培养学生的创新精神和自主管理能力。

管理体制不健全:高中校的管理体制存在职责不清、权力交叉、效率较低等问题。例如,教学管理、德育管理、后勤管理等部门之间缺乏有效的沟通与协作,导致管理工作难以顺利开展。

评价机制不完善:目前高中教育的评价主要以学生的考试成绩为依据,对学生的综合素质评价不够全面。同时,对教师的评价也存在片面性,过于注重教学成绩,忽视了教师的专业发展和教学创新。

(二)教学方面

教学方法单一:传统的讲授式教学方法仍然占据主导地位,学生被动接受知识,缺乏主动参与和积极思考。这种教学方法难以激发学生的学习兴趣和创造力,不利于培养学生的自主学习能力和创新思维。

课程设置不合理:高中课程设置过于注重高考科目,忽视了选修课程和校本课程的开发。这使得学生的学习内容较为单一,难以满足学生的个性化发展需求。

教学资源不足:部分高中校的教学资源相对匮乏,如图书资料、实验设备、信息技术设施等不能满足教学需求。这限制了教学质量的提高和学生的全面发展。

四、国内外教育研究的启示

国外在高中教育管理与教学方面积累了丰富的经验。例如,美国的高中教育注重学生的个性发展和自主学习,采用多样化的教学方法和评价方式;德国的高中教育实行双元制,将学校教育与企业培训相结合,培养学生的实践能力和职业素养。国内也有许多学者和教育工作者对高中教育管理与教学进行了深入研究,提出了一些有价值的观点和建议。这些国内外的教育研究成果为我们进行高中教育管理与教学的深度剖析和创新策略研究提供了有益的启示。

五、提升高中教育质量的迫切需求

高中教育质量直接关系到学生的未来发展和国家的人才储备。随着社会对高中教育的期望越来越高,提升高中教育质量成为当务之急。而要提高高中教育质量,就必须对教育管理与教学进行全面深入的研究,找出存在的问题和不足,探索创新的策略和方法,以推动高中教育的持续发展和进步。

第二节 研究的目的和意义

高中教育管理与教学研究具有重要的目的和意义,主要体现在以下几个方面。

一、研究目的

(一)提高教育质量

通过对高中教育管理的研究,优化学校的管理模式、规章制度和资源配置,为教学提供良好的环境和支持,从而提高整体教育质量;对教学的深入研究有助于教师改进教学方法、更新教学内容、提升教学技能,使学生能够更有效地学习,促进学生知识、技能和素养的全面发展。

(二)促进学生成长

了解学生的身心发展特点和需求,为学生提供个性化的教育服务,满足不同学生的学习需求,激发学生的学习兴趣和潜能,促进学生的全面成长和个性发展;通过研究高中教育管理与教学,营造积极向上的校园文化和学习氛围,培养学生的良好品德、社会责任感和创新精神。

(三)提升教师专业水平

为教师提供专业发展的机会和平台,鼓励教师参与教学研究和教育管理创新,促进教师不断反思自己的教学实践,提高教师的教育教学能力和专业素养;研究教师的教学行为和专业发展路径,为教师培训和评价提供科学依据,帮助教师更好地适应教育改革和发展的要求。

(四)推动教育改革与发展

关注高中教育领域的新趋势、新问题和新挑战,通过研究提出针对性的解决方案和政策建议,为教育决策提供参考,推动高中教育的改革与发展;促进高中教育与社会需求的紧密结合,培养适应时代发展的高素质人才,为社会经济发展做出贡献。

二、研究意义

(一)对学生的意义

提供更优质的教育资源和学习环境,使学生能够获得更好的教育机会,为他们的未来发展奠定坚实的基础;个性化的教育服务有助于学生充分发挥自己的优势和潜力,实现自己的人生价值;良好的校园文化和学习氛围能够培养学生的积极心态和良好品德,促进学生的身心健康发展。

(二)对教师的意义

促进教师的专业成长和职业发展,提高教师的工作满意度和成就感;为教师提供更多的教学资源和教学方法,丰富教师的教学手段,提高教学效果;鼓励教师参与教育管理创新,增强教师的责任感和使命感,提升教师在学校教育中的地位和作用。

(三)对学校的意义

提升学校的教育质量和声誉,吸引更多优秀的学生和教师,促进学校的可持续发展;优化学校的管理模式和资源配置,提高学校的管理效率和办学效益;推动学校的教育改革与创新,使学校能够更好地适应社会发展的需求,为社会培养更多的优秀人才。

(四)对社会的意义

为社会经济发展提供高素质的人才支持,促进社会的进步和发展;推动教育公平,缩小城乡、区域之间的教育差距,促进社会的和谐稳定;传承和弘扬优秀的文化传统,培养具有社会责任感和创新精神的公民,为社会的文明进步做出贡献。

第三节　研究的方法和途径

一、教学管理的方法与途径

（一）目标管理法

1.目标设定

（1）高中教学管理首先要明确教学目标。这些目标应基于国家课程标准、学校的教育理念和学生的实际情况来设定。例如，对于数学学科，教学目标可以包括学生在一年内要掌握的具体知识点，如函数、几何等内容，以及在数学思维能力和解题技巧方面要达到的水平。

（2）目标要具有层次性，分为长期目标（如整个高中阶段学生的综合素养提升）、中期目标（如一个学年内学科成绩的进步幅度）和短期目标（如一个单元教学后学生的知识掌握情况）。同时，目标要具体、可衡量、可实现、相关联和有时限（SMART原则）。

2.目标分解与实施

（1）将总体教学目标分解到各个学科、各个年级和各个班级。例如，学校可以根据高考要求和学科特点，将高中三年的语文教学目标分解到每个学期，每个学期再进一步分解到各个单元。各学科教师根据学校的目标安排教学计划，明确每节课的教学任务。

（2）在实施过程中，定期检查目标的完成进度。教学管理人员可以通过听课、检查教案和学生作业等方式，了解教师的教学情况是否符合目标要求。对于未达到目标进度的情况，及时与教师沟通，分析原因并调整教学策略。

（二）制度管理法

1.建立教学管理制度

（1）完善教学常规管理制度，包括备课、上课、作业批改、辅导学生等环节的规定。例如，要求教师提前一周备课，备课内容要详细，包括教学目标、教学重难点、教学方法、教学过程和教学反思等;上课要遵守课堂纪律,不得随意离开教室等。

（2）建立教学质量监控制度,如定期开展教学检查、考试评估和学生评教等活动。教学检查可以包括对教师教案、教学进度、课堂教学情况等方面的检查;考试评估要科学设计考试内容和形式,确保能够真实反映学生的学习情况;学生评教可以通过问卷调查、学生座谈会等方式,让学生对教师的教学质量进行评价。

2.制度执行与监督

（1）加强制度的宣传和培训,让教师和学生了解教学管理制度的内容和重要性。例如,在新教师入职培训和每学期的教师会议上,详细讲解教学管理制度的各项条款。

（2）设立专门的监督机构或人员,负责检查制度的执行情况。对于违反制度的行为,要按照规定进行处理。如对于未按时批改作业的教师,给予警告并要求其限期改正;对于严重违反教学纪律的行为,进行严肃的批评教育或相应的处罚。

（三）人本管理法

1.关注师生需求

（1）了解教师的工作需求和职业发展需求。学校可以通过问卷调查、教师座谈会等方式,收集教师在教学资源、培训机会、工作环境等方面的需求。例如,很多教师希望能够参加学科前沿知识的培训,学校就可以根据教师的需求,定期组织专家讲座或选派教师参加校外培训。

（2）关注学生的学习需求和身心发展需求。通过与学生沟通、观察学生的学习状态等方式,了解学生在学习内容难度、学习方法、学习压力等方面的情况。比如,发现学生在物理学科的某个知识点上理解困难,教师可以调整教学方法,采用更直观的实验或案例进行讲解。

2.激励与关怀机制

（1）建立激励机制,激发教师的工作积极性和学生的学习动力。对于教师,可以采用物质激励(如教学成果奖励、绩效奖金等)和精神激励(如优秀教师评选、表彰大会等)相结合的方式。例如,对在教学比赛中获奖或所教班级成绩突出的教师给予一定的奖金和荣誉证书。

2.对于学生,设立奖学金制度、学习进步奖等,鼓励学生努力学习。同时,要注重对师生的人文关怀,营造良好的校园氛围。如关心教师的生活困难,为学生提供心理咨询服务等。

二、教学研究的方法与途径

(一)行动研究法

1.问题发现与计划制订

(1)高中教师在日常教学过程中,要善于发现教学问题。例如,发现学生在英语写作方面存在词汇量不足、语法错误多、写作思路不清晰等问题。针对这些问题,教师制订行动研究计划,明确研究的目标(如提高学生的英语写作能力)、研究的步骤和时间安排。

(2)计划中要包括采取具体行动,如增加词汇教学的时间、进行语法专项训练、开展写作技巧指导和写作实践活动等,同时确定观察和评估的方法。

2.行动实施与观察评估

(1)教师按照计划实施教学行动,在实施过程中,要详细记录学生的学习情况,如学生在词汇测试、语法练习、写作作业中的表现。同时,观察学生的课堂参与度、学习兴趣等方面的变化。

(2)定期对行动效果进行评估,如通过学生的英语写作成绩对比、作文质量分析等方式,评估采取的行动是否有效。如果效果不理想,分析原因并调整行动方案,如改变教学方法、调整教学内容等,然后再次实施和评估,直到达到预期的研究目标。

(二)案例分析法

1.案例收集与整理

(1)收集高中教学中的典型案例,这些案例可以来自本校教师的教学实践,也可以来自其他学校的优秀教学案例。例如,收集物理学科中关于实验教学的案例,包括实验设计巧妙、教学效果良好的案例,以及实验过程中出现问题的案例。

（2）对收集到的案例进行整理，包括案例的背景（如教学内容、学生情况等）、教学过程、教学效果、教师的反思等方面的内容。可以将这些案例建立成教学案例库，方便教师查阅和参考。

2.案例分析与应用

（1）教师对案例进行深入分析，研究案例中的成功经验和不足之处。例如，在分析一个成功的数学教学案例时，发现教师通过创设问题情境、引导学生自主探究的方法，激发了学生的学习兴趣和主动性。教师可以将这些成功的教学方法应用到自己的教学中。

（2）同时，对于案例中的问题，教师要思考如何避免和改进。例如，在一个语文阅读教学案例中，发现教师在引导学生理解文本深层含义方面存在不足，教师可以通过学习相关理论知识和教学方法，在自己的教学中加强这方面的教学。

（三）调查研究法

1.问卷设计与调查实施

（1）根据教学研究的目的，设计调查问卷。例如，为了研究高中生对化学实验课程的兴趣和学习需求，问卷可以包括学生对实验课程的喜爱程度、希望开展的实验类型、在实验过程中遇到的困难等方面的问题。

（2）选择合适的调查对象，如全体高中生或某个年级、某个班级的学生。通过线上或线下的方式发放调查问卷，确保问卷的回收率和有效率。例如，利用学校的网络教学平台发放问卷，或者在课堂上统一发放和回收问卷。

2.数据统计与分析结论

（1）对回收的问卷进行数据统计，如计算每个问题选项的百分比、平均数等统计指标。例如，统计学生对不同类型化学实验喜爱程度的百分比，了解学生最喜欢的实验类型。

（2）运用统计学方法对数据进行分析，如相关性分析、差异性分析等。根据分析结果得出结论，如发现学生对趣味性实验的喜爱程度与他们的化学学习兴趣呈正相关，从而为改进化学实验教学提供依据，如增加趣味性实验的比例，提高学生的化学学习兴趣。

第四节 高中教学管理的常见问题及解决方法

一、教学目标与课程设置方面

(一)问题

1.目标不明确或不合理

(1)部分高中教学目标模糊,没有与高考要求、学生发展需求和学校教育理念紧密结合。例如,教学目标只强调知识传授,忽视了学生思维能力和综合素质的培养,导致学生在应对高考综合题型和未来社会竞争时能力不足。

(2)目标设定过高或过低,不符合学生实际水平。如果目标过高,学生会因难以达到而产生挫败感;目标过低,则无法激发学生的学习潜力。

2.课程设置僵化

(1)高中课程设置往往受传统观念和高考指挥棒的影响,学科课程占比较大,而实践课程、选修课程和跨学科课程相对较少。例如,艺术、体育等课程可能被忽视,学生缺乏全面发展的机会。

(2)课程内容更新不及时,不能反映学科前沿动态和社会热点问题。这使得学生所学知识与实际应用脱节,难以激发学生的学习兴趣。

(二)解决方法

1.明确合理的教学目标

(1)学校教学管理团队应深入研究国家课程标准、高考大纲和教育政策,结合学校的办学特色和学生的实际情况,制定清晰、具体、分层的教学目标。例如,对于高一学生,在知识目标上可以注重基础知识的扎实掌握;在能力目标上,侧重于培养自主学习能力和初步的学科思维能力。

(2)定期评估和调整教学目标,根据学生的学习进度和反馈意见,确保目标的合理性和有效性。例如,通过阶段性测试、学生座谈会等方式收集信息,若发现学生在某个学科的目标完成情况普遍不佳,分析是目标过高还是教学方法问题,然后及时调整目标或教学策略。

2.优化课程设置

(1)构建多元化的课程体系,在保证高考学科教学质量的基础上,适当增加实践课程、选修课程和跨学科课程的比重。例如,开设科技创新实践课程,让学生参与机器人制作、科技创新项目等;丰富选修课程种类,如文学鉴赏、戏剧表演、心理健康等课程,满足学生不同的兴趣爱好和发展需求。

(2)建立课程内容更新机制,鼓励教师关注学科前沿和社会热点,将其融入教学内容。学校可以定期组织教师参加学术研讨会、学科培训,要求教师在备课过程中查阅最新的学术文献,确保课程内容的时代性和实用性。

二、教师管理方面

(一)问题

1.教师教学压力过大

(1)高中教师面临着繁重的教学任务,包括备课、上课、批改作业、辅导学生等。尤其是高考科目教师,为了提高学生成绩,往往需要花费大量的课余时间进行教学工作,导致身心疲惫。

(2)升学压力也给教师带来很大的精神负担。学校对高考成绩的过度关注,使得教师时刻处于紧张状态,可能会影响教学质量和教师的职业幸福感。

2.教师专业发展受限

(1)部分高中教师缺乏专业发展的机会和动力。学校可能由于经费、时间等因素,不能为教师提供足够的培训、进修和学术交流机会。例如,一些偏远地区高中教师很难参加高水平的学科培训,导致知识和教学方法更新缓慢。

(2)教师自身也可能因为教学任务繁重而无暇顾及自身的专业成长,长期在自己的舒适区内教学,难以提升教学水平。

(二)解决方法

1.缓解教师教学压力

(1)合理安排教学任务,根据班级学生人数、学科特点等因素,科学分配教师的工作量。例如,对于学生人数较多的班级,可以适当减少教师的其他工作任务,如社团指导等。

（2）营造宽松的教学环境,改变单一的以高考成绩为导向的评价方式。学校可以建立多元化的教师评价体系,除了教学成绩外,还应关注教师的教学过程、教学创新、学生综合素质提升等方面的表现,减轻教师的升学压力。

2.促进教师专业发展

（1）学校要加大对教师专业发展的投入,制订教师培训计划。可以邀请教育专家、学科名师来校讲学，也可以选派教师到教育发达地区或高校进修。例如,每年安排一定比例的教师参加省级或国家级的学科培训,拓宽教师的视野。

（2）建立校内教师学习共同体,鼓励教师之间开展教学观摩、教学研讨等活动。例如,定期组织同科教师之间的公开课和评课活动,让教师相互学习、共同进步。同时,为教师提供一定的激励措施,如将教师的专业发展成果与职称评定、绩效工资等挂钩,激发教师的学习动力。

三、学生管理方面

(一)问题

1.学习动力不足

（1）高中学习任务繁重,部分学生在长期的学习过程中容易产生疲劳和厌学情绪。尤其是对于成绩不理想的学生,可能会因为多次挫折而失去学习动力。

（2）学习目标不明确也是导致学生学习动力不足的重要原因。很多学生只是被动地跟随教师的教学节奏,不清楚自己为什么要学习,学习的目标是什么。

2.学生差异管理困难

（1）高中生在学习能力、学习基础、学习习惯等方面存在较大差异。在班级教学中,教师很难采用一种教学方法满足所有学生的需求。例如,对于学习进度快的学生,可能会觉得课堂内容简单而缺乏兴趣;而对于学习困难的学生,可能会跟不上教学进度。

（2）学生的个性差异也给管理带来挑战，如有些学生性格内向，在集体活动中参与度较低；有些学生则比较叛逆，可能会违反学校纪律。

（二）解决方法

1.激发学生学习动力

（1）帮助学生明确学习目标，开展生涯规划教育。从高一开始，学校可以开设生涯规划课程，通过职业测评、人物访谈、企业参观等方式，让学生了解不同职业的要求，从而确定自己的学习目标和未来的职业方向。

（2）采用多样化的激励方式，激发学生的学习兴趣。例如，设立学习进步奖、学科竞赛奖等，鼓励学生积极进取；在教学过程中，运用情境教学、项目式学习等方法，让学习变得更加有趣。

2.关注学生差异管理

（1）实施分层教学，根据学生的学习能力和成绩将学生分为不同层次，在教学内容、教学进度和教学方法上进行差异化安排。例如，在数学教学中，对于基础薄弱的学生，加强基础知识的巩固和简单题型的训练；对于高层次的学生，提供拓展性的学习内容和难度较大的练习题。

（2）加强个性化教育，关注学生的个性差异。教师要了解每个学生的性格、兴趣爱好和特长，对于性格内向的学生，鼓励他们积极参与小组活动；对于叛逆的学生，采用耐心引导、正面激励的方式，帮助他们树立正确的价值观和行为准则。

第五节　高中教学研究的常见问题及解决方法

一、研究问题确定方面

（一）问题

1.问题过于宽泛或模糊

（1）许多高中教师在开展教学研究时，确定的研究问题范围过大，导致研究难以深入。例如,"如何提高高中生的学习成绩"这样的问题,涉及众多因素,包括学生的学习动力、学习方法、教师的教学策略、家庭环境等,很难在一项研究中全面探讨。

(2)研究问题表述模糊,使得研究方向不明确。比如"怎样让高中课堂更有趣","有趣"的定义不清晰,不同人可能有不同的理解,这就会使研究缺乏明确的指向性。

2.问题缺乏实践价值

(1)有些教学研究问题是从理论角度出发,与高中教学实际脱节。例如,研究一些过于高深的教育哲学理论,却没有考虑如何将其应用到高中日常教学实践中,这样的研究对教学质量的提升帮助不大。

(2)研究问题没有结合高中教学中的热点和难点问题,如高考改革背景下的学科教学策略调整、新教材使用过程中的问题等,导致研究成果无法直接为教学服务。

(二)解决方法

1.精准确定研究问题

(1)教师可以从教学实践中的具体困惑入手,将大问题细化为可操作的小问题。例如,将"如何提高高中生的学习成绩"细化为"如何通过小组合作学习提高高中数学课堂学生的解题能力",这样就明确了研究的学科、教学方法和具体能力目标。

(2)对研究问题进行清晰的界定,明确关键概念的内涵和外延。比如,对于"怎样让高中课堂更有趣"这个问题,可以将"有趣"定义为"能够激发学生的学习兴趣、提高学生课堂参与度、让学生在学习过程中感到愉悦",使研究问题更加具体。

2.聚焦实践价值问题

(1)教师要关注高中教学的实际需求,将教学研究与教学实践紧密结合。例如,在高考改革后,研究新高考模式下各学科的选课走班教学策略,如如何根据学生的选科情况进行分层教学、如何合理安排教学资源等,这样的研究能够直接应用于教学实践。

（2）及时捕捉高中教学中的热点和难点问题，如随着信息技术在教学中的广泛应用，研究如何利用在线教学平台提高中英语听说教学效果，通过解决这些实际问题，提升教学质量。

二、研究方法选择方面

（一）问题

1.研究方法单一

（1）部分高中教师在教学研究中，习惯使用传统的研究方法，如经验总结法。这种方法虽然有一定的实践基础，但仅凭个人经验总结，缺乏科学性和系统性。例如，教师仅根据自己多年的教学经验来判断某种教学方法的有效性，没有进行对比实验或数据分析。

（2）对于一些新兴的研究方法，如行动研究法、教育实验法等，教师了解和运用得较少。这使得教学研究难以深入挖掘教学现象背后的本质规律。

2.研究方法不恰当

（1）有些教师在选择研究方法时，没有考虑研究问题的性质和特点。例如，研究学生的学习心理问题，却采用问卷调查法，而问卷设计不够科学，无法深入了解学生的内心想法，导致研究结果不准确。

（2）在研究过程中，没有按照研究方法的规范要求进行操作。比如，在进行教育实验研究时，没有控制好无关变量，实验样本选择不合理，影响了研究结论的可靠性。

（二）解决方法

1.多样化选择研究方法

（1）教师要学习和掌握多种教学研究方法，根据研究问题的特点灵活选择。例如，对于研究"小组合作学习对高中物理实验教学效果的影响"，可以采用行动研究法和实验研究法相结合的方式。在行动研究中，教师在自己的课堂上实施小组合作学习，观察学生的行为变化；同时，设置实验组和对照组进行实验研究，通过对比分析来验证小组合作学习的效果。

（2）鼓励教师参加教学研究方法的培训和学习，了解新兴研究方法的优势和适用范围。例如，学习大数据分析方法，用于分析学生的学习行为数据，挖掘学生的学习规律。

2 恰当运用研究方法

（1）在选择研究方法之前，教师要对研究问题进行深入分析，确定适合的研究方法。比如，研究学生的学习动机问题，适合采用访谈法和观察法，深入了解学生的内心动机和外在行为表现。

（2）严格按照研究方法的规范要求进行操作。在进行问卷调查时，要确保问卷的设计科学合理，包括问题的有效性、信度和效度等；在进行实验研究时，要合理选择实验对象，严格控制实验变量，保证实验结果的科学性。

三、研究过程实施方面

（一）问题

1.研究过程缺乏系统性和计划性

（1）部分高中教师在开展教学研究时，没有制订详细的研究计划，研究过程随意性较大。例如，没有明确各阶段的研究任务、时间安排和预期成果，导致研究进度缓慢，甚至中途放弃。

（2）研究过程缺乏系统性，没有按照科学的研究流程进行。比如，在收集数据后，没有及时进行整理和分析，或者在分析数据时，没有运用合适的统计方法，使得研究结论缺乏说服力。

2.研究过程受外部因素干扰

（1）高中教师教学任务繁重，教学研究时间有限，经常会被日常教学工作打断。例如，教师可能因为要准备公开课、批改作业、辅导学生等事务，无法集中精力进行教学研究，影响研究的连续性。

（2）学校和家长对教学成绩的过度关注，也会对教师的教学研究产生干扰。教师可能会为了提高学生的考试成绩，而将更多的时间和精力放在教学上，忽视了教学研究。

（二）解决方法

1.加强研究过程的系统性和计划性

（1）教师在开展教学研究之前，要制订详细的研究计划，包括研究问题、研究目的、研究方法、研究步骤、时间安排和预期成果等内容。例如，将研究过程分为准备阶段(查阅文献、设计研究方案)、实施阶段(收集数据、分析数据)和总结阶段(撰写研究报告、成果推广),并明确每个阶段的具体时间和任务。

(2)按照科学的研究流程进行研究,收集数据后,及时进行整理和分析。可以学习数据分析软件和统计方法,如 SPSS 软件,对数据进行定量分析,同时结合定性分析方法,如案例分析、内容分析等,使研究过程更加系统科学。

2.减少外部因素干扰

(1)学校要合理安排教师的教学任务,为教师开展教学研究提供时间保障。例如,适当减少教师的课时量,或者安排专门的教研时间,让教师能够集中精力进行研究。

(2)改变学校和家长对教学成绩的单一评价方式,建立多元化的教师评价体系,将教学研究成果纳入评价指标。例如,对在教学研究方面有突出贡献的教师给予奖励,激励教师积极开展教学研究。

第六节　高中教学研究常见的研究方法

一、文献研究法

(一)定义与特点

1.文献研究法是指通过查阅、分析文献资料来研究教学现象和问题的方法。这些文献包括学术著作、期刊论文、研究报告、教学案例、课程标准等。它的特点是不直接接触研究对象,而是基于已有的文献进行间接研究。

2. 这种方法的优点在于能够快速获取大量关于教学研究主题的信息,了解该领域的研究现状和历史发展脉络。通过查阅相关文献,可以知晓不同时期的阅读教学理念、各种已被验证或尝试的教学方法等。

(二)操作步骤

1.文献收集

(1)首先要确定文献收集的范围,包括确定相关学科领域、时间范围等。

例如,研究现代教育技术在高中数学教学中的应用,可能需要收集近十年内发表在教育技术、数学教育等领域期刊上的文章。

(2)利用多种渠道进行收集,如学校图书馆、学术数据库(知网、万方等)、教育机构网站等。可以通过主题词、关键词搜索等方式查找相关文献。

2.文献整理与分析

(1)对收集到的文献进行整理,按照主题、时间、研究方法等进行分类。例如,将关于高中物理实验教学的文献分为实验教学设计、实验教学评价、实验教学资源开发等类别。

(2)运用内容分析法等对文献进行分析,提取其中有价值的观点、研究方法、研究成果等。例如,分析文献中提到的不同高中英语写作教学模式的优缺点,找出对自己研究有启发的内容。

二、调查研究法

(一)定义与特点

1.调查研究法是通过问卷、访谈、观察等方式收集有关教学现象的数据资料,从而了解教学现状、问题及原因的研究方法。它能够直接从研究对象那里获取一手信息,具有较强的现实针对性。

2.这种方法可以广泛应用于教学研究的各个方面,如了解学生的学习兴趣、教师的教学满意度、家长对学校教育的期望等。例如,要研究高中生对校本课程的需求,通过调查可以直接了解学生的想法。

(二)操作步骤

1.问卷设计与实施(以问卷调查为例)

(1)根据研究目的设计问卷,问卷内容要清晰、简洁、无歧义。例如,研究高中化学实验教学效果,问卷问题可以包括学生对实验课程的兴趣程度、实验技能的掌握情况、对实验教学方式的评价等。

(2)选择合适的调查对象,如全体高中生或某个年级、班级的学生。可以采用分层抽样、随机抽样等方法确定样本。例如,按照高一、高二、高三不同年级分层,然后在每个年级中随机抽取一定数量的班级进行调查。

(3)发放问卷,可以通过线上(如问卷星等平台)或线下(课堂发放、邮寄等)方式进行。回收问卷后,对问卷的有效性进行筛选,剔除无效问卷。

2.数据统计与分析

(1)对有效问卷的数据进行统计,如计算百分比、平均数、标准差等统计指标。例如,统计学生对化学实验课程非常感兴趣的比例,或者不同年级学生实验技能得分的平均数。

(2)运用统计学方法进行分析,如相关性分析、差异性分析等。例如,分析学生对实验课程的兴趣与实验成绩之间是否存在相关性,或者不同性别学生对实验教学方式的评价是否存在差异。

三、实验研究法

(一)定义与特点

1.实验研究法是在控制无关变量的条件下,对研究对象施加某种实验变量,观察其变化,以验证假设、揭示因果关系的研究方法。它的特点是能够严格控制研究条件,从而比较准确地揭示变量之间的因果关系。

2.例如,在高中生物教学中,研究某种新的教学方法对学生学习成绩的影响,通过实验可以比较实验组(采用新教学方法)和对照组(采用传统教学方法)的学习成绩变化,确定新教学方法是否有效。

(二)操作步骤

1.实验设计

(1)提出研究假设,如"采用项目式学习法可以提高高中物理学生的学习成绩和问题解决能力"。

(2)确定实验变量,包括自变量(如教学方法)、因变量(如学习成绩、问题解决能力)和无关变量(如学生的学习基础、教师的教学水平等)。

(3)选择实验对象,一般采用随机分组的方式将研究对象分为实验组和对照组。例如,将高中物理班级的学生随机分为两组。

2.实验实施与数据收集

(1)对实验组施加实验变量(如采用项目式学习法进行教学),对照组采用常规教学方法。在实验过程中,要严格按照实验设计进行操作,控制好无关变量。

（2）收集实验数据,如学生的考试成绩、作业完成情况、课堂表现等,记录实验过程中的各种情况。

3.数据分析与结论

（1）对收集的数据进行统计分析,比较实验组和对照组在因变量上的差异。例如,通过 t 检验等方法比较两组学生的物理学习成绩是否存在显著差异。

（2）根据数据分析结果得出结论,验证假设是否成立。如果实验组的学习成绩和问题解决能力显著高于对照组,就可以初步认为项目式学习法对高中物理教学有积极的效果。

四、行动研究法

（一）定义与特点

1.行动研究法是教师在自己的教学实践中,为解决教学问题而进行的研究方法。它强调教师的自我反思和行动改进,研究过程与教学实践紧密结合。

2.例如,教师发现高中英语写作教学高中生写作兴趣不高的问题,通过行动研究,在自己的课堂上尝试新的教学策略,观察学生的反应并不断调整策略,以提高学生的写作兴趣和写作水平。

（二）操作步骤

1.问题发现与计划制订

（1）教师在教学实践中发现问题,如高中数学课堂学生参与度低。对问题进行分析,确定问题的范围、性质和可能的原因。

（2）制订行动计划,包括具体的行动步骤、时间安排和预期效果。例如,计划采用小组竞赛的方式提高学生参与度,明确竞赛的规则、时间安排和希望达到的学生参与程度。

2.行动实施与观察反思

（1）教师在课堂教学中实施行动计划,在实施过程中,仔细观察学生的行为、态度和学习效果。例如,观察学生在小组竞赛中的参与情况、学习积极性的变化等。

(2)定期进行反思,分析行动是否达到预期效果。如果没有达到,思考问题出在哪里,是计划本身不合理还是实施过程中出现了偏差。

3.调整与再行动

根据反思结果,对行动计划进行调整。例如,如果发现小组竞赛的规则过于复杂,学生参与度不高,就简化竞赛规则,然后再次实施行动,不断循环这个过程,直到问题得到解决或达到满意的效果。

五、案例研究法

(一)定义与特点

1.案例研究法是对教学实践中的典型案例进行深入分析,以揭示教学规律、总结教学经验或教训的研究方法。案例可以是一个教学片段、一堂课、一个教学项目或一个教师的教学实践等。

2.这种方法能够生动形象地展示教学现象,便于深入研究教学细节。例如,研究高中语文优秀教师的教学案例,可以从中挖掘出有效的教学策略、教学风格等特点。

(二)操作步骤

1.案例选择与收集

(1)根据研究目的选择典型案例。例如,研究高中历史课堂情境教学,选择一个在情境教学方面有突出表现的教师的课堂教学案例。

(2)收集案例相关资料,包括教学计划、教案、课堂录像、学生作业、教师反思等,确保案例资料的完整性。

2.案例分析与总结

(1)对案例进行全面分析,从教学目标、教学过程、教学方法、师生互动等多个角度进行剖析。例如,分析案例中教师是如何创设历史情境的,学生在情境中的学习反应如何。

(2)总结案例中的成功经验和不足之处,提炼出对教学实践有指导意义的结论。例如,总结出情境教学中有效的情境创设方法和需要注意的问题,为其他教师提供借鉴。

第二章 高中教育管理的理论基础

第一节 教育管理的对象、目标和原则

一、管理对象

(一)学生管理

对学生的学习、生活、思想、行为等方面进行管理。包括制定学生行为规范,培养良好的学习习惯和品德修养;关注学生的心理健康,提供心理辅导和支持;组织丰富多彩的课外活动,促进学生的全面发展。例如,通过设立班级规章制度,规范学生的日常行为;开展主题班会,引导学生树立正确的价值观和人生观;组织社团活动,培养学生的兴趣爱好和特长。

(二)教师管理

对教师的招聘、培训、考核、评价等方面进行管理。旨在提高教师的专业素养和教学水平,激发教师的工作积极性和创造力。比如,组织教师参加专业培训和教学研讨活动,提升教师的教学能力;建立科学合理的教师评价体系,激励教师不断进步。

(三)教学管理

对教学过程的各个环节进行管理,包括课程设置、教学计划制订、教学方法选择、教学质量监控等。确保教学工作的有序进行,提高教学质量。例如,根据国家课程标准和学生实际情况,合理设置课程;制订教学计划,明确教学目标和教学进度;鼓励教师采用多样化的教学方法,提高课堂教学效果;建立教学质量监控机制,定期对教学进行评估和反馈。

（四）资源管理

对学校的物质资源（如校舍、教学设备、图书资料等）和财务资源进行管理。合理配置资源，提高资源的使用效率。比如，制定学校物资采购和管理制度，确保教学设备的正常运行和更新换代；科学编制学校预算，合理安排资金，提高资金使用效益。

二、管理目标

（一）实现教育目标

高中教育的目标是培养德智体美劳全面发展的社会主义建设者和接班人。教育管理的各项活动都应围绕这一目标展开，为学生的成长和发展创造良好的条件。例如，通过开展德育活动，培养学生的爱国主义、集体主义精神和社会责任感；加强体育和美育教育，提高学生的身体素质和审美素养；重视劳动教育，培养学生的劳动意识和实践能力。

（二）提高教育质量

教育质量是高中教育的生命线。教育管理要致力于提高教学质量、管理质量和服务质量，为学生提供优质的教育服务。比如，通过加强教学管理，提高教师的教学水平和课堂教学效果；优化学校管理流程，提高管理效率和服务水平；加强学校与家长、社会的沟通与合作，共同促进学生的成长。

（三）促进学校发展

教育管理要为学校的可持续发展提供保障。通过科学规划、合理决策、有效管理，推动学校在硬件设施、师资队伍、教学质量、校园文化等方面不断发展。例如，制定学校发展规划，明确学校的发展方向和目标；加强师资队伍建设，吸引和留住优秀教师；营造积极向上的校园文化，增强学校的凝聚力和向心力。

三、管理原则

（一）以人为本原则

尊重学生和教师的主体地位，关注他们的需求和发展。以学生的成长和发展为出发点和落脚点，为学生提供个性化的教育服务；关心教师的工作和生活，为教师创造良好的工作环境和发展空间。例如，在学生管理中，尊重学生的个性差异,因材施教;在教师管理中,关注教师的职业发展需求,提供培训和晋升机会。

(二)民主管理原则

鼓励师生参与学校管理,充分发挥他们的主体作用。建立健全民主管理制度,广泛听取师生的意见和建议,提高管理决策的科学性和民主性。比如,设立学生代表大会和教师代表大会,让师生参与学校重大事项的决策;建立校务公开制度,增强学校管理的透明度。

(三)科学管理原则

运用科学的管理方法和手段,提高管理效率和质量。遵循教育规律和管理规律,制定科学合理的管理制度和管理流程,运用现代信息技术进行管理。例如,采用目标管理、质量管理等科学管理方法,提高学校管理的有效性;利用教育信息化平台,实现教学管理、学生管理、教师管理等方面的信息化。

(四)依法管理原则

严格遵守国家法律法规和教育政策,依法办学、依法管理。建立健全学校规章制度,规范学校的管理行为和教育教学行为。比如,按照国家课程标准开设课程,不得随意增减课时;依法保障学生的受教育权和教师的合法权益。

高中教育管理是一项复杂的工程,它涉及学校的各个方面和各个环节。只有深刻理解高中教育管理的概念与内涵,遵循科学的管理原则,运用有效的管理方法和手段,才能实现高中教育的目标,提高教育质量,促进学校的发展。

高中教育管理是一项系统的工程,涉及多个学科领域的知识和理论。管理学、教育学和心理学作为与高中教育管理密切相关的三个主要学科领域,为高中教育管理提供了重要的理论支持和实践指导。

第二节 高中教育管理应用的教育管理理论

一、人本管理理论

（一）理论内涵

人本管理理论强调以人为本，把人作为管理的核心和组织最重要的资源。在高中教育管理中，就是要以学生和教师为中心，尊重他们的个性、需求和价值，充分发挥他们的主观能动性和创造力；关注人的情感、态度和心理健康，营造一个和谐、积极、富有活力的教育环境。

（二）应用举例

学生管理方面：尊重学生的个性差异，采用个性化的教育方式，满足不同学生的学习需求。例如，对于学习困难的学生，提供额外的辅导和支持；对于有特长的学生，鼓励他们参加各种兴趣小组和竞赛活动。

教师管理方面：关注教师的职业发展需求，为他们提供培训、晋升和交流的机会。例如，组织教师参加教学研讨会、学术讲座等活动，提高他们的专业水平；建立教师评价体系，激励教师不断进步。

二、目标管理理论

（一）理论内涵

目标管理理论是由美国管理学家彼得·德鲁克提出的，它强调通过设定明确的目标来引导组织和个人的行为，实现组织的战略规划和个人的发展目标。目标管理包括目标设定、目标分解、目标实施、目标考核等环节，通过这些环节的有效运作，确保组织和个人朝着既定的目标前进。

（二）应用举例

学校管理方面：制定学校的发展目标和战略规划，明确学校的办学理念、教育目标和发展方向。例如，制定学校的五年发展规划，确定学校在教学质量、师资队伍建设、校园文化建设等方面的具体目标。

教学管理方面：教师根据教学大纲和学生的实际情况，制定明确的教学目标,并将教学目标分解为具体的教学任务和教学活动。例如,在数学教学中,教师可以制定本学期的教学目标为提高学生的数学思维能力和解题能力,然后将这个目标分解为具体的教学任务,如讲解数学概念、组织数学实验、布置数学作业等。

三、全面质量管理理论

（一）理论内涵

全面质量管理理论强调以质量为中心,全员参与,全过程管理,持续改进。在高中教育管理中,就是要树立质量意识,把提高教育质量作为学校管理的核心任务。全员参与是指学校的全体师生员工都要参与教育质量管理中来,形成人人关心质量、人人重视质量的良好氛围。全过程管理是指对教育教学的各个环节进行全面管理,包括教学计划制订、教学过程实施、教学效果评价等。

（二）应用举例

教学质量管理方面:建立教学质量监控体系,对教学过程进行全程监控。例如,定期开展教学检查、听课评课、学生评教等活动,及时发现教学中存在的问题,并采取有效的措施进行改进;加强教学研究和教学改革,不断提高教学质量。

学生管理方面:关注学生的全面发展,不仅要重视学生的学习成绩,还要重视学生的品德修养、身心健康、社会实践等方面的发展。例如,开展德育活动、体育活动、社会实践活动等,培养学生的综合素质。

四、权变管理理论

（一）理论内涵

权变管理理论认为,组织的管理方式应根据组织所处的内外部环境的变化而变化。在高中教育管理中,就是要根据学校的实际情况和学生的特点,灵活运用各种管理方法和手段,提高管理的有效性。权变管理理论强调管理者要具备敏锐的洞察力和应变能力,能够及时发现问题和解决问题。

（二）应用举例

学校管理方面:根据学校的规模、师资力量、学生素质等因素,选择适合学校的管理模式。例如,对于规模较大的学校,可以采用分层管理模式,提高管理效率;对于师资力量较强的学校,可以采用民主管理模式,充分发挥教师的积极性和创造性。

教学管理方面:根据不同学科的特点和学生的学习需求,采用不同的教学方法和手段。例如,对于理科教学,可以采用实验教学法、探究教学法等,培养学生的实践能力和创新精神;对于文科教学,可以采用阅读教学法、讨论教学法等,培养学生的思维能力和表达能力。

高中教育管理可以应用多种教育管理理论,这些理论为高中教育管理提供理论指导和方法支持。在实际应用中,要根据学校的实际情况和学生的特点,灵活运用这些理论,不断探索创新,提高高中教育管理的水平和质量。

第三节 高中教育理论创新与挑战

高中教育作为基础教育的重要阶段,对于学生的成长和发展起着至关重要的作用。在当今时代,社会的快速发展和变革对高中教育提出了新的要求,推动着高中教育理论的不断创新。同时,高中教育理论创新也面临着诸多挑战。

一、高中教育理论创新的必要性

(一)适应社会发展需求

随着科技的飞速发展和全球化进程的加快,社会对人才的需求发生了深刻变化。新时代需要具备创新精神、实践能力、批判性思维和团队合作能力的高素质人才。高中教育作为人才培养的重要环节,必须与时俱进,创新教育理论,以适应社会发展的需求。

(二)提升教育质量

传统的高中教育模式在一定程度上存在着教学方法单一、课程设置不合理、评价体系不完善等问题,影响了教育质量的提升。通过创新教育理论,可以探索新的教学方法、课程体系和评价方式,激发学生的学习兴趣和主动性,提高教育质量。

(三)促进学生全面发展

高中阶段是学生身心发展的关键时期,学生不仅需要掌握扎实的学科知识,还需要培养良好的品德、健康的心理和社会适应能力。创新高中教育理论,可以更加注重学生的个性发展和全面成长,为学生的未来发展奠定坚实的基础。

二、高中教育理论创新的方向

(一)教学方法创新

1.探究式教学

探究式教学是以学生为中心,通过引导学生自主探究问题,培养学生的创新思维和实践能力。在高中教学中,可以采用问题导向、项目驱动等方式,让学生在探究高中习,提高学习效果。

2.合作学习

合作学习是指学生在小组中共同学习、互相帮助,以达到共同进步的目的。合作学习可以培养学生的团队合作精神、沟通能力和问题解决能力。在高中教学中,可以组织学生进行小组讨论、合作项目等活动,促进学生之间的交流与合作。

3.个性化教学

个性化教学是根据学生的个性特点和学习需求,为每个学生制订个性化的教学计划和教学方法。个性化教学可以充分发挥学生的优势,弥补学生的不足,提高学生的学习兴趣和学习效果。在高中教学中,可以通过分层教学、走班制等方式,实现个性化教学。

(二)课程体系创新

1.跨学科课程

跨学科课程是将不同学科的知识有机融合在一起,培养学生的综合素养和创新能力。在高中课程体系中,可以开设跨学科课程,如科学与人文融合课程、艺术与技术融合课程等,拓宽学生的知识面和视野。

2.实践课程

实践课程是让学生在实践高中习,培养学生的实践能力和创新精神。在高中课程体系中,可以增加实践课程的比重,如实验课程、社会实践课程、创新创业课程等,让学生在实践中掌握知识和技能。

3.选修课程

选修课程是为了满足学生的个性化需求和兴趣爱好而设置的课程。在高中课程体系中,可以开设丰富多样的选修课程,如艺术、体育、科技、人文等方面的课程,让学生根据自己的兴趣和特长进行选择,促进学生的个性发展。

(三)评价方式创新

1.多元化评价

多元化评价是指采用多种评价方式,对学生的学习过程和学习结果进行全面评价。在高中评价体系中,可以采用考试、作业、课堂表现、实践活动等多种评价方式,综合评价学生的学习情况。

2.过程性评价

过程性评价是指对学生的学习过程进行评价,关注学生的学习态度、学习方法和学习进步。在高中评价体系中,可以通过课堂观察、作业批改、学习档案等方式,对学生的学习过程进行评价,及时反馈学生的学习情况,帮助学生改进学习方法。

3.发展性评价

发展性评价是指以促进学生的发展为目的,关注学生的未来发展潜力。在高中评价体系中,可以采用学生自评、互评、教师评价等方式,对学生的学习情况进行评价,同时为学生提供发展建议和指导,帮助学生明确自己的发展方向。

三、高中教育理论创新面临的挑战

(一)传统教育观念的束缚

传统的教育观念强调知识的传授和考试成绩的重要性,忽视了学生的个性发展和创新能力的培养。在高中教育理论创新过程中,传统教育观念的束缚是一个重要的挑战。要实现高中教育理论创新,必须转变传统的教育观念,树立以学生为中心的教育理念,注重学生的个性发展和创新能力的培养。

(二)教育资源的不均衡

教育资源的不均衡是高中教育理论创新面临的另一个挑战。由于地区经济发展水平的差异,不同地区的高中教育资源存在着一定的差距。在教育资源相对匮乏的地区,高中教育理论创新的难度较大。要实现高中教育理论创新,必须加大对教育资源的投入,优化教育资源配置,缩小地区之间的教育差距。

(三)教师素质的提升

教师是高中教育的实施者,教师素质的高低直接影响着高中教育的质量。在高中教育理论创新过程中,教师素质的提升是一个关键的挑战。要实现高中教育理论创新,必须加强教师培训,提高教师的教育教学水平和创新能力。同时,要建立激励机制,鼓励教师积极参与教育教学改革和创新。

(四)评价体系的改革

评价体系是高中教育的重要组成部分,评价体系的改革是高中教育理论创新的重要内容。传统的评价体系以考试成绩为主要评价标准,忽视了学生的综合素质和创新能力的评价。在高中教育理论创新过程中,评价体系的改革是一个难点。要实现高中教育理论创新,必须建立科学合理的评价体系,注重学生的综合素质和创新能力的评价,引导学生全面发展。

四、应对高中教育理论创新挑战的策略

(一)加强教育理论研究

加强教育理论研究是推动高中教育理论创新的重要途径。教育理论研究可以为高中教育理论创新提供理论支持和实践指导。要加强教育理论研究,必须整合教育研究资源,建立教育研究团队,开展深入的教育理论研究。同时,要加强教育理论研究与教育实践的结合,将教育理论研究成果应用于教育实践中,推动高中教育理论创新。

(二)推进教育信息化建设

推进教育信息化建设是实现高中教育理论创新的重要手段。教育信息化可以为高中教育提供丰富的教育资源和先进的教学手段,促进教学方法和教学模式的创新。要推进教育信息化建设,必须加大对教育信息化的投入,加强教育信息化基础设施建设,提高教育信息化应用水平。同时,要加强教育信息化与教育教学的融合,将教育信息化应用于教学过程中,提高教学效果。

（三）加强教师队伍建设

加强教师队伍建设是实现高中教育理论创新的关键。教师是高中教育的实施者,教师素质的高低直接影响着高中教育的质量。要加强教师队伍建设,必须加强教师培训,提高教师的教育教学水平和创新能力。同时,要建立激励机制,鼓励教师积极参与教育教学改革和创新。

（四）完善评价体系

完善评价体系是实现高中教育理论创新的重要保障。评价体系是高中教育的重要组成部分,评价体系的改革是高中教育理论创新的重要内容。要完善评价体系,必须建立科学合理的评价标准,注重学生的综合素质和创新能力的评价。同时,要采用多元化的评价方式,对学生的学习过程和学习结果进行全面评价。此外,要加强评价体系的反馈机制,及时反馈学生的学习情况,帮助学生改进学习方法。

总之,高中教育理论创新是时代发展的必然要求,也是提升高中教育质量的重要途径。在高中教育理论创新过程中,我们面临着传统教育观念的束缚、教育资源的不均衡、教师素质的提升和评价体系的改革等挑战。为了应对这些挑战,我们必须加强教育理论研究、推进教育信息化建设、加强教师队伍建设和完善评价体系,推动高中教育理论创新,为培养适应社会发展需求的高素质人才做出贡献。

第四节　高中教育理论创新与实践

教育,作为社会发展的基石和人类进步的阶梯,始终处于不断发展与变革之中。在这个过程中,教育理论创新与实践紧密相连,二者相辅相成,共同推动着教育事业的蓬勃发展。

一、教育理论创新为实践提供指导

教育理论创新是对教育现象、规律和问题的深入思考与探索,它为教育实践提供了重要的理论指导。

（一）明确教育目标

创新的教育理论能够帮助我们重新审视教育的本质和目的。在当今社会,传统的以知识传授为主要目标的教育观念已经不能满足时代的需求。新的教育理论强调培养学生的创新能力、批判性思维、合作精神和社会责任感等综合素质,为教育实践明确了更加全面和高远的目标。

（二）设计教学方法

教育理论创新为教学方法的设计提供了新的思路和依据。例如,建构主义理论强调学生在学习过程中的主动建构,促使教师采用探究式教学、合作学习等方法,激发学生的学习兴趣和主动性。又如,多元智能理论促使教育者认识到学生的智能类型是多样的,从而采用个性化的教学方法,满足不同学生的学习需求。

（三）规划课程体系

创新的教育理论有助于规划更加科学合理的课程体系。随着社会的发展,跨学科教育、综合实践课程等新理念不断涌现。这些理论指导下的课程体系能够更好地培养学生的综合素养,使学生具备适应未来社会发展的能力。

（四）提升教育评价

教育理论创新也对教育评价提出了新的要求和方法。传统的以考试成绩为主要评价标准的方式逐渐被多元化的评价体系所取代。新的评价理论强调过程性评价、发展性评价和综合素质评价,更加注重学生的学习过程和全面发展,为教育实践提供了更加科学的评价工具。

二、教育实践推动理论创新

教育实践是教育理论创新的源泉和动力,它不断推动着教育理论的发展与完善。

（一）检验理论的有效性

教育实践是检验教育理论有效性的重要场所。通过在实践中的应用,我们可以发现理论的不足之处,从而对其进行修正和完善。例如,某种新的教学方法在实践中可能会遇到各种问题,教育者可以根据实际情况对其进行调整和改进,使其更加符合教育实际。

(二)发现新的问题

教育实践中不断涌现出各种新的问题和挑战,这些问题为教育理论创新提供了契机。例如,随着信息技术的飞速发展,如何在教育中有效应用信息技术成为一个新的课题。教育者在实践中不断探索,推动了教育技术理论的创新。

(三)丰富理论内涵

教育实践中的成功经验和案例可以丰富教育理论的内涵。教育者在实践中积累的宝贵经验可以上升为理论,为其他教育者提供借鉴和参考。同时,不同地区、不同学校的教育实践也会呈现出多样性,这些多样性为教育理论的发展提供了丰富的素材。

(四)促进理论的传播与应用

教育实践是教育理论传播与应用的重要途径。通过教育实践,创新的教育理论可以得到更广泛的传播和应用,从而发挥更大的作用。同时,教育者在实践中的反馈也可以促进理论的进一步完善和发展。

三、实现教育理论创新与实践的良性互动

为了充分发挥教育理论创新与实践的相辅相成作用,我们需要采取一系列措施,实现二者的良性互动。

(一)加强教育研究与实践的结合

教育研究者应深入教育实践一线,了解教育实际问题,开展针对性的研究。同时,教育实践者也应积极关注教育研究成果,将其应用于教育实践中,不断探索创新。

(二)建立教育创新实验基地

设立教育创新实验基地,为教育理论创新和实践提供平台。在实验基地中,可以尝试新的教育理念、教学方法和课程体系,及时总结经验教训,为教育改革提供参考。

（三）培养具有创新意识的教育者

加强教师培训,培养教师的创新意识和实践能力。教师是教育实践的主体,只有教师具备了创新意识和能力,才能更好地将教育理论创新应用于实践中。

（四）营造鼓励创新的教育环境

社会各界应共同营造鼓励创新的教育环境,支持教育理论创新和实践探索。政府可以加大对教育创新的投入,学校可以建立创新激励机制,鼓励教师和学生积极参与教育创新。

总之,教育理论创新与实践相辅相成,缺一不可。只有不断推动教育理论创新,为教育实践提供科学的指导;同时,通过教育实践检验和完善教育理论,才能实现教育事业的持续发展和进步。让我们共同努力,在教育理论创新与实践的良性互动中,为培养适应未来社会发展的高素质人才贡献力量。

第五节　教育理论创新与实践在高中教育中的深度融合

高中教育作为基础教育的重要阶段,肩负着为学生的未来发展奠定坚实基础的重任。在新时代背景下,实现教育理论创新与实践的深度融合,对于提升高中教育质量、培养具有创新精神和实践能力的高素质人才具有至关重要的意义。

一、教育理论创新为高中教育实践提供方向指引

（一）推动教学理念更新

创新的教育理论促使高中教育者重新审视传统的教学理念。例如,以学生为中心的教育理论强调学生在学习过程中的主体地位,鼓励教师关注学生的个性差异和需求,激发学生的学习兴趣和主动性。这一理论引导高中教师转变教学方式,从传统的灌输式教学向启发式、探究式教学转变,培养学

生的独立思考能力和创新思维。

(二)化课程设置

教育理论创新为高中课程设置提供了新思路。跨学科教育理论的兴起，促使高中教育者打破学科界限，整合不同学科知识和方法，培养学生的综合素养。此外，职业教育与普通教育融合的理论也为高中课程改革提供了方向，使高中课程更加贴近社会需求，为学生的未来职业发展做好准备。

(三)改进教学方法

新的教育理论不断推动高中教学方法的改进。合作学习理论鼓励学生在小组中共同学习、互相帮助，培养学生的团队合作精神和沟通能力。问题解决导向的教学方法则引导学生通过解决实际问题来学习知识和技能，提高学生的实践能力和创新能力。

(四)完善评价体系

教育理论创新促使高中教育者建立更加科学、全面的评价体系。多元化评价理论强调评价内容的多元化，不仅关注学生的学业成绩，还注重学生的综合素质、创新能力和实践能力。过程性评价理论则关注学生的学习过程，及时反馈学生的学习进展，帮助学生调整学习策略。

二、高中教育实践为教育理论创新提供实践基础

(一)检验教育理论的有效性

高中教育实践是检验教育理论有效性的重要场所。通过在高中课堂中的实际应用，教育者可以观察到教育理论是否能够真正提高学生的学习效果和综合素质。如果发现理论存在不足之处，可以及时进行调整和改进，使其更加符合高中教育的实际需求。

(二)发现新的教育问题

高中教育实践中不断涌现出各种新的教育问题，这些问题为教育理论创新提供了契机。例如，随着信息技术在高中教育中的广泛应用，如何解决学生在网络学习中的注意力分散问题、如何提高在线教学的质量等问题成为教育者关注的焦点。通过对这些问题的深入研究，教育者可以提出新的教育理论和方法。

（三）丰富教育理论的内涵

高中教育实践中的成功经验和案例可以丰富教育理论的内涵。高中教师在教学实践中积累的宝贵经验，如有效的教学策略、班级管理方法等，可以上升为教育理论，为其他教育者提供借鉴和参考。同时，不同地区、不同学校的高中教育实践也会呈现出多样性，这些多样性为教育理论的发展提供了丰富的素材。

（四）促进教育理论的传播与应用

高中教育实践是教育理论传播与应用的重要途径。通过高中教师的教学实践，创新的教育理论可以得到更广泛的传播和应用。同时，高中教师在实践中的反馈也可以促进教育理论的进一步完善和发展。

三、实现教育理论创新与实践在高中教育中深度融合的策略

（一）加强教师培训

提高高中教师的教育理论素养和实践能力是实现教育理论创新与实践深度融合的关键。学校可以组织教师参加各种教育培训活动，邀请教育专举办讲座和进行指导，鼓励教师开展教学研究和实践探索。同时，教师自身也应不断学习和更新教育理论知识，将其应用于教学实践中。

（二）建立教育研究与实践合作机制

高中校可以与高校、科研机构建立合作关系，共同开展教育研究和实践探索。通过合作，高校和科研机构可以为高中教育提供最新的教育理论和研究成果，高中校则可以为教育理论的实践应用提供场所和案例。双方优势互补，共同推动教育理论创新与实践的深度融合。

（三）鼓励教师创新教学

学校应营造鼓励创新的教学氛围，为教师提供创新教学的支持和保障。教师可以根据学生的实际情况和教学需求，尝试新的教学方法、课程设计和评价方式。学校可以设立教学创新奖励机制，对在教学创新方面取得突出成绩的教师进行表彰和奖励。

（四）开展教育实践反思

高中教师应定期对自己的教学实践进行反思，总结经验教训，发现问题并寻求解决方法。通过反思,教师可以不断提高自己的教学水平,同时也为教育理论创新提供实践依据。学校可以组织教师开展教学反思活动,如教学案例分析、教学研讨会等,促进教师之间的交流与合作。

(五)关注学生需求和反馈

学生是教育的主体,实现教育理论创新与实践的深度融合必须关注学生的需求和反馈。教师应了解学生的学习兴趣、学习方式和学习困难,根据学生的实际情况调整教学策略。同时,教师还应鼓励学生积极参与教学过程,提出自己的意见和建议,共同促进教学质量的提高。

教育理论创新与实践的深度融合是高中教育发展的必然趋势。通过教育理论创新为高中教育实践提供方向指引,高中教育实践为教育理论创新提供实践基础,以及采取有效的策略实现二者的深度融合,我们可以不断提升高中教育质量,培养出更多具有创新精神和实践能力的高素质人才。

第三章 高中教育管理的现状分析

第一节 高中校组织架构与管理模式

一、高中校组织架构的构成

(一)学校领导的重要作用

学校领导作为学校发展的引领者,发挥着至关重要的作用。校长全面负责学校各项工作,如制订发展规划和工作计划,领导和组织德育、教学、后勤等工作,确保学校的安全与稳定,支持群团组织工作等。副校长协助校长工作,分别分管德育、教学、后勤等不同领域,确保学校各项工作有序开展。他们以丰富的教育经验和卓越的领导能力,为学校的发展指明方向。

(二)教师队伍的核心地位

教师队伍是高中校的核心力量。学科教师们依据国家规定的教学计划和课程标准,精心备课、授课,深入教学第一线,积极指导教学活动,努力提高教学质量。班主任不仅要关注学生的学习情况,还要关心学生的思想、生活等各个方面,成为学生成长道路上的重要引路人。他们通过言传身教,培养学生的品德和能力,为学生的未来奠定坚实的基础。据统计,在一些优秀的高中校,教师们平均每周授课 15 节以上,还会利用课余时间为学生答疑解惑、指导课外活动。

(三)行政管理人员的职责担当

行政管理人员在学校的日常运行中起着关键作用。办公室主任协助校长处理行政事务,制定规章制度,组织会议和活动,协调各部门关系,还负责人事和档案管理工作。政教处主任管理学生思想政治教育工作,组织开展德育活动,培养学生良好的品德和行为习惯。教务处主任管理教务工作,确保教学秩序正常,组织教研活动,提高教学质量。教科室主任管理教学研究和教师培训工作,推动教育教学改革和创新。寄宿部主任管理寄宿学生的生活和学习,为他们提供良好的生活环境和学习条件。后勤部主任管理后勤工作,为师生提供优质的服务和保障。

(四)学生与家长的积极参与

学生是学习的主体,他们积极参与课堂学习、课外活动和社会实践,努力提高自己的综合素质。家长则配合学校共同促进学生成长,关注学生的学习和生活情况,与教师保持沟通,积极参与学校组织的家长会、亲子活动等。例如,在一些高中学校的亲子活动中,家长和学生共同参与登山、烧烤等活动,增进了亲子关系,也促进了学生的全面发展。学生和家长的积极参与,为学校的发展注入了新的活力。

二、高中学校管理模式的特点

(一)双轨制管理模式的挑战

当前多数高中学校一般采用组、处室与级部双轨制的管理模式,这种模式下,级部、处室、学科组、班组纵横交错,工作职责的关联度空前密切,使学校由单一层级管理变成相互交叉的网格化管理体制。然而,这种模式也带来了诸多挑战。一方面,级部与处室管理职责交错,容易导致学校管理的碎片化。例如,在学生管理方面,级部侧重于学生常规管理和推动日常教学的顺利实施,而处室可能更关注学校整体的教育教学规划和资源调配,两者在管理目标和方法上的差异可能导致工作衔接不畅,出现管理的"空白地带"或"重复劳动"。另一方面,这种管理模式容易造成工作之间的"短路",降低学校工作的实效性。比如,在教学资源分配上,级部和处室可能会因为沟通不畅或职责不清,导致某些学科或班级的资源分配不合理,影响教学质量。

(二)"流程化"管理的优势

"流程化"管理在高中学校管理中具有显著优势。首先,它可以实现学校统一管理与级部管理的有机结合。在加强级部管理的同时,学校通过制定全校性的"流程化"工作方案,对教育教学中出现的主体性、共性问题进行统一规划和处理,使各级部在保持自身特色的同时又能形成学校管理的合力。其次,"流程化"管理能够有效提高学校管理的体系化、科学化水平。高中教育教学虽然需要不断创新,但也有规律可循。"流程化"管理可以让学校各项工作有章可循,不但能减轻工作负担、减少工作失误,还有助于对以往工作经验和教训的有效吸取和改进。最后,"流程化"管理可以推动学校管理水平的可持续攀升。通过发挥智慧共享的作用,形成管理合力,对学校发展中的关键节点、管理重点、发展瓶颈等形成解决方案。并且,对各种管理流程的不断改进、完善和创新,能最大限度地避免学校发展过程中的"短路",从而保障学校发展的可持续性。

(三)教育集团文化管理模式

教育集团文化管理模式为高中学校管理提供了新的思路。例如,"一三六"模式即构建"管理方针体系、学校管理行为标准体系、学校管理行为评价体系"三大体系;实施"教师'三好'能力培育工程、学生'三好习惯'培养工程、管理团队能力提升工程、两课建设升级工程、校园文化建设工程、后勤管理优化工程"六大工程;实现"师生共同进步"一个目标。在德育方面,"三大三自"教育模式以"三大教育"体系为抓手,培养学生综合素养。高一年级围绕"大方"教育主题,让学生认识学校,融入学校;高二年级围绕"大人"教育主题,实施"感恩"教育;高三年级围绕"大才"教育主题,实施"理想"教育。同时,以"三自教育"体系为抓手,促进"三好习惯"养成,推进学生自治教育。在智育方面,"四三"教育模式以"艺文共生"办学方向为出发点,确定"壮大艺体教育规模,打造特色高中"的办学方向,实施艺体特色学科教育工程;以"文化分层、文理分科、专业分类"原则组班,实施分类教育工程;以"全员育人、全程育人、全面育人"途径育人,实施育人达贤工程;以"高一激发兴趣、高二学习体验、高三封闭集训"的规律学艺,实施专业过关工程;以"习惯养成教育,促综合素养提升;特长成功展示,促文化学习进步;文化知识学习,促艺体技术进步"手段施教,实施多元发展工程。

（四）创新管理模式的实践

高中学校在管理模式上不断创新，以适应新时代教育发展的需求。自我诊断激活发展内动力，学校通过定期对教学质量、学生管理、师资队伍建设等方面进行自我评估，找出问题和不足，制定针对性的改进措施。例如，某高中学校每学期组织教师对教学方法、教学效果进行自我反思和互评，通过这种方式不断提高教学水平。扁平化管理提升效率，减少管理层级，使信息传递更加迅速，决策更加高效。大数据助力选科走班，利用大数据分析学生的兴趣爱好、学习能力等，为学生提供个性化的选科建议，同时优化教学资源配置，提高教学质量。例如，一些学校通过大数据平台，分析学生的考试成绩、作业完成情况等数据，为教师调整教学策略提供依据。

第二节 高中师资队伍管理

一、高中师资队伍管理的重要性

（一）决定教育质量

高中教师作为知识的传授者和学生成长的引路人，其专业素养、教学能力和教育理念直接决定着教育教学的质量。优秀的教师能够激发学生的学习兴趣，培养学生的创新思维和实践能力，为学生的高考和未来人生奠定坚实的基础。

（二）影响学生成长

高中时期的学生正处于身心快速发展和价值观形成的重要阶段。教师的言传身教、人格魅力和教育关怀对学生的品德修养、心理健康和人生规划有着深远的影响。一支高素质的师资队伍能够为学生提供积极的榜样和正确的引导，帮助学生树立正确的世界观、人生观和价值观。

（三）推动学校发展

优秀的师资队伍是学校的核心竞争力。一所拥有高水平师资队伍的高中学校,在教学成果、社会声誉和招生吸引力等方面都将具有明显的优势。同时,教师的科研创新和教育改革实践也能够推动学校的教育教学改革和发展,提升学校的整体实力。

二、高中师资队伍管理面临的问题

(一)教师结构不合理

1.年龄结构失衡。部分高中学校存在教师年龄老化或年轻化的问题,缺乏老中青相结合的合理梯队。年龄较大的教师虽然教学经验丰富,但可能在教育理念和教学方法上相对保守;年轻教师则充满活力和创新精神,但教学经验不足。

2.学历职称结构不合理。一些学校高学历、高职称教师比例偏低,难以满足学校教育教学和科研创新的需求。同时,低学历、低职称教师的职业发展空间有限,可能影响其工作积极性和稳定性。

3.学科结构不均衡。在一些高中学校,语文、数学、英语等主科教师相对充足,而物理、化学、生物、历史、地理、政治等学科教师短缺,尤其是一些新兴学科和特色学科的教师更是匮乏。这种学科结构的不均衡不仅影响了学校课程的全面开设,也制约了学生的综合素质发展。

(二)教师流动性大

1.外部因素影响。随着社会经济的发展和人才流动的加剧,一些高中教师受到高薪、高福利等外部诱惑,选择离开教育岗位或流向其他地区和学校。此外,一些地区的教育资源分配不均衡,也导致教师向教育资源更加丰富的地区流动。

2.内部管理问题。部分高中学校在教师管理方面存在一些问题,如教师评价机制不合理、职业发展空间狭窄、工作压力过大等,这些问题都可能导致教师的流失。同时,一些学校在教师招聘和引进方面缺乏有效的政策和措施,难以吸引和留住优秀教师。

(三)教师专业发展不足

1.培训机会有限。由于教育经费紧张、培训资源不足等原因,一些高中教师参加专业培训的机会较少。即使有培训机会,也往往存在培训内容针对性不强、培训方式单一、培训效果不佳等问题。

2.自我提升动力不足。部分高中教师在工作中缺乏自我提升的动力和意识,满足于现状,不愿意主动学习和探索新的教育教学方法和理念。同时,一些教师在教学任务繁重、工作压力大的情况下,难以抽出时间进行自我提升和专业发展。

(四)教师评价机制不完善

1.评价标准单一。目前,很多高中学校对教师的评价主要以学生的考试成绩为依据,这种评价标准过于单一,不能全面反映教师的教学水平和综合素质。同时,这种评价方式也容易导致教师过分关注学生的考试成绩,而忽视学生的全面发展和个性差异。

2.评价过程不公正。在教师评价过程中,可能存在评价主体单一、评价方法不科学、评价结果不公开等问题,这些问题都可能导致评价过程的不公正,影响教师的工作积极性和职业满意度。

三、高中师资队伍管理的对策

(一)优化教师结构

1.合理调整年龄结构。学校可以通过招聘年轻教师、鼓励老教师传帮带等方式,逐步优化教师的年龄结构,形成老中青相结合的合理梯队。同时,学校也可以为不同年龄段的教师提供有针对性的培训和发展机会,充分发挥他们的优势。

2.提升学历职称结构。学校可以制定鼓励教师提升学历和职称的政策,如提供学费补贴、给予职称晋升奖励等。同时,学校也可以通过引进高学历、高职称教师,提升教师队伍的整体水平。

3.均衡学科结构。学校可以根据学科需求,有针对性地招聘和引进学科教师,尤其是一些短缺学科和新兴学科的教师。同时,学校也可以通过教师转岗培训、跨学科教学等方式,优化教师的学科结构。

(二)稳定教师队伍

1.提高教师待遇。学校可以通过提高教师的工资待遇、福利待遇和职业发展空间等方式,吸引和留住优秀教师。同时,学校也可以为教师提供良好的工作环境和生活条件,让教师感受到学校的关怀和尊重。

2.完善教师管理机制。学校可以建立健全教师评价机制、激励机制和职业发展机制,为教师提供公平、公正的发展机会。同时,学校也可以加强教师的心理健康教育和职业指导,帮助教师缓解工作压力,提高职业满意度。

3.加强教师团队建设。学校可以通过组织教师开展团队活动、建立教师合作机制等方式,增强教师之间的凝聚力和团队合作精神。同时,学校也可以为教师提供交流和合作的平台,促进教师之间的经验分享和共同成长。

(三)促进教师专业发展

1.丰富培训资源。学校可以加大对教师培训的投入,拓宽培训渠道为教师提供多样化的培训资源。例如,学校可以邀请专家学者来校讲学、组织教师参加校外培训、开展网络培训等。同时,学校也可以根据教师的需求和实际情况,有针对性地设计培训内容和培训方式,提升培训效果。

2.鼓励自我提升。学校可以建立教师自我提升的激励机制,鼓励教师主动学习和探索新的教育教学方法和理念。例如,学校可以设立教师科研基金、教学成果奖等,对在教学科研方面取得突出成绩的教师进行奖励。同时,学校也可以为教师提供自我提升的平台和机会,如组织教师参加学术交流活动、开展教学反思和教学研究等。

(四)完善教师评价机制

1.建立多元化评价标准。学校可以建立多元化的教师评价标准,综合考虑教师的教学水平、科研能力、师德师风、学生评价等因素,全面客观地评价教师的工作表现。同时,学校也可以根据不同学科、不同岗位的特点,制定有针对性的评价标准,提高评价的科学性和公正性。

2.规范评价过程。学校可以建立健全教师评价的制度和流程,明确评价主体、评价方法和评价时间等,确保评价过程的规范、公正、透明。同时,学校也可以加强对评价结果的反馈和应用,及时将评价结果反馈给教师,帮助教师发现问题、改进不足。同时,学校也可以将评价结果与教师的职称晋升、岗位聘任、奖励惩罚等挂钩,充分发挥评价的激励作用。

四、高中师资队伍管理的创新举措

（一）引入现代信息技术

1.利用在线教育平台。学校可以利用在线教育平台,为教师提供丰富的教学资源和培训课程。教师可以通过在线学习、交流和互动,不断提升自己的教学水平和专业素养。同时,学校也可以利用在线教育平台,开展远程教学和教研活动,打破时间和空间的限制,提高工作效率。

2.运用大数据分析。学校可以运用大数据分析技术,对教师的教学行为、学生的学习情况等进行数据分析,为教师提供个性化的教学建议和指导。同时,学校也可以通过大数据分析,了解教师的需求和发展趋势,为教师管理提供科学依据。

（二）开展校本教研

1.建立校本教研制度。学校可以建立健全校本教研制度,明确教研目标、教研内容和教研方式等,为教师开展校本教研提供制度保障。同时,学校也可以加强对校本教研的组织和管理,确保教研活动的质量和效果。

2.开展课题研究。学校可以鼓励教师结合教学实际,开展课题研究。通过课题研究,教师可以深入探索教育教学中的问题,提高自己的科研能力和创新意识。同时,学校也可以为教师提供课题研究的支持和指导,帮助教师顺利完成课题研究任务。

（三）实施教师专业发展规划

1.制定个人发展规划。学校可以引导教师根据自己的专业特长、职业发展需求和学校的发展目标,制定个人专业发展规划。个人发展规划可以包括短期目标、中期目标和长期目标,以及实现目标的具体措施和时间安排等。

2.提供支持和指导。学校可以为教师提供专业发展的支持和指导,帮助教师实现个人发展规划。例如,学校可以为教师提供培训机会、科研支持、教学资源等,同时也可以为教师安排导师,指导教师的专业发展。

（四）建立教师发展共同体

1.组建教师学习小组。学校可以根据教师的学科、年级等特点,组建教师学习小组。教师学习小组可以定期开展学习交流活动,分享教学经验和教学资源,共同提高教学水平。

2.开展校际合作交流。学校可以与其他学校开展校际合作交流活动,组织教师互相听课、评课、开展教研活动等。通过校际合作交流,教师可以学习其他学校的先进经验和教学方法,拓宽自己的视野和思路。

五、高中师资队伍管理的未来展望

随着教育改革的不断深入和社会对教育质量的要求不断提高,高中师资队伍管理也将面临新的挑战和机遇。未来,高中师资队伍管理将更加注重教师的专业发展、创新能力和团队合作精神的培养,更加注重教师评价机制的科学性和公正性,更加注重现代信息技术在教师管理中的应用。同时,高中师资队伍管理也将更加注重与社会的联系和合作,积极吸引社会资源参与教师培训和教育教学改革,为学生的成长和社会的发展做出更大的贡献。高中师资队伍管理是一项系统工程,需要学校、教师、社会等各方共同努力。只有不断加强高中师资队伍管理,提高教师的专业素养和教学水平,才能为学生提供优质的教育服务,培养出更多的高素质人才。

第三节 学生管理

高中阶段是学生身心发展和人格塑造的关键时期,有效的学生管理对于学生的成长、学业成就以及未来的发展至关重要。

一、高中生管理的重要性

(一)促进学生全面发展

高中生管理不仅关注学生的学业成绩,还注重培养学生的品德修养、身心健康、社会实践能力等多方面素质。通过科学的管理,引导学生树立正确的价值观、人生观和世界观,为他们的全面发展奠定基础。

(二)保障教学秩序

良好的学生管理能够营造有序的教学环境,确保教学活动的顺利进行。

学生遵守纪律、积极参与课堂,教师才能更好地传授知识,提高教学质量。

(三)培养学生自律能力

高中生管理强调学生的自我管理和自我约束,通过制定规章制度、开展德育活动等方式,培养学生的自律意识和责任感,使他们在未来的学习和生活中能够独立面对各种挑战。

二、高中生管理面临的问题

(一)学业压力大

高中阶段面临高考的压力,学生的学业负担沉重。部分学生可能会出现焦虑、抑郁等心理问题,影响学习效果和身心健康。

(二)青春期心理问题

高中生正处于青春期,情绪波动较大,容易出现叛逆等问题。这些心理问题如果得不到及时有效的疏导,可能会对学生的成长产生不良影响。

(三)手机等电子产品的诱惑

随着科技的发展,手机、平板电脑等电子产品在学生中广泛普及。这些电子产品一方面为学生提供了学习和交流的便利,但另一方面也容易让学生沉迷其中,影响学习和生活。

(四)学生个体差异大

高中生在学习能力、兴趣爱好、性格特点等方面存在较大的个体差异。传统的统一管理模式难以满足不同学生的需求,容易导致部分学生被忽视或发展受限。

三、高中生管理的对策

(一)学业管理

1.合理安排课程和教学进度,避免过度加重学生的学业负担。教师要注重教学方法的创新,提高课堂效率,激发学生的学习兴趣。

2.建立学习辅导机制,为学习困难的学生提供个性化的辅导和帮助。可以组织学习小组、开展课外辅导等活动,促进学生之间的互帮互助。

3.加强考试管理,规范考试流程,确保考试的公平公正。同时,要正确引导学生看待考试成绩,避免过度焦虑和压力。

（二）心理健康管理

1.开设心理健康教育课程，普及心理健康知识，提高学生的心理调适能力。

2.建立心理咨询室，配备专业的心理咨询师，为学生提供及时有效的心理疏导和帮助。

3.关注学生的情绪变化，教师要与学生建立良好的师生关系，及时发现学生的心理问题，并采取相应的措施进行干预。

（三）电子产品管理

1.制定明确的电子产品使用规定，明确在校园内和课堂上禁止使用手机等电子产品的时间和场合。

2.加强对学生的教育引导，让学生认识到过度使用电子产品的危害，自觉遵守规定。

3.学校可以提供必要的信息技术设备，满足学生的学习需求，同时加强对设备的管理和监督。

（四）个性化管理

1.了解学生的个体差异，尊重学生的兴趣爱好和特长，为学生提供多样化的发展机会。可以开设选修课程、社团活动等，满足不同学生的需求。

2.建立学生成长档案，记录学生的学习、生活和成长历程，为个性化管理提供依据。

3.加强与家长的沟通与合作，共同关注学生的成长，形成教育合力。

四、高中生管理的创新举措

（一）实施生涯规划教育

帮助学生了解自己的兴趣、爱好和特长，明确自己的职业目标和发展方向。通过开展职业体验活动、邀请专家讲座等方式，让学生对不同的职业有更深入的了解，为未来的选择做好准备。

（二）开展综合素质评价

建立科学合理的综合素质评价体系，全面评价学生的品德、学业、身心健康、社会实践等方面的表现。评价结果可以作为学生升学、评优的重要依据，激励学生全面发展。

（三）利用信息技术进行管理

借助大数据、人工智能等信息技术，对学生的学习、生活等方面的数据进行分析，了解学生的需求和问题，为管理决策提供科学依据。同时，可以利用在线教育平台、学习管理系统等工具，提高管理效率和质量。

（四）强化学生自主管理

培养学生的自主管理能力，让学生参与学校管理和班级管理。可以设立学生自治组织，如学生会、班委会等，让学生在自我管理中提高责任感和团队合作精神。

五、高中生管理的未来展望

未来的高中生管理将更加注重个性化、多元化和智能化。学校将充分利用信息技术，为学生提供更加精准的管理和服务。同时，学生的主体地位将得到进一步强化，自主管理能力将不断提高。家长和社会也将更加积极地参与学生管理中，形成多方协同育人的良好局面。总之，高中生管理是一项复杂而艰巨的任务，需要学校、教师、家长和社会的共同努力。只有不断创新管理理念和方法，才能更好地满足学生的成长需求，为培养德智体美劳全面发展的社会主义建设者和接班人做出更大的贡献。

第四节 教学资源管理

一、教学资源管理的重要性

教学资源是教学活动得以顺利开展的重要基础，有效的教学资源管理对于提高教学质量、促进学生学习和推动教育发展具有至关重要的意义。

（一）提升教学效率

合理管理教学资源可以让教师在备课和授课过程中更加便捷地获取所需资源，减少寻找资源的时间浪费，从而提高教学效率。例如，教师能够快速找到合适的教学课件、案例资料等，为课堂教学做好充分准备。

（二）满足个性化教学需求

不同的学生具有不同的学习风格和需求，通过良好的教学资源管理，可以为教师提供丰富多样的资源选择，以便更好地满足个性化教学。比如，对于学习能力较强的学生，可以提供拓展性的学习资源；对于学习困难的学生，则可以提供更具针对性的辅导资源。

（三）促进教育公平

有效的教学资源管理可以确保教学资源在不同地区、不同学校之间的合理分配和共享，缩小教育资源差距，促进教育公平。通过网络平台等方式，可以让偏远地区的学校也能享受到优质的教学资源。

（四）推动教学创新

丰富的教学资源为教师进行教学创新提供了可能。教师可以结合不同的资源，尝试新的教学方法和手段，激发学生的学习兴趣和创造力。例如，利用虚拟现实技术等新型教学资源，为学生创造更加生动、直观的学习体验。

二、教学资源管理面临的问题

（一）资源分散

教学资源往往分散在不同的部门、教师个人手中以及各种存储设备中，缺乏统一的管理和整合。这使得资源难以被充分利用，也增加了教师寻找资源的难度。

（二）资源质量参差不齐

由于教学资源的来源广泛，质量难以保证。有些资源可能存在错误、过时或不适用的情况，这给教师和学生的使用带来了困扰。

（三）缺乏有效的共享机制

虽然现在有很多学校和教育机构在尝试资源共享，但往往缺乏有效的共享机制和平台。教师之间的资源共享存在障碍，导致很多优质资源无法得到广泛传播和利用。

（四）资源更新不及时

随着教育教学的不断发展和变化，教学资源也需要不断更新。然而，在实际管理中，很多资源更新不及时，无法满足教学的实际需求。

三、教学资源管理的对策

（一）建立统一的资源管理平台

学校或教育机构可以建立一个统一的教学资源管理平台，将各种教学资源进行整合和分类管理。教师和学生可以通过该平台方便地查找、下载和上传资源。平台应具备良好的搜索功能和用户界面，提高资源的可用性。

（二）加强资源质量审核

设立专门的资源审核小组，对上传到平台的资源进行质量审核。审核内容包括资源的准确性、时效性、适用性等方面。只有通过审核的资源才能在平台上发布，以确保资源的质量。

（三）建立资源共享激励机制

为了鼓励教师积极参与资源共享，可以建立相应的激励机制。例如，对积极分享优质资源的教师给予表彰和奖励，将资源共享情况纳入教师的绩效考核等。同时，加强教师之间的交流与合作，促进资源的共享和传播。

（四）定期更新资源

制订资源更新计划，定期对平台上的资源进行更新和维护。可以邀请专业人员或教师团队对资源进行评估和更新，确保资源始终符合教学的实际需求。同时，鼓励教师和学生及时反馈资源使用情况，以便及时发现问题并进行改进。

四、教学资源管理的创新举措

（一）引入人工智能技术

利用人工智能技术对教学资源进行智能分类、推荐和搜索。通过分析教师和学生的使用习惯和需求，为他们提供个性化的资源推荐服务。同时，利用人工智能进行资源质量评估，提高审核效率和准确性。

（二）开展资源共创活动

组织教师和学生共同参与教学资源的创作和开发。可以通过举办教学资源创作大赛、成立资源开发小组等方式，激发大家的创造力和积极性。共创的资源更加贴近教学实际需求，也能增强教师和学生对资源的认同感和使用热情。

（三）与企业合作获取资源

与教育科技企业、出版社等合作，获取更多优质的教学资源。企业往往拥有丰富的技术和资源优势，可以为学校提供专业的教学软件、在线课程等资源。同时，学校也可以为企业提供教学实践场所和反馈意见，促进双方的共同发展。

（四）利用区块链技术保障资源版权

区块链技术具有去中心化、不可篡改等特点，可以用于保障教学资源的版权。通过区块链技术，可以对资源的创作、上传、使用等环节进行记录和追溯，确保资源的合法使用和创作者的权益。

五、教学资源管理的未来展望

随着信息技术的不断发展和教育教学改革的深入推进，教学资源管理将朝着更加智能化、个性化、共享化的方向发展。未来，教学资源管理平台将更加智能高效，能够为教师和学生提供更加精准的资源服务。同时，资源共享将成为常态，不同地区、不同学校之间的资源差距将进一步缩小。此外，教学资源的创作和开发将更加多元化，教师、学生、企业等各方将共同参与，为教育教学提供更加丰富、优质的资源。总之，教学资源管理是提高教学质量、促进教育发展的重要环节。我们应充分认识到教学资源管理的重要性，积极应对面临的问题，采取有效的对策和创新举措，不断优化教学资源管理，为教育事业的繁荣发展做出更大的贡献。

第五节　校园文化与制度建设

一、校园文化与制度建设的重要性

（一）校园文化的重要性

1.塑造学生人格

校园文化如同无声的老师，潜移默化地影响着学生的思想观念、价值取向和行为方式。积极向上的校园文化能够培养学生的良好品德、高尚情操和社会责任感,塑造健全的人格。

2.激发学习动力

充满活力和创新氛围的校园文化可以激发学生的学习兴趣和求知欲。丰富多彩的文化活动、学术讲座、社团活动等为学生提供了广阔的发展空间,让他们在参与中感受到学习的乐趣和成就感,从而增强学习动力。

3.增强学校凝聚力

独特的校园文化是学校的灵魂和标志,能够增强师生对学校的认同感和归属感。共同的文化价值观和目标追求使师生团结一心,形成强大的凝聚力,共同为学校的发展而努力。

4.提升学校形象

优秀的校园文化能够提升学校的知名度和美誉度,吸引更多的优秀师生和社会资源。良好的学校形象有助于学校在竞争中脱颖而出,为学校的可持续发展创造有利条件。

(二)制度建设的重要性

1.规范师生行为

完善的制度体系可以明确师生的行为规范和职责要求,确保学校各项工作有序进行。制度的约束作用可以促使师生遵守纪律、尊重他人、爱护环境,养成良好的行为习惯。

2.保障教育教学质量

教学管理制度、教师评价制度、学生考核制度等可以有效地保障教育教学质量。通过规范教学过程、评价教学效果、激励教师教学积极性等方式,提高教学水平,为学生提供优质的教育服务。

3.促进学校管理科学化

制度建设是学校管理科学化的重要标志。科学合理的制度可以明确管理职责、优化管理流程、提高管理效率,使学校管理更加规范、高效、有序。

4.推动学校可持续发展

良好的制度体系能够为学校的发展提供稳定的保障。制度的稳定性和可操作性可以确保学校在不同的发展阶段都能有章可循，避免管理的随意性和盲目性，推动学校持续健康发展。

二、校园文化与制度建设面临的问题

(一)校园文化建设方面

1.缺乏特色

部分学校在校园文化建设中缺乏创新意识，盲目模仿其他学校，导致校园文化千篇一律，缺乏特色和个性。没有结合学校的历史传统、地域文化、办学理念等因素，打造出具有独特魅力的校园文化。

2.重形式轻内涵

一些学校在校园文化建设中过于注重形式，如修建漂亮的校园建筑、举办各种文化活动等，而忽视了文化内涵的挖掘和培育。文化活动缺乏深度和教育意义，不能真正触动学生的心灵，发挥文化的育人功能。

3.参与度不高

校园文化建设往往由学校领导和少数教师主导，学生和其他教职工的参与度不高。缺乏广泛的参与，使得校园文化建设缺乏活力和生命力，难以真正深入人心。

4.与教育教学脱节

校园文化建设与教育教学未能有机结合，存在"两张皮"现象。文化活动与学科教学、德育工作等联系不紧密，不能为教育教学提供有力的支持和服务。

(二)制度建设方面

1.制度不完善

一些学校的制度体系存在漏洞和空白，不能涵盖学校管理的各个方面。例如，缺乏对教师专业发展的激励制度、学生综合素质评价制度等，导致管理工作缺乏依据和规范。

2.制度执行不力

虽然有了制度，但在执行过程中存在打折扣、走过场的现象。部分师生对制度缺乏敬畏之心，不严格遵守制度规定，导致制度形同虚设。学校在制度执行的监督和考核方面也存在不足,不能确保制度的有效落实。

3.制度缺乏灵活性

有些学校的制度过于僵化,缺乏灵活性和适应性。在面对新情况、新问题时,不能及时调整和完善制度,导致管理工作陷入被动。制度的刚性与灵活性的平衡把握不好,影响了学校管理的效果。

4.制度建设缺乏民主参与

制度建设过程中缺乏师生的广泛参与,往往是由学校领导单方面制定。这样的制度可能不符合实际情况,难以得到师生的认同和支持,执行起来也会遇到困难。

三、校园文化与制度建设的对策

(一)校园文化建设对策

1.挖掘特色,打造品牌

深入挖掘学校的历史传统、地域文化、办学理念等因素,提炼出具有学校特色的文化内涵。围绕特色文化内涵,打造校园文化品牌,如特色校园景观、文化活动品牌等,提升学校的文化品位和影响力。

2.注重内涵,提升品质

在校园文化建设中,要注重内涵的挖掘和培育。文化活动要具有深度和教育意义,能够引导学生树立正确的价值观和人生观。加强校园精神文化建设,如校训、校风、教风、学风等的培育和弘扬,让校园文化真正成为学生成长的精神家园。

3.全员参与,共建共享

鼓励师生积极参与校园文化建设,充分发挥他们的主体作用。通过开展文化创意征集、社团活动组织等方式,让师生在参与中感受文化的魅力,增强对校园文化的认同感和归属感。同时,要加强与家长、社会的合作,共同为校园文化建设贡献力量。

4.与教育教学融合

将校园文化建设与教育教学紧密结合,让文化活动成为教育教学的重要载体。例如,开展学科文化节、主题班会等活动,将学科知识与文化内涵相结合,提高学生的学习兴趣和综合素质。加强校园文化与德育工作的融合,通过文化活动培养学生的良好品德和行为习惯。

(二)制度建设对策

1.完善制度体系

对学校现有制度进行全面梳理和评估,找出制度的漏洞和空白,及时进行完善和补充。建立健全教学管理制度、教师管理制度、学生管理制度、后勤管理制度等,形成一套完整的制度体系,为学校管理提供有力的制度保障。

2.加强制度执行

强化制度的权威性和严肃性,加强对制度执行情况的监督和考核。建立健全制度执行的监督机制,对违反制度的行为进行严肃处理。同时,要加强对制度执行的宣传和教育,提高师生对制度的认识和理解,增强遵守制度的自觉性。

3.增强制度灵活性

在制度建设中,要充分考虑学校的实际情况和发展变化,增强制度的灵活性和适应性。对于一些原则性的制度规定,可以根据实际情况进行适当的调整和完善。建立制度的动态调整机制,及时对不适应学校发展的制度进行修订和更新。

4.民主参与制度建设

在制度建设过程中,要充分发扬民主,广泛征求师生的意见和建议。通过召开座谈会、发放调查问卷等方式,让师生参与制度的制定和修订。这样可以使制度更加符合实际情况,得到师生的认同和支持,提高制度的执行力。

四、校园文化与制度建设的创新举措

(一)校园文化创新举措

1.利用新媒体打造文化新阵地

借助微信、微博、抖音等新媒体平台,打造校园文化新阵地。通过发布校园新闻、文化活动视频、师生风采等内容,扩大校园文化的影响力。开展线上文化活动,如网络征文、微视频大赛等,增强学生的参与度和互动性。

2.引入企业文化,培养职业素养

对于职业高中等学校,可以引入企业文化,培养学生的职业素养。邀请企业人士来校举办讲座、开展职业体验活动等,让学生了解企业的文化价值观和职业要求。将企业文化与校园文化相融合,为学生的未来职业发展做好准备。

3.开展国际文化交流,拓宽视野

组织学生参加国际文化交流活动,如国际夏令营、交换生项目等,拓宽学生的国际视野。邀请国外学校师生来校交流,举办国际文化节等活动,促进不同文化之间的交流与融合。

(二)制度建设创新举措

1.实行弹性学制,满足个性化需求

对于一些职业学校或有条件的普通高中,可以实行弹性学制。学生可以根据自己的学习进度和需求,选择不同的学习方式和时间安排。弹性学制可以更好地满足学生的个性化需求,提高教育教学质量。

2.建立教师发展积分制,激励专业成长

建立教师发展积分制,对教师的教学、科研、培训等方面进行量化考核。教师通过参加各种活动获得积分,积分可以用于职称评定、评优评先等。积分制可以激励教师积极参与专业发展,提高教师队伍的整体素质。

3.引入学生自主管理模式,培养责任感

在学生管理方面,可以引入学生自主管理模式。成立学生自治组织,如学生会、自律委员会等,让学生参与学校的日常管理和监督。学生自主管理可以培养学生的责任感和自律能力,提高学生的综合素质。

4.建立家校合作制度,形成教育合力

建立健全家校合作制度,加强学校与家长之间的沟通与合作。通过举办家长学校、家长会、家访等活动,让家长了解学校的教育教学情况,参与学校的管理和决策。家校合作可以形成教育合力,共同促进学生的成长和发展。

五、校园文化与制度建设的未来展望

未来,校园文化与制度建设将更加注重以人为本、创新发展和融合共生。校园文化将更加注重学生的个性发展和全面成长，培养具有创新精神和社会责任感的新时代人才。制度建设将更加注重科学性、民主性和灵活性，为学校的发展提供更加有力的保障。

校园文化与制度建设将深度融合，相互促进。文化将为制度赋予灵魂和活力，制度将为文化的传承和发展提供保障。学校将通过文化引领和制度规范，营造出更加和谐、有序、富有活力的校园环境。

同时，随着信息技术的不断发展，校园文化与制度建设也将不断创新。利用人工智能、大数据等技术，实现校园文化的精准推送和个性化服务。建立智能化的制度管理平台，提高制度执行的效率和公正性。

校园文化与制度建设是学校发展的重要基石。我们要高度重视校园文化与制度建设，不断探索创新，为学生的成长和学校的发展创造更加良好的条件。

第四章 高中教育管理中存在的问题

第一节 管理理念滞后

一、高中教育管理理念滞后的表现

(一)以成绩为唯一导向

在许多高中,教育管理仍然过度聚焦于学生的考试成绩。学校以高考升学率作为主要衡量标准,教师则将提高学生成绩作为教学的核心目标。这种单一的评价导向使得学生的综合素质培养被忽视,如创新能力、实践能力、社会责任感等方面的发展得不到应有的重视。

(二)强调教师权威,缺乏民主氛围

传统的高中教育管理往往强调教师的绝对权威,学生在教学过程中处于被动接受的地位。课堂上,教师单向传授知识,学生缺乏提问和质疑的机会。在学校管理层面,学生的意见和建议很少被采纳,缺乏民主参与的氛围,不利于学生自主意识和民主精神的培养。

(三)管理方式僵化

高中教育管理在很多情况下采用僵化的规章制度进行约束。对教师的管理主要侧重于考勤、教学进度等方面的硬性规定,缺乏对教师专业发展和创新教学的激励机制。对学生的管理则强调纪律的严格执行,如统一的作息时间、严格的着装要求等,缺乏灵活性和个性化的管理方式,难以满足学生多样化的发展需求。

二、高中教育管理理念滞后带来的问题

(一)学生发展受限

以成绩为唯一导向的管理理念使得学生陷入题海战术，缺乏自主学习和探索的时间与空间。学生的兴趣爱好和特长难以得到充分发挥，创新思维和实践能力得不到有效培养，导致学生在未来的大学学习和职业生涯中缺乏竞争力。

(二)教师积极性受挫

僵化的管理方式和缺乏激励机制使得教师的工作积极性受到影响。教师在教学中缺乏创新的动力，只是按照传统的教学模式进行授课，难以提高教学质量。同时，教师的专业发展也受到限制，无法充分发挥自己的潜力。

(三)学校发展缺乏活力

滞后的教育管理理念使得学校整体氛围沉闷，缺乏创新和活力。学校难以吸引优秀的教师和学生，在教育竞争中逐渐落后。而且，这种管理理念也难以适应社会发展对人才培养的新要求，影响学校的可持续发展。

三、更新高中教育管理理念的策略

(一)树立多元化的评价体系

改变以成绩为唯一导向的评价方式，建立多元化的评价体系。除了考试成绩，还应关注学生的综合素质，如创新能力、实践能力、团队合作能力、社会责任感等。通过多种评价方式，全面客观地评价学生的发展，激发学生的学习兴趣和潜能。

(二)营造民主的教育氛围

打破教师的绝对权威，营造民主平等的教育氛围。在课堂上，鼓励学生提问、质疑和讨论，培养学生的批判性思维和创新精神。在学校管理中，充分听取学生的意见和建议，让学生参与学校决策，增强自主意识和民主精神。

(三)推行灵活的管理方式

摒弃僵化的规章制度，推行灵活的管理方式。对教师的管理要注重激励机制的建立，鼓励教师创新教学方法、开展教育科研，为教师的专业发展提供支持和保障。对学生的管理要尊重学生的个性差异，提供个性化的教育服

务,满足学生多样化的发展需求。

四、创新高中教育管理理念的实践案例

(一)安丘一中实施综合素质评价改革

该校建立了涵盖学生学业成绩、品德表现、社会实践、艺术素养、体育健康等多个方面的综合素质评价体系。通过学生自评、同学互评、教师评价等多种方式,对学生进行全面评价。这种评价方式激发了学生的学习积极性和主动性,促进了学生的全面发展。

(二)安丘市青云学府推行民主管理模式

该校成立了学生代表大会和教师代表大会,让师生共同参与学校管理。学校在制定重大决策时,充分听取代表们的意见和建议。同时,学校还开展各种民主活动,如班级民主管理、校园文化建设等,营造了浓厚的民主氛围。

(三)安丘市实验高中进行管理方式创新

该校打破传统的班级授课制,实行走班制教学。学生可以根据自己的兴趣爱好和学习能力选择不同的课程和教师。学校还为学生提供了丰富的社团活动和实践课程,满足学生的个性化发展需求。同时,学校对教师的管理也更加注重激励和支持,鼓励教师开展创新教学实践。

五、高中教育管理理念的未来发展趋势

(一)以人为本,关注学生的全面发展

未来的高中教育管理将更加注重以人为本,关注学生的全面发展。学校将不仅仅关注学生的学业成绩,还将注重培养学生的综合素质和个性特长,为学生的未来发展奠定坚实的基础。

(二)强调创新,激发师生的创造力

创新将成为未来高中教育管理的重要理念。学校将鼓励教师创新教学方法和教育科研,为学生提供更加丰富多样的学习体验。同时,学校也将培养学生的创新思维和实践能力,激发学生的创造力和创新精神。

(三)加强合作,实现教育资源共享

未来的高中教育管理将更加注重加强合作,实现教育资源共享。学校将与家长、社区、企业等各方建立紧密合作关系,共同为学生的成长和发展提供支持。学校之间也将加强交流与合作,实现教育资源的优化配置和共享。

总之,高中教育管理理念的滞后已经成为制约高中教育发展的重要因素。我们必须认识到问题的严重性,积极更新教育管理理念,采取有效的策略和措施,推动高中教育的改革与发展。只有这样,我们才能培养出适应社会发展需要的高素质人才,为国家的繁荣富强做出贡献。

第二节 管理体制不健全

一、高中教育管理体制不健全的表现

(一)管理职责不清

在高中教育管理中,往往存在着教育行政部门、学校、教师、家长等各方职责不清的问题。教育行政部门可能过度干预学校的具体教学事务,而学校在一些重大决策上又缺乏自主权。教师在教学管理中的地位不明确,家长对学校管理的参与度有限,导致管理效率低下,决策难以科学合理。

(二)评价机制单一

目前高中教育的评价主要以学生的高考成绩为核心,对学校的评价也主要基于升学率等指标。这种单一的评价机制使得学校和教师过度追求考试成绩,忽视了学生的全面发展和个性差异。同时,评价过程缺乏多元化的参与主体,难以客观、全面地反映学校的教育质量和管理水平。

(三)缺乏有效的监督机制

高中教育管理中,监督机制的不健全表现为对学校办学行为、教师教学行为和学生学习行为的监督不足。一方面,对学校相关规章制度制定不严谨等问题的监督力度不够;另一方面,对教师的教学质量和职业道德缺乏有效的监督和评估,对学生学习过程和综合素质发展也缺乏动态的监督和反馈。

(四)资源配置不合理

高中教育资源在区域之间、学校之间分布不均衡,优质教育资源相对集中在少数重点学校。同时,在学校内部,资源配置也存在不合理的现象,如教学设施、师资力量等向重点学科和毕业班倾斜,忽视了其他学科和年级的发展需求。

二、高中教育管理体制不健全带来的问题

(一)教育质量难以保证

由于管理职责不清、评价机制单一和监督机制缺乏,高中教育的质量难以得到有效保障。学校和教师可能为了追求短期的成绩目标而采用应试教育的方法,忽视学生的综合素质培养,导致学生的创新能力、实践能力和社会责任感不足。

(二)教育公平受到影响

资源配置不合理使得不同地区、不同学校的学生享受到的教育资源存在巨大差异,严重影响了教育公平。薄弱学校的学生难以获得优质的教育资源,而重点学校的学生则可能因为过度竞争而承受巨大的压力,不利于学生的身心健康和全面发展。

(三)学校发展缺乏动力

不健全的管理体制使得学校在办学过程中缺乏自主权和创新动力。学校难以根据自身的特点和学生的需求制定个性化的发展规划,教师也难以在教学中发挥主动性和创造性,导致学校整体发展缺乏活力和特色。

(四)教师队伍不稳定

管理体制不健全可能导致教师的待遇、职业发展空间等方面得不到保障,从而影响教师队伍的稳定性。教师可能会因为对工作环境和发展前景的不满而选择离职或流动,这对学校的教学质量和稳定发展带来不利影响。

三、完善高中教育管理体制的对策

(一)明确管理职责

教育行政部门应转变职能,从对学校的具体事务管理转变为宏观指导和监督服务。赋予学校更多的办学自主权,让学校能够根据自身的实际情况制定发展规划和教学计划。明确教师在教学管理中的主体地位,鼓励教师积极参与学校管理和教学改革。同时,提高家长对学校管理的参与度,建立家

校合作的有效机制。

（二）建立多元化评价机制

改变以高考成绩为唯一标准的评价方式，建立多元化的评价机制。评价内容应包括学生的学业成绩、综合素质、创新能力、社会实践等方面，评价主体应包括学校、教师、学生、家长和社会等多方。通过多元化的评价，引导学校和教师关注学生的全面发展，提高教育质量。

（三）加强监督机制建设

建立健全高中教育管理的监督机制，加强对学校办学行为、教师教学行为和学生学习行为的监督。教育行政部门应建立教师教学质量和职业道德的评估体系，对教师的教学工作进行定期考核和评价。此外，建立学生学习过程和综合素质发展的动态监测机制，及时反馈学生学习情况和发展需求。

（四）优化资源配置

加大对高中教育的投入，合理配置教育资源，缩小区域之间、学校之间的差距。在资源分配上，应注重均衡发展，避免向重点学校过度倾斜。同时，鼓励学校之间开展合作与交流，实现资源共享，提高资源利用效率。在学校内部，要根据各学科和年级的实际需求合理配置教学设施和师资力量，促进学校的整体发展。

四、高中教育管理体制创新的实践案例

（一）安丘市实行学区制管理

安丘市将若干所高中划分为一个学区，学区内实行资源共享、教师交流、学生互访等制度。学区管理委员会由教育行政部门、学校、家长和社会代表组成，负责制定学区发展规划和协调各方资源。通过学区制管理，实现了教育资源的优化配置和学校之间的合作共赢。

（二）安丘一中推行校本管理

该校建立了以学校为主体、教师和学生共同参与的校本管理模式。学校在课程设置、教学方法、教师评价等方面拥有更多的自主权，教师可以根据学生的实际情况进行个性化教学。同时，学校通过建立学生自主管理委员会，让学生参与学校管理，提高学生的自我管理能力和民主意识。

（三）安丘市建立教育质量监测体系

安丘市建立了涵盖学生学业水平、综合素质、教师教学质量等多个方面的教育质量监测体系。通过定期监测和评估，及时发现教育管理中存在的问题，并采取针对性的措施加以改进。同时，将监测结果向社会公布，接受社会监督，促进教育质量的不断提高。

五、高中教育管理体制的未来发展趋势

（一）更加注重民主管理

未来的高中教育管理将更加注重民主管理，鼓励教师、学生、家长和社会各界广泛参与学校管理。通过建立民主决策机制、监督机制和评价机制，提高学校管理的透明度和公正性，保障各方的合法权益。

（二）强调信息化管理

随着信息技术的不断发展，高中教育管理将越来越注重信息化建设。利用大数据、云计算、人工智能等技术，实现教育资源的数字化管理、教学过程的智能化监控、学生学习的个性化服务等，提高管理效率和教育质量。

（三）加强国际交流与合作

在全球化的背景下，高中教育管理将加强国际交流与合作。学习借鉴国外先进的教育管理经验和理念，引进优质的教育资源和教学方法，培养具有国际视野和竞争力的人才。同时，积极推动中国高中教育走向世界，提升中国教育的国际影响力。

总之，高中教育管理体制的健全与否直接关系到高中教育的质量和发展。我们必须正视当前高中教育管理体制中存在的问题，采取有效措施加以完善，不断创新管理体制和机制，为高中教育的持续健康发展提供有力保障。

第三节 管理人员素质参差不齐

一、高中管理人员素质参差不齐的表现

（一）教育理念差异大

部分管理人员教育理念陈旧，仍停留在传统的应试教育模式，过分强调学生的成绩和升学率，忽视学生的全面发展和个性培养。而另一部分管理人员则具有较为先进的教育理念，注重学生的综合素质提升、创新能力培养和个性化教育。

（二）管理能力不均衡

在管理能力方面，有的管理人员缺乏有效的组织协调能力，难以合理安排学校的各项工作，导致工作效率低下。有的管理人员决策能力不足，在面对复杂问题时犹豫不决，影响学校的发展进程。还有的管理人员缺乏沟通能力，不能与教师、学生和家长进行良好的沟通，导致矛盾和误解的产生。

（三）职业道德水平不一

有些管理人员职业道德意识淡薄，存在以权谋私、任人唯亲等不良行为。他们在工作中缺乏责任心和敬业精神，对学校的发展和学生的成长不负责任。而另一些管理人员则具有较高的职业道德水平，以身作则，为师生树立良好的榜样。

（四）专业知识储备不同

高中管理人员需要具备一定的教育教学知识、管理知识和法律知识等。然而，实际情况中，管理人员的专业知识储备存在较大差异。有的管理人员对教育教学规律缺乏深入了解，在制定教学管理政策时缺乏科学性和合理性。有的管理人员对法律法规不熟悉，在处理学校事务时容易出现违规行为。

二、高中管理人员素质参差不齐带来的问题

（一）影响学校管理效率

素质参差不齐的管理人员在工作中难以形成合力，导致学校管理工作混乱无序。他们之间的沟通协调不畅，决策执行不力，严重影响学校管理的效率和质量。

（二）制约学校发展

管理人员的素质直接关系到学校的发展方向和发展速度。素质不高的管理人员可能会制定错误的发展战略，阻碍学校的改革创新，使学校在激烈的教育竞争中处于劣势。

（三）损害教师和学生的利益

部分素质不高的管理人员可能会在教师职称评定、绩效考核等方面存在不公平现象，损害教师的利益。同时，他们也可能会忽视学生的需求和权益，影响学生的学习和成长。

三、提升高中管理人员素质的对策

（一）加强培训与学习

学校应定期组织管理人员参加培训和学习活动，提高他们的教育理念、管理能力和职业道德水平。培训内容可以包括教育教学理论、管理方法与技巧、法律法规等方面。同时，鼓励管理人员自主学习，不断更新知识，提升自身素质。

（二）建立考核评价机制

建立科学合理的管理人员考核评价机制，对管理人员的工作表现进行定期考核和评价。考核内容应包括工作业绩、管理能力、职业道德等方面。通过考核评价，激励管理人员积极进取，不断提高自身素质。

（三）引进优秀管理人才

学校可以通过公开招聘、人才引进等方式，引进具有先进教育理念和丰富管理经验的优秀管理人才。这些人才的加入可以为学校管理带来新的活力和思路，促进学校管理水平的提升。

（四）营造良好的管理文化

学校应营造积极向上、团结协作、勇于创新的管理文化氛围。在这种文化氛围中，管理人员能够相互学习、相互促进，共同提高自身素质。同时，良好的管理文化也能够吸引更多优秀人才加入学校管理队伍。

四、提升高中管理人员素质的实践案例

（一）开展管理人员培训计划

每年组织管理人员参加为期一周的集中培训,邀请教育专家、优秀校长等进行授课。培训内容涵盖教育教学改革、学校管理创新、领导力提升等方面。同时,学校还鼓励管理人员参加在线学习和学术交流活动,不断拓宽视野,提高自身素质。

（二）建立管理人员考核评价体系

制定详细的管理人员考核评价办法,从工作业绩、管理能力、职业道德等多个维度对管理人员进行考核评价。考核结果与管理人员的绩效工资、职称评定等挂钩,激励管理人员积极工作,不断提高自身素质。

（三）安引进优秀管理人才

通过公开招聘的方式,引进了一位具有丰富管理经验和先进教育理念的副校长。这位副校长的加入为学校管理带来了新的思路和方法,推动了学校的改革发展。同时,学校还组织其他管理人员与新引进的副校长进行交流学习,共同提高管理水平。

五、高中管理人员素质提升的未来展望

随着教育改革的不断深入和学校管理的日益复杂,对高中管理人员素质的要求也将越来越高。未来,高中管理人员需要具备更加先进的教育理念、更高的管理能力、更强的职业道德和更丰富的专业知识。

为了适应未来的发展需求,学校应不断加强管理人员的培训与学习,建立更加科学合理的考核评价机制,引进更多优秀的管理人才,营造更加良好的管理文化氛围。同时,管理人员自身也应不断努力,提高自身素质,为学校的发展和学生的成长做出更大的贡献。

总之,高中管理人员素质参差不齐是当前高中教育管理中面临的一个重要问题。我们必须采取有效措施,提升管理人员的素质,提高学校管理水平,为高中教育的发展提供有力保障。

第四节 提升高中管理人员职业道德水平的策略与实践

一、加强教育培训

（一）开展职业道德培训课程

1.定期组织高中管理人员参加专门的职业道德培训课程。这些课程可以涵盖教育伦理、管理道德准则、公正公平原则等内容。例如，邀请教育领域的伦理学专家来校讲学，通过案例分析，讲解在学校资源分配、教师评价、学生管理等过程中如何遵循道德原则。

2.培训课程可以采用多种形式，如讲座、小组讨论、角色扮演等。在角色扮演环节中，设定一些学校管理中常见的道德困境场景，如在教师职称评定中面对人情关系和公正原则的冲突，让管理人员模拟处理过程，然后进行讨论和反思，加深对职业道德的理解。

（二）融入日常工作培训

1.在学校组织的常规管理培训中融入职业道德教育内容。例如，在学校财务管理培训中，强调廉洁奉公的重要性，明确经费使用的道德边界；在教学管理培训中，教导管理人员尊重教师的专业自主权和学生的学习权利，避免过度干预教学过程。

2.鼓励管理人员参加教育管理相关的研讨会和学术会议，拓宽视野的同时，学习先进的管理理念和职业道德实践经验。通过与其他学校管理人员的交流，了解不同的管理模式和在道德决策方面的成功案例。

二、建立完善的监督机制

（一）内部监督体系

1.成立学校内部的监督小组，成员包括教师代表、家长代表和学生代表。这个监督小组负责对管理人员的工作进行定期检查和监督，重点关注可能涉及职业道德问题的领域，如招生工作、经费使用、人事任免等。

2.建立举报渠道，鼓励师生和家长对管理人员的不道德行为进行实名或匿名举报。对于举报内容,监督小组要进行认真调查核实,一旦发现问题,及时采取措施纠正,并对相关责任人进行严肃处理。

(二)外部监督力量

1.主动接受教育行政部门的监督检查。教育行政部门可以定期对高中学校的管理工作进行审计和评估,包括管理人员的职业道德表现。学校要积极配合,对于行政部门提出的整改意见要认真落实。

2.利用社会媒体和公众监督。学校要保持管理工作的透明度,对于一些重大决策和管理事项,通过学校官网、公众号等渠道向社会公开,接受公众的监督和评价。

三、树立榜样激励

(一)内部榜样示范

1.在学校内部挖掘和树立职业道德高尚的管理人员榜样。这些榜样可以是在廉洁自律、公正对待师生、积极推动学校发展等方面表现突出的管理人员。学校可以通过内部表彰大会、经验分享会等形式,宣传他们的先进事迹,让其他管理人员学习借鉴。

2.建立师徒结对机制,让职业道德优秀的管理人员与其他管理人员结成师徒关系。在日常工作中,师傅可以言传身教,传授在管理过程中如何坚守道德底线、践行道德原则的经验。

(二)外部榜样学习

1.组织管理人员学习其他学校或教育机构中职业道德楷模的事迹。可以通过参观访问优秀学校、观看纪录片、阅读相关书籍等方式,了解这些楷模在学校管理中的道德行为和管理智慧。

2.与其他学校开展合作交流活动,邀请外部的优秀管理人员来校分享他们在职业道德建设方面的经验和做法,拓宽本校管理人员的视野,激发他们提升自身职业道德水平的动力。

四、完善考核评价体系

(一)丰富考核指标

1.在对高中管理人员的考核评价体系中,增加职业道德相关的考核指标。这些指标可以包括廉洁情况、公平公正程度、对师生权益的维护等。例如，在廉洁方面，可以考查管理人员是否存在接受不正当利益、滥用经费等行为；在公平公正方面，评估其在教师评优、学生奖励等工作中的公正性。

2.采用多角度的评价方式，除了上级领导评价外，还应包括教师评价、学生评价和家长评价。教师可以评价管理人员在教学管理中的道德行为，如是否尊重教师的意见和建议；学生和家长可以评价管理人员在学生管理和学校服务方面的表现，如是否公正对待每一位学生。

(二)强化考核结果运用

1.将职业道德考核结果与管理人员的薪酬待遇、晋升晋级等直接挂钩。对于职业道德考核优秀的管理人员，给予适当的奖励，如奖金、荣誉称号、晋升机会等；对于职业道德存在问题的管理人员，进行相应的惩罚，如扣减绩效工资、警告、降职等。

2.根据考核结果，为管理人员提供针对性的改进建议。对于职业道德水平有提升空间的管理人员，安排培训和辅导，帮助他们认识问题，改进自身行为。

第五节 师生沟通与互动不足

在高中教育阶段，师生沟通与互动不足的问题日益凸显，对学生的成长和教育质量产生了诸多不良影响。

一、高中师生沟通互动现状堪忧

在高中校园里，师生沟通与互动往往存在着多方面的不足。

首先，沟通频率低是一个普遍现象。高中的教学任务繁重，教师们通常忙于备课、授课、批改作业以及应对各种考试压力，学生也被大量的课程和作业占据了大部分时间。这使得师生之间很少有机会进行深入的交流，除了课堂上有限的问答互动外，课后的交流几乎屈指可数。

其次,沟通的不平等性较为突出。在传统的教育观念中,教师往往被视为权威,学生则处于被动接受的地位。这种不对等的关系使得学生在与教师沟通时常常心存畏惧,不敢真实地表达自己的想法和感受。教师可能在不经意间以命令式的语气与学生交流,而学生则只能默默服从,缺乏平等对话的氛围。

再次,沟通技巧的欠缺也制约了师生互动。部分教师可能不善于倾听学生的心声,在学生表达自己的观点时,急于给出评价或解决方案,而没有真正理解学生的内心需求。同时,学生也可能因为缺乏有效的表达能力,无法清晰地传达自己的问题和困惑,导致沟通效果大打折扣。

最后,沟通方式单一也是一个问题。在高中阶段,师生之间的沟通主要集中在课堂提问、课后答疑等传统方式上。而随着信息技术的发展,学生们对于多样化的沟通方式有着更高的期待,如在线交流、社交媒体互动等,但这些方式在高中教育中尚未得到充分的应用。

二、沟通不畅带来的不良影响

(一)教育效果受影响

师生沟通障碍会对教育效果产生显著的负面影响。一方面,由于缺乏有效的沟通,教师难以准确了解学生的学习情况和需求。每个学生都有自己独特的学习风格和进度,只有通过深入的沟通,教师才能发现学生的薄弱环节,有针对性地进行教学调整。然而,当沟通不足时,教师只能按照统一的教学计划进行授课,无法满足学生的个性化需求,导致部分学生在学习上逐渐掉队。另一方面,沟通不畅也会影响学生知识结构体系的构建。在学习过程中,学生不仅需要掌握书本上的知识,还需要学会思考、分析和解决问题的能力。而这些能力的培养离不开师生之间的互动交流。当学生在学习中遇到问题时,如果无法及时与教师沟通,得到正确的引导和启发,就可能陷入错误的思维模式,影响知识的理解和吸收。此外,良好的师生沟通还能帮助学生树立正确的世界观。教师的言传身教和与学生的思想交流,可以引导学生形成积极向上的价值观和人生观。但如果沟通不足,学生可能会受到不良社会思潮的影响,产生错误的认知。

（二）师生关系紧张

沟通不畅容易引发师生矛盾，进而影响班级工作的顺利开展。当学生对教师的教学方法或管理方式有不同意见时，如果没有畅通的沟通渠道，这些意见就可能积累成怨气，导致学生对教师产生抵触情绪。同样，教师如果不了解学生的想法和感受，也可能会做出一些不恰当的决策，加剧师生之间的矛盾。

紧张的师生关系会使班级氛围变得压抑，学生在这样的环境中难以安心学习。同时，也会影响教师的工作积极性和教学质量。在矛盾重重的班级中，教师需要花费更多的时间和精力来处理师生关系问题，而无法全身心地投入到教学工作中。

三、师生沟通互动不足的表现

（一）教师缺乏耐心

在高中教学中，很多教师由于时间紧迫、教学任务繁重等原因，缺乏耐心倾听学生的问题。当学生向教师请教问题或表达自己的想法时，教师可能会因为急于完成教学任务或处理其他事务，而简单地给出一个答案或敷衍了事。这种态度会让学生感到自己不被重视，从而失去与教师沟通的积极性。

此外，一些教师在与学生沟通时，往往过于注重结果，而忽视了学生的思考过程和情感需求。他们可能会直接指出学生的错误，而没有给予足够的引导和鼓励，让学生在沟通中感到挫败。

（二）学生不敢发言

学生在与教师沟通时，可能会因为各种原因而不敢发言。一方面，学生可能害怕自己的问题太简单或太愚蠢，会被教师和同学嘲笑。在高中阶段，学生的自尊心较强，他们往往希望在他人面前表现出自己的聪明和能干，因此对于一些不确定的问题，他们可能会选择保持沉默。另一方面，学生也可能担心与教师沟通会耽误教师的时间，给教师带来麻烦。在传统的教育观念中，学生往往被教导要尊重教师的时间和精力，不要轻易打扰教师。这种观念使得学生在有问题时，不敢主动与教师沟通，而是选择自己摸索或向同学请教。

（三）课堂话语权失衡

在高中课堂中，师生关系不平等常常导致话语权失衡。教师通常占据着课堂的主导地位，掌控着教学的节奏和内容。他们在课堂上提问、讲解、评价，而学生则主要是被动地回答问题和接受知识。这种单向的交流模式使得学生的话语权受到限制，无法充分表达自己的观点和想法。例如，在地理课堂上，教师可能会按照教学大纲的要求，快速地讲解知识点，然后提出一些问题让学生回答。在这个过程中，学生往往没有足够的时间思考和表达自己的观点，只能按照教师的思路进行回答。即使学生有不同的看法，也可能因为害怕被教师批评或认为自己的观点不正确而不敢提出。

（四）对话随意偏离目标

师生对话存在随意性，内容有时会偏离教学目标。在课堂讨论或课后交流中，师生之间的对话可能会因为各种原因而偏离主题。例如，在讨论一个地理问题时，学生可能会提出一些与问题无关的话题，或者教师在回应学生的问题时，没有及时引导学生回到主题上，导致对话变得混乱和无目的。这种随意性的对话不仅浪费了时间，也影响了教学效果。学生可能在对话中没有得到真正有价值的知识和信息，而教师也无法实现教学目标。

（五）课堂对话深度不够

课堂对话深度不足，难以提升学生的思维能力。在高中课堂上，师生之间的对话往往停留在表面层次，缺乏深入的思考和分析。教师可能会提出一些简单的问题，让学生回答"是"或"不是"，或者只是让学生重复课本上的知识点。这种对话方式无法激发学生的思维，也无法培养学生的创新能力和批判性思维。例如，在学习地理中的某个概念时，教师只是让学生背诵定义和特点，而没有引导学生思考这个概念的实际应用和意义。这样的对话方式使得学生只是机械地记忆知识，而没有真正理解和掌握知识。

四、沟通不畅的原因剖析

（一）教师方面

1.事务繁多导致沟通滞后

教师面临着巨大的教学压力和工作负担。他们不仅要备课、授课、批改作业,还要参加各种教研活动、会议和培训。这些事务使得教师们的时间非常紧张,很难抽出时间与学生进行深入的沟通和交流。

受师道尊严观念影响,传统的师道尊严观念在一定程度上影响了教师与学生的沟通。一些教师认为自己是权威,学生应该服从自己的教导,不应该质疑或挑战自己的观点。这种观念使得教师在与学生沟通时,往往采取居高临下的态度,缺乏平等和尊重。

2.缺乏学习意识

部分教师缺乏对沟通技巧和方法的学习和研究。他们可能认为自己已经掌握了足够的教学技能,不需要再学习如何与学生沟通。然而,随着时代的发展和学生的变化,传统的沟通方式可能已经不再适用。教师需要不断学习新的沟通技巧和方法,以更好地与学生交流。

(二)学生方面

1.认为找老师麻烦

一些学生认为找老师沟通是给老师添麻烦,会让老师不高兴。他们可能担心自己的问题会占用老师的时间,影响老师的工作。这种想法使得学生在有问题时,不敢主动与老师沟通,而是选择自己解决或向同学请教。

2.害怕耽误老师时间

与上一点类似,学生害怕耽误老师的时间也是导致沟通不足的一个原因。在高中阶段,学生的学习任务非常繁重,他们可能觉得老师也很忙,不应该打扰老师。因此,即使有问题,他们也会尽量自己解决,或者等到老师有时间主动找他们时才提出。

3.面临学业压力

高中生面临着巨大的学业压力,他们需要花费大量的时间和精力来学习和准备考试。在这种情况下,学生可能会觉得与老师沟通是一种浪费时间的行为,不如把时间用在学习上。

(三)制度方面

1.素质教育能力不够

目前的高中教育仍然以应试教育为主,对学生的综合素质培养重视不够。在这种教育模式下，教师和学生的主要目标都是提高考试成绩，而忽视了沟通能力、合作能力等综合素质的培养。这使得师生之间的沟通和互动缺乏有效的制度支持和引导。

2.评教制度简单化

现有的评教制度往往过于简单化，主要以学生的考试成绩和教师的教学表现为评价标准，而忽视了师生沟通和互动的重要性。这种评价方式使得教师在教学中更注重知识的传授和考试成绩的提高，而忽视了与学生的沟通和交流。

五、促进师生互动的方法探索

（一）转变观念

1.树立平等沟通意识

教师应该摒弃传统的师道尊严观念，树立平等沟通的意识。要认识到学生是独立的个体，有自己的思想和观点，应该给予他们充分的尊重和信任。在与学生沟通时，教师要以平等的姿态与学生交流，倾听他们的声音，理解他们的需求。

2.尊重信任学生

尊重和信任是良好师生关系的基础。教师要尊重学生的人格、兴趣和爱好，不要轻易批评或否定学生的想法和行为。同时，要信任学生的能力和潜力，给予他们足够的空间和机会去发展自己。

3.提升自身素质

教师要不断提升自身的素质，包括专业知识、教学技能和沟通能力等。只有具备了扎实的专业知识和教学技能，才能更好地满足学生的学习需求；只有掌握了有效的沟通技巧和方法，才能更好地与学生交流和互动。

4.多与学生交流

教师要主动与学生交流，了解他们的学习和生活情况。可以通过课堂提问、课后答疑、个别谈话等方式，与学生建立起良好的沟通渠道。同时，也可以利用现代信息技术，如微信、QQ等，与学生进行在线交流，及时了解学生动态。

(二)真诚沟通

1.倾听学生需求

倾听是沟通的重要环节。教师要学会倾听学生的需求和意见,不要急于给出评价或解决方案。在倾听的过程中,要给予学生充分的关注和回应,让学生感受到自己被重视。

2.调整班级管理形式

教师可以调整班级管理形式,增加学生参与班级管理的机会。例如,可以通过民主选举班干部、设立班级议事会等方式,让学生参与班级决策和管理中。这样可以提高学生的自我管理能力,增强师生之间的沟通和互动。

3.关心学生生活学习问题

教师要关心学生的生活和学习问题,及时给予帮助和支持。可以通过与学生谈心、家访等方式,了解学生的家庭情况和心理状态,为学生提供必要的心理疏导和帮助。同时,也要关注学生的学习情况,及时发现学生的学习困难,给予针对性的指导和帮助。

(三)优化互动策略

1.提问与回答

(1)运用针对性提问

教师在课堂上可以运用针对性提问的方式,引导学生思考和回答问题。提问的内容要与教学内容紧密相联,具有一定的启发性和挑战性。同时,要根据学生的不同水平和特点,提出不同难度的问题,让每个学生都有机会参与课堂互动中。

(2)鼓励学生质疑

鼓励学生质疑是培养学生创新思维的重要途径。教师要营造一个宽松、民主的课堂氛围,让学生敢于提出自己的疑问和不同观点。在学生提出质疑时,教师要给予积极的回应和鼓励,引导学生进行深入的思考和讨论。

(3)营造积极氛围

营造积极的课堂氛围可以提高学生的参与度和积极性。教师可以通过表扬、奖励等方式,鼓励学生积极发言和参与课堂互动。同时,也要注意控制课堂节奏和秩序,避免出现混乱和无序的情况。

2.小组讨论与合作

（1）异质分组

进行小组讨论时,可以采用异质分组的方式,将不同水平和特点的学生组合在一起。这样可以让学生在小组中相互学习、相互帮助,提高小组讨论的效果。

（2）角色分配和定期轮换

在小组中进行角色分配,如组长、记录员、发言人等,并定期进行轮换。让每个学生都有机会承担不同的角色,提高学生的合作能力和责任感。

（3）明确讨论主题

在进行小组讨论前,教师要明确讨论的主题和要求,让学生有针对性地进行讨论。同时,要为学生提供必要的讨论材料和参考资料,帮助学生更好地开展讨论。

3.角色扮演与模拟

（1）准备道具

进行角色扮演和模拟时,教师可以准备一些道具,如服装、道具等,让学生更好地融入角色。同时,也可以利用多媒体技术,如视频、图片等,为学生营造一个真实的情境。

（2）确定角色

根据教学内容和目标,确定角色扮演和模拟的角色。可以让学生自己选择角色,也可以由教师指定角色。在确定角色后,要让学生了解自己所扮演角色的特点和任务。

（3）明确任务

明确角色扮演和模拟的任务和要求,让学生在活动中有明确的目标和方向。同时,要为学生提供必要的指导和帮助,确保活动的顺利进行。

4.游戏化教学与线上线下融合

（1）设计游戏或竞赛活动

设计一些与教学内容相关的游戏或竞赛活动,让学生在游戏高中习和掌握知识。游戏或竞赛活动可以激发学生的学习兴趣和积极性,提高学生的参与度和学习效果。

（2）利用线上线下资源

利用线上线下资源,拓展师生互动的渠道和方式。可以通过在线学习平台、社交媒体等,与学生进行在线交流和互动;也可以组织一些线下的活动,如实地考察、实验等,让学生在实践高中习和成长。

第六节 评价与激励机制不完善

一、高中教育评价与激励机制的重要性

高中教育作为基础教育的重要阶段,对于学生的成长和发展起着至关重要的作用。而科学合理的教育评价与激励机制,则是确保高中教育质量、激发学生学习积极性、促进教师专业发展的关键因素。

对学生而言,良好的教育评价与激励机制能够准确地反映他们的学习成果和进步,让他们清晰地看到自己的优势与不足,从而有针对性地调整学习策略,不断提升自己。同时,激励机制可以给予学生物质和精神上的奖励,增强他们的自信心和成就感,激发他们的学习动力和创造力。

对于教师来说,教育评价与激励机制能够客观地评估他们的教学水平和工作绩效,为他们提供专业发展的方向和动力。通过激励机制,优秀的教师可以得到认可和奖励,这不仅能够提高他们的工作积极性和满意度,还能吸引更多优秀人才投身于高中教育事业。

从学校的角度来看,完善的教育评价与激励机制有助于提高学校的整体教学质量和管理水平。它可以促进教学方法的创新和教学资源的优化配置,营造积极向上的教学氛围,提升学校的声誉和竞争力。

此外,科学的教育评价与激励机制还有利于促进教育公平。它可以确保每个学生都能得到公正的评价和机会,避免因单一的评价标准而埋没人才,

为不同背景的学生提供平等的发展平台。

二、高中教育评价机制的现状

（一）传统评价方式的局限性

在当前的高中教育中，传统的评价方式仍然占据主导地位。这种评价方式主要以考试成绩为唯一标准，过于强调知识记忆和应试能力。

首先，以考试成绩为唯一评价标准容易导致学生片面追求分数，忽视了自身综合素质的培养。为了在考试中取得好成绩，学生往往采取死记硬背的学习方式，缺乏对知识的深入理解和应用能力。这种学习方式不仅不利于学生的长远发展，还可能使他们在面对实际问题时束手无策。

其次，传统评价方式缺乏对学生创新思维和实践能力的评价。在当今社会，创新和实践能力已经成为人才的核心竞争力。然而，传统的考试往往侧重于考查学生对书本知识的掌握程度，难以评估学生的创新思维和实践能力。这就使得学生在学习过程中缺乏对创新和实践的重视，不利于培养适应社会发展需求的创新型人才。

此外，传统评价方式通常只在特定时间点进行，如期中、期末考试等，无法全面反映学生的成长过程。学生的学习是一个连续的过程，他们在日常学习中的表现、进步和努力同样值得关注。而传统评价方式的间歇性和片面性，使得教师和家长难以及时了解学生的学习情况，无法给予及时的指导和鼓励。

（二）多元化评价方式的探索与实践

随着教育改革的不断深入，越来越多的学校开始尝试多元化的评价方式。表现性评价、档案袋评价、同伴互评等新型评价方式逐渐走进高中课堂。表现性评价注重学生在实际任务中的表现，通过观察学生完成任务的过程和结果，来评估他们的知识掌握程度、技能水平和综合素养。这种评价方式能够更加真实地反映学生的实际能力，激发学生的学习兴趣和积极性。

档案袋评价则是通过收集学生在学习过程中的作品、作业、考试成绩等资料，形成学生的个人成长档案。教师和家长可以通过档案袋了解学生的学习历程和进步情况，为学生提供个性化的指导和建议。

同伴互评是让学生相互评价彼此的学习成果和表现。这种评价方式可以培养学生的批判性思维和合作能力，同时也能让学生从不同的角度认识自己的优点和不足。

虽然多元化评价方式在一定程度上弥补了传统评价方式的不足，但在实际应用中仍然面临着一些挑战。一方面，多元化评价方式需要教师投入更多的时间和精力，对教师的专业素养和教学能力提出了更高的要求。另一方面，由于缺乏统一的标准和规范，多元化评价方式的客观性和公正性难以保证。

三、高中教育激励机制的现状

（一）物质与精神激励结合

为了激发学生的学习积极性，高中校通常会采用物质与精神激励相结合的方式。奖学金制度是一种常见的物质激励手段，它可以为学习成绩优秀的学生提供一定的经济奖励，激励他们更加努力地学习。荣誉称号则是一种精神激励方式，如"三好学生""优秀学生干部"等称号，可以让学生获得成就感和荣誉感，增强他们的自信心和责任感。

此外，一些学校还会通过举办各种课外活动来激励学生。例如，学科竞赛、科技创新活动、文艺比赛等，这些活动不仅可以丰富学生的课余生活，还能培养学生的兴趣爱好和特长，为他们提供展示自我的平台。

对于学习困难的学生，一些学校会提供一对一辅导和心理咨询服务，帮助他们克服学习障碍，树立学习信心。同时，学校还会为这些学生制订个性化的学习计划，根据他们的实际情况调整教学进度和方法，确保他们能够跟上教学进度。

（二）个性化激励策略的实施

为了更好地满足不同学生的需求，一些高中学校开始实施个性化激励策略。教师会根据学生的特点和需求，制订个性化的学习计划和目标，为学生提供有针对性的指导和帮助。

对于学习成绩优秀的学生，教师会给予他们更高的学习要求和挑战，鼓励他们参加各种学科竞赛和科研活动，培养他们的创新能力和实践能力。对于学习困难的学生,教师会更加关注他们的学习过程,及时发现他们的问题并给予帮助,鼓励他们逐步克服困难,提高学习成绩。

个性化激励策略的实施,能够更好地激发学生的学习积极性和创造力,提高学生的学习效果和综合素质。然而,在实际操作中,个性化激励策略也面临着一些困难。首先,教师需要花费更多的时间和精力去了解每个学生的情况,这对于教师的工作负担是一个不小的挑战。其次,个性化激励策略需要学校和家长的支持与配合,否则很难取得良好的效果。

四、高中教育评价与激励机制面临的挑战

(一)克服应试教育倾向

尽管教育改革一直在强调素质教育,但应试教育的倾向在高中教育中仍然较为明显。高考作为高中教育的重要指挥棒,其评价标准仍然以考试成绩为主。这就使得学校、教师和家长不得不把更多的精力放在提高学生的考试成绩上,而忽视了学生的全面发展。

要克服应试教育倾向,首先需要转变评价观念。教育部门和学校应该树立科学的教育评价观,不以考试成绩作为唯一的评价标准,而是注重学生的综合素质和个性发展。其次,要强化激励机制,鼓励教师积极探索创新教学方法,培养学生的创新思维和实践能力。同时,要提高教师素质,加强教师培训,让教师具备实施素质教育的能力和水平。最后,要改革考试制度,逐步减少考试的次数和难度,增加对学生综合素质的考查。

(二)关注学生全面发展

在当前的高中教育评价与激励机制中,对学生全面发展的关注还不够。虽然一些学校开始尝试多元化评价方式,但在实际操作中,仍然存在重知识轻能力、重智育轻德育、体育和美育的现象。

要关注学生的全面发展,首先要建立多元化的评价体系。评价内容应该涵盖学生的知识、技能、情感、态度、价值观等多个方面,评价方式应该包括考试、作业、课堂表现、实践活动等多种形式。其次,要加强对学生全面发展的引导和激励。学校可以通过开展各种主题教育活动、社会实践活动等,培养学生的社会责任感、创新精神和实践能力。同时,要对在德、智、体、美等方

面表现突出的学生给予及时的奖励和表彰,激发学生全面发展的积极性。

(三)强化教师专业素养

教师是高中教育的核心力量,教师的专业素养直接影响着教育质量和学生的发展。然而,在当前的高中教育评价与激励机制中,对教师专业素养的评价和激励还存在不足。

要强化教师专业素养,首先要提升教师的教育教学能力。学校可以通过组织教师参加各种培训、教研活动等,提高教师的教学水平和专业知识。其次,要鼓励教师参与学术交流和研究活动,不断更新教育理念和教学方法。同时,要培养教师的创新能力和实践能力,让教师在教学中能够灵活运用各种教学手段和方法,提高教学效果。最后,要加强对教师评价与激励机制的培训,让教师了解评价与激励机制的目的、内容和方法,提高教师参与评价与激励机制的积极性和主动性。

五、完善高中教育评价与激励机制的策略

(一)创新教育教学方法

为了适应新时代对人才培养的需求,高中学校需要不断创新教育教学方法。教师可以通过创设情境,让学生在真实的情境高中习和应用知识,增强学生的实践能力。例如,在物理、化学等学科的教学中,教师可以通过实验教学,让学生亲身体验科学探究的过程,提高学生的动手能力和创新思维。

引入现代教育技术也是创新教育教学方法的重要手段。利用多媒体教学、在线教学等现代教育技术,可以提高教学效率和趣味性,激发学生的学习兴趣。例如,教师可以通过制作微课、使用教学软件等方式,为学生提供更加丰富的学习资源和个性化的学习体验。

开展探究式、合作式等教学方法,可以鼓励学生主动参与和思考,培养学生的创新能力和合作精神。在探究式教学中,教师可以引导学生提出问题、进行假设、收集证据、得出结论,让学生在探究的过程中掌握知识和方法。在合作式教学中,教师可以将学生分成小组,让学生通过合作完成学习任务,培养学生的团队合作能力和沟通能力。

跨学科整合也是培养学生综合素质的有效途径。教师可以将不同学科的知识进行整合,让学生在跨学科的学习中拓宽视野、提高综合分析问题的能力。例如,在语文、历史、地理等学科的教学中,可以进行跨学科主题教学,让学生从不同的角度认识和理解一个主题,培养学生的综合素养。

(二)及时反馈与调整

教育评价与激励机制的实施需要及时反馈和调整,以确保其科学性和有效性。教师应该根据学生的表现和反馈,及时调整教学策略和评价标准,为学生提供更加个性化的指导和帮助。

在评价与激励机制中,及时向学生提供反馈也是非常重要的。教师可以通过作业批改、课堂提问、考试分析等方式,让学生了解自己的学习情况和进步,激发学生的学习积极性和动力。同时,教师还可以鼓励学生进行自我反思和评价,让学生学会发现自己的问题和不足,主动调整学习策略。

此外,学校和教育部门也应该定期对教育评价与激励机制进行评估和调整。通过收集教师、学生和家长的意见和建议,了解评价与激励机制的实施效果,及时发现问题并进行改进。同时,要关注教育改革的动态和趋势,不断更新评价与激励机制的内容和方法,使其更加符合时代的需求。

高中教育评价与激励机制的完善是一个长期而复杂的过程,需要学校、教师、家长和社会的共同努力。只有建立科学合理的评价与激励机制,才能更好地激发学生的学习积极性和创造力,促进教师的专业发展,提高高中教育的质量和水平,为培养适应社会发展需求的高素质人才奠定坚实的基础。

第五章 高中教育教学的理论与实践

第一节 教学目标与课程标准

高中教育在整个教育体系中占据着重要地位，它不仅是连接基础教育与高等教育的桥梁，更是培养学生综合素质、为学生未来发展奠定基础的关键阶段。而高中教学目标与课程标准则是指导高中教学的重要依据，对于确保高中教育质量、实现教育目的具有至关重要的意义。

一、高中教学目标的内涵与重要性

（一）高中教学目标的内涵

高中教学目标是指在高中阶段，通过教学活动所要达到的预期结果。它涵盖了知识与技能、过程与方法、情感态度与价值观三个维度。在知识与技能方面，高中教学目标要求学生掌握扎实的学科基础知识和基本技能，为进一步学习和未来的职业发展打下坚实的基础。在过程与方法方面，注重培养学生的学习能力、思维能力、创新能力和实践能力，使学生学会学习、学会思考、学会创新。在情感态度与价值观方面，培养学生的爱国主义情感、社会责任感、科学精神、人文素养等，促进学生的全面发展。

（二）高中教学目标的重要性

1.为教学活动提供明确的方向

高中教学目标明确了教学的方向和重点，使教师和学生在教学过程中能够有的放矢。教师可以根据教学目标制订教学计划、选择教学方法和教学内容，确保教学活动的有效性。学生也可以根据教学目标明确自己的学习任务和努力方向,提高学习的积极性和主动性。

2.促进学生的全面发展

高中教学目标不仅关注学生的知识与技能的掌握，还注重学生的情感态度与价值观的培养。通过实现教学目标,能够促进学生在知识、能力、情感等方面的全面发展,培养具有创新精神和实践能力的高素质人才。

3.衡量教学质量的重要标准

高中教学目标是衡量教学质量的重要标准之一。通过对学生学习成果的评估,可以判断教学目标的达成程度,进而调整教学策略和方法,提高教学质量。

二、课程标准对高中教学目标的具体要求

(一)学科核心素养的培养

课程标准明确提出了各学科的核心素养,如语文的语言建构与运用、思维发展与提升、审美鉴赏与创造、文化传承与理解;数学的数学抽象、逻辑推理、数学建模、直观想象、数学运算、数据分析等。学科核心素养是学科育人价值的集中体现,是学生通过学科学习而逐步形成的正确价值观念、必备品格和关键能力。高中教学目标应围绕学科核心素养的培养展开,使学生在学习过程中逐步形成适应个人终身发展和社会发展需要的必备品格和关键能力。

(二)内容标准的细化

课程标准对各学科的内容标准进行了细化,明确了学生在不同阶段应掌握的知识和技能。高中教学目标应根据课程标准的内容标准,确定具体的教学内容和教学要求,确保学生在高中阶段能够系统地掌握学科知识和技能。

(三)学业质量标准的明确

课程标准还明确了各学科的学业质量标准,即学生在完成本学科学习任务后应达到的学业成就表现。学业质量标准分为不同的水平层次,为教学评价提供了依据。高中教学目标应与学业质量标准相衔接,使教学活动能够有效地促进学生学业水平的提高。

三、高中教学目标与课程标准的实施策略

(一)教师层面

1.深入理解课程标准

教师要认真研读课程标准,深刻理解课程标准的内涵和要求,把握学科核心素养、内容标准和学业质量标准。只有这样,才能在教学中准确地制定教学目标,选择合适的教学方法和教学内容。

2.制定具体可行的教学目标

教师应根据课程标准的要求,结合学生的实际情况,制定具体可行的教学目标。教学目标要明确、具体、可操作,能够反映学生的学习成果和进步。同时,教学目标要具有一定的挑战性,能够激发学生的学习动力和创造力。

3.选择合适的教学方法和教学内容

为了实现教学目标,教师要选择合适的教学方法和教学内容。教学方法要多样化,能够满足不同学生的学习需求和特点。教学内容要紧密围绕教学目标,具有科学性、系统性和实用性。同时,教师要注重教学内容的更新和拓展,使学生能够接触到最新的学科知识和前沿动态。

(二)学校层面

1.加强教师培训

学校要加强对教师的培训,提高教师对课程标准的理解和实施能力。培训内容可以包括课程标准解读、教学方法创新、教学评价改革等方面。通过培训,使教师能够更好地适应课程改革的要求,提高教学质量。

2.建立教学质量监控体系

学校要建立健全教学质量监控体系,对教学过程和教学效果进行全面监控。通过教学质量监控,及时发现教学中存在的问题,采取有效的措施进行改进。同时,要对教师的教学工作进行评价和反馈,激励教师不断提高教学水平。

3.营造良好的教学环境

学校要营造良好的教学环境,为教师和学生提供必要的教学资源和支持。学校可以加强图书馆、实验室、多媒体教室等教学设施的建设,为教学活

动提供便利条件。同时,要开展丰富多彩的校园文化活动,营造积极向上的学习氛围,促进学生的全面发展。

四、高中教学目标与课程标准实施过程中的挑战与应对

(一)挑战

1.教师观念的转变

课程标准的实施要求教师转变传统的教学观念,从以教师为中心转变为以学生为中心,从注重知识传授转变为注重学生能力的培养。然而,部分教师由于长期受到传统教学观念的影响,难以在短时间内实现观念的转变。

2.教学方法的创新

为了实现课程标准的要求,教师需要创新教学方法,采用多样化的教学手段。然而,一些教师缺乏教学方法创新的能力和经验,难以有效地开展教学活动。

3.教学评价的改革

课程标准要求建立多元化的教学评价体系,注重对学生综合素质的评价。然而,目前的教学评价仍然以考试成绩为主,难以全面、客观地反映学生的学习成果和进步。

(二)应对策略

1.加强教师培训和交流

学校要加强对教师的培训,帮助教师转变教学观念,提高教学方法创新和教学评价改革的能力。同时,要组织教师开展教学交流活动,分享教学经验和教学成果,促进教师共同成长。

2.鼓励教师开展教学研究

学校要鼓励教师开展教学研究,探索适合本校学生的教学方法和教学模式。通过教学研究,教师可以不断提高自己的教学水平和专业素养,为课程标准的实施提供有力的支持。

3.建立科学合理的教学评价体系

学校要建立科学合理的教学评价体系,注重对学生综合素质的评价。评价方式要多样化,包括考试、作业、课堂表现、实践活动等。同时,要加强对评

价结果的分析和反馈,为教师改进教学提供依据。

高中教学目标与课程标准是指导高中教学的重要依据,对于提高高中教育质量、培养高素质人才具有重要意义。在实施过程中,教师和学校要深入理解课程标准的内涵和要求,制定具体可行的教学目标,选择合适的教学方法和教学内容,建立健全教学质量监控体系,营造良好的教学环境。同时,要积极应对实施过程中面临的挑战,加强教师培训和交流,鼓励教师开展教学研究,建立科学合理的教学评价体系,确保高中教学目标与课程标准的顺利实施。

第二节 教学方法与策略

高中阶段的教育对于学生的成长和发展至关重要,而教学方法与策略的选择则直接影响着教学质量和学生的学习效果。在高中教学中,教师需要根据学科特点、学生需求以及教学目标,灵活运用各种教学方法与策略,以激发学生的学习兴趣,提高学生的学习能力和综合素质。

一、高中教学方法的多样性

(一)讲授法

讲授法是高中教学中最常用的方法之一。教师通过口头语言向学生传授知识,讲解概念、原理和规律。讲授法的优点在于能够系统地传授知识,效率高,适用于讲解重点难点内容。然而,讲授法也存在一定的局限性,如容易使学生处于被动接受的状态,缺乏主动性和创造性。因此,在使用讲授法时,教师应注意语言表达的生动性和趣味性,结合实例和问题引导学生思考,提高学生的参与度。

(二)讨论法

讨论法是指教师组织学生围绕某一问题进行讨论,以促进学生之间的交流和思维碰撞。讨论法可以激发学生的学习兴趣,培养学生的合作精神和批判性思维能力。在讨论过程中,教师应扮演引导者的角色,提出有针对性的问题,引导学生积极参与讨论,并及时给予反馈和评价。

(三)演示法

演示法是教师通过展示实物、模型、图片、视频等直观教具,向学生传授知识和技能。演示法可以使抽象的知识变得更加直观、形象,有助于学生理解和掌握。例如,在物理、化学等学科的教学中,教师可以通过实验演示来帮助学生理解科学原理和实验方法。在使用演示法时,教师应注意演示的规范性和准确性,同时引导学生观察和思考,提高学生的观察能力和分析问题的能力。

(四)探究法

探究法是指教师引导学生通过自主探究来获取知识和解决问题。探究法可以培养学生的创新精神和实践能力,提高学生的自主学习能力。在探究过程中,教师应提供必要的指导和支持,帮助学生确定探究的问题和方法,引导学生进行实验设计、数据收集和分析,并鼓励学生提出自己的见解和结论。

(五)案例教学法

案例教学法是教师通过分析实际案例来引导学生学习和应用知识。案例教学法可以使学生将理论知识与实际问题相结合,提高学生的分析问题和解决问题的能力。在使用案例教学法时,教师应选择具有代表性和启发性的案例,引导学生进行案例分析和讨论,并及时给予反馈和评价。

二、高中教学策略的灵活性

(一)分层教学策略

由于学生的学习能力、学习基础和学习兴趣存在差异,教师可以采用分层教学策略,根据学生的实际情况将学生分为不同的层次,制定不同的教学目标和教学内容,采用不同的教学方法和评价方式,以满足不同层次学生的学习需求。

(二)合作学习策略

合作学习策略是指教师将学生分成小组,让学生通过合作完成学习任务。合作学习可以培养学生的合作精神和团队意识,提高学生的学习效果。

在合作学习过程中，教师应明确小组的任务和目标，引导学生进行分工合作，鼓励学生积极参与讨论和交流，并及时给予反馈和评价。

（三）问题解决教学策略

问题解决教学策略是指教师以问题为导向，引导学生通过分析问题、提出假设、收集证据、验证假设等步骤来解决问题。问题解决教学策略可以培养学生的问题解决能力和创新思维能力，提高学生的学习兴趣和主动性。在问题解决教学过程中，教师应提出具有挑战性和启发性的问题，引导学生进行思考和探索，并及时给予反馈和指导。

（四）情境教学策略

情境教学策略是指教师通过创设具体的教学情境，让学生在情境高中习和应用知识。情境教学可以使学生更加直观地感受知识的实际应用，提高学生的学习兴趣和参与度。例如，在语文、历史等学科的教学中，教师可以通过创设历史情境、文学情境等，让学生更好地理解和感受文学作品和历史事件。在使用情境教学策略时，教师应注意情境的真实性和有效性，引导学生进行情境体验和思考，提高学生的学习效果。

三、高中教学方法与策略的综合运用

在高中教学中，教师应根据教学目标、教学内容和学生的实际情况，灵活运用各种教学方法与策略，以达到最佳的教学效果。例如，在讲解重点难点内容时，可以采用讲授法；在培养学生的合作精神和批判性思维能力时，可以采用讨论法；在提高学生的观察能力和分析问题的能力时，可以采用演示法；在培养学生的创新精神和实践能力时，可以采用探究法；在提高学生的分析问题和解决问题的能力时，可以采用案例教学法。同时，教师还可以结合分层教学策略、合作学习策略、问题解决教学策略和情境教学策略等，以满足不同层次学生的学习需求，提高学生的学习效果。

高中教学方法与策略的选择和运用是一个复杂的过程，需要教师不断地探索和实践。教师应根据学科特点、学生需求和教学目标，灵活运用各种教学方法与策略，以激发学生的学习兴趣，提高学生的学习能力和综合素质，为学生的未来发展奠定坚实的基础。

第三节 教学设计与实施

　　高中阶段的教育对于学生的成长和发展至关重要，而教学设计与实施则是确保高中教学质量的关键环节。一个精心设计的教学方案能够有效地引导学生学习，激发学生的学习兴趣和积极性，提高教学效果。同时，科学合理的实施过程能够保证教学设计的顺利进行，实现教学目标。

一、高中教学设计的重要性

（一）明确教学目标

　　教学设计首先要明确教学目标，即通过教学活动，学生应该掌握哪些知识和技能，培养哪些情感态度和价值观。明确的教学目标能够为教学活动提供方向，使教师和学生在教学过程中都有明确的努力方向。

（二）优化教学过程

　　教学设计可以对教学过程进行精心策划，合理安排教学内容、教学方法和教学活动，使教学过程更加科学、合理、高效。通过教学设计，可以避免教学过程中的盲目性和随意性，提高教学质量。

（三）满足学生需求

　　教学设计要充分考虑学生的特点和需求，根据学生的学习能力、兴趣爱好和认知水平等因素，设计适合学生的教学方案。这样能够更好地满足学生的学习需求，提高学生的学习效果。

（四）促进教师专业发展

　　教学设计需要教师对教学内容进行深入研究，对教学方法进行不断探索和创新。在这个过程中，教师的专业素养和教学能力能够得到不断提升，促进教师的专业发展。

二、高中教学设计的原则

（一）以学生为中心

　　教学设计要始终以学生为中心，关注学生的学习需求和发展特点。教师要根据学生的实际情况,设计适合学生的教学方案,激发学生的学习兴趣和积极性,让学生在学习中发挥主体作用。

（二）系统性原则

教学设计要具有系统性,将教学目标、教学内容、教学方法、教学评价等各个环节有机地结合起来,形成一个完整的教学体系。同时,教学设计还要考虑到教学过程的连贯性和逻辑性,使教学活动能够顺利进行。

（三）科学性原则

教学设计要遵循科学的教育教学规律,根据学科特点和学生的认知规律,选择合适的教学内容和教学方法。教学设计要具有科学性和合理性,确保教学活动的有效性和高效性。

（四）创新性原则

教学设计要具有创新性,不断探索和尝试新的教学方法和教学模式。教师要敢于突破传统的教学观念和教学方法,结合现代教育技术和教学资源,设计出富有创意和特色的教学方案。

三、高中教学设计的步骤

（一）教学目标分析

首先,教师要对教学内容进行深入分析,明确教学目标。教学目标可以分为知识与技能、过程与方法、情感态度与价值观三个维度。教师要根据课程标准和学生的实际情况,确定具体的教学目标,并将其细化为可操作的教学任务。

（二）教学内容分析

在明确教学目标后,教师要对教学内容进行分析,确定教学重点和难点。教学重点是指教学内容中最重要、最核心的部分,教学难点是指学生在学习过程中可能遇到的困难和问题。教师要根据教学目标和学生的实际情况,合理确定教学重点和难点,并采取有效的教学方法和策略加以突破。

（三）教学方法选择

根据教学目标和教学内容,教师要选择合适的教学方法。教学方法的选择要考虑到学生的特点、教学内容的性质和教学环境等因素。常用的教学方法有讲授法、讨论法、演示法、探究法、案例教学法等。教师可以根据实际情况，选择一种或多种教学方法进行组合使用。

（四）教学活动设计

在选择好教学方法后，教师要设计具体的教学活动。教学活动的设计要围绕教学目标和教学内容展开，具有针对性和实效性。教学活动可以包括课堂导入、知识讲解、小组讨论、案例分析、实验探究、课堂练习等环节。教师要合理安排教学活动的顺序和时间，确保教学活动的顺利进行。

（五）教学评价设计

教学评价是教学设计的重要组成部分，它能够及时反馈教学效果，为教学改进提供依据。教学评价可以分为形成性评价和总结性评价两种类型。形成性评价主要是在教学过程中对学生的学习情况进行及时评价，发现问题及时调整教学策略；总结性评价主要是在教学结束后对学生的学习成果进行全面评价，检验教学目标的达成情况。教师要根据教学目标和教学内容，设计合理的教学评价方案，选择合适的评价方法和评价工具。

四、高中教学实施的策略

（一）营造良好的教学氛围

在教学实施过程中，教师要营造良好的教学氛围，让学生在轻松、愉快的环境中学习。教师可以通过幽默风趣的语言、生动形象的案例、丰富多彩的教学活动等方式，激发学生的学习兴趣和积极性，提高学生的参与度。

（二）引导学生主动学习

教师要引导学生主动学习，让学生在学习中发挥主体作用。教师可以通过问题引导、小组讨论、自主探究等方式，激发学生的学习兴趣和好奇心，培养学生的自主学习能力和创新精神。

（三）关注学生个体差异

学生之间存在着个体差异，教师在教学实施过程中要关注学生的个体差异，因材施教。教师可以根据学生的学习能力、兴趣爱好和认知水平等因素，设计不同层次的教学任务和教学活动，满足不同学生的学习需求。

（四）及时反馈教学效果

教师要及时反馈教学效果，让学生了解自己的学习情况，发现问题及时调整学习策略。教师可以通过课堂提问、作业批改、考试评价等方式，及时反馈学生的学习情况，并给予学生适当的鼓励和指导。

（五）不断反思教学过程

教学实施过程是一个不断反思和改进的过程，教师要不断反思自己的教学过程，总结经验教训，提高教学水平。教师可以通过教学反思日记、教学案例分析、同行评议等方式，对自己的教学过程进行反思和评价，发现问题及时改进。高中教学设计与实施是一个复杂而系统的工程，需要教师不断地探索和实践。教师要以学生为中心，遵循科学的教学设计原则，精心设计教学方案，并在教学实施过程中采取有效的教学策略，确保教学目标的实现，提高教学质量。

第四节 教学评价与反馈

高中教学评价与反馈是教学过程中不可或缺的环节，对于提高教学质量、促进学生发展具有重要意义。有效的教学评价与反馈能够为教师提供教学效果的信息，帮助教师调整教学策略，改进教学方法；同时也能为学生提供学习进展的反馈，激发学生的学习动力，促进学生的自我反思和自我调整。

一、高中教学评价的目的与意义

（一）目的

1.衡量教学目标的达成程度

教学评价通过对学生学习成果的测量和分析，判断教学目标是否得到实现。教师可以根据评价结果调整教学内容和方法，确保教学目标的有效达成。

2.促进学生的学习与发展

教学评价不仅是对学生学习结果的评定，更是对学生学习过程的关注。

通过评价,学生可以了解自己的学习状况,发现自己的优势和不足,从而有针对性地进行学习和改进。

3.提高教师的教学水平

教学评价为教师提供了教学效果的反馈,教师可以根据评价结果反思自己的教学过程,总结经验教训,不断提高教学水平。

4.为教学管理提供依据

教学评价结果可以为学校教学管理部门提供决策依据,帮助他们了解教学情况,制定教学政策,优化教学资源配置。

(二)意义

1.激发学生的学习动力

科学合理的教学评价能够让学生感受到自己的努力得到了认可,从而激发学生的学习动力。同时,评价结果也能让学生明确自己的学习目标和努力方向,促进学生积极主动地学习。

2.促进教学方法的改进

教学评价可以帮助教师发现教学中存在的问题,从而有针对性地改进教学方法。教师可以根据学生的反馈调整教学内容、教学进度和教学方式,提高教学效果。

3.保障教学质量

教学评价是对教学质量的有效监督和保障。通过评价,学校可以及时发现教学中存在的问题,采取相应的措施加以解决,确保教学质量的稳定和提高。

4.促进教育公平

教学评价可以为学生提供公平的评价机会,避免因主观因素导致的评价不公。同时,评价结果也能为学生提供客观的学习反馈,帮助学生在公平的环境中成长和发展。

二、高中教学评价的类型与方法

(一)类型

1.诊断性评价

诊断性评价是在教学活动开始之前进行的评价,目的是了解学生的学习基础和准备状况，为教学活动的设计和实施提供依据。诊断性评价可以通过问卷调查、测试、访谈等方式进行。

2.形成性评价

形成性评价是在教学过程中进行的评价，目的是及时了解学生的学习进展和存在的问题，为教师调整教学策略提供依据。形成性评价可以通过课堂提问、作业批改、小测验等方式进行。

3.总结性评价

总结性评价是在教学活动结束后进行的评价，目的是对学生的学习成果进行全面的评定，为教学质量的评估和学生的学业发展提供依据。总结性评价可以通过期末考试、升学考试等方式进行。

(二)方法

1.测验法

测验法是通过编制试题对学生进行测试，以了解学生的知识掌握程度和能力水平。测验法可以分为标准化测验和教师自编测验两种类型。标准化测验具有较高的信度和效度，但编制成本较高；教师自编测验则具有较强的针对性和灵活性，但信度和效度相对较低。

2.观察法

观察法是通过观察学生的课堂表现、作业完成情况、实验操作等方面，对学生的学习态度、学习方法和学习能力进行评价。观察法可以分为自然观察和实验观察两种类型。自然观察是在自然状态下对学生进行观察，实验观察则是在特定的实验条件下对学生进行观察。

3.调查法

调查法是通过问卷调查、访谈等方式，了解学生的学习需求、学习态度、学习方法等方面的情况。调查法可以分为问卷调查和访谈调查两种类型。问卷调查具有较高的效率和客观性，但问卷的设计和分析需要一定的专业知识；访谈调查则具有较强的针对性和深入性，但访谈的时间和成本较高。

4.档案袋评价法

档案袋评价法是通过收集学生的学习作品、作业、考试成绩、自我评价等材料,对学生的学习过程和学习成果进行评价。档案袋评价法可以全面地反映学生的学习情况,激发学生的学习兴趣和积极性,但档案袋的建立和管理需要一定的时间和精力。

三、高中教学反馈的作用与方式

(一)作用

1.促进学生的学习进步

教学反馈能够让学生及时了解自己的学习情况,发现自己的问题和不足,从而有针对性地进行学习和改进。同时,反馈也能让学生感受到教师的关注和支持,增强学生的学习信心和动力。

2.提高教师的教学效果

教学反馈为教师提供了教学效果的信息,教师可以根据反馈结果调整教学策略,改进教学方法,提高教学效果。同时,反馈也能让教师了解学生的学习需求和兴趣,为教学内容的设计和选择提供依据。

3 促进师生之间的交流与合作

教学反馈是师生之间交流与合作的重要渠道。通过反馈,教师可以了解学生的学习情况和需求,学生也可以了解教师的教学意图和要求,从而促进师生之间的相互理解和支持,提高教学质量。

(二)方式

1.口头反馈

口头反馈是教师在课堂上或课后通过与学生交流,对学生的学习情况进行评价和反馈。口头反馈具有及时性和针对性,可以让学生及时了解自己的学习情况,同时也能增强师生之间的交流和互动。

2.书面反馈

书面反馈是教师通过批改作业、试卷、评语等方式,对学生的学习情况进行评价和反馈。书面反馈具有客观性和系统性,可以让学生全面地了解自己的学习情况,同时也能为学生提供具体的改进建议和方法。

3.电子反馈

电子反馈是教师通过电子邮件、在线教学平台等方式,对学生的学习情况进行评价和反馈。电子反馈具有便捷性和高效性,可以让学生随时随地了解自己的学习情况,同时也能为教师提供更多的反馈渠道和方式。

四、高中教学评价与反馈的实施策略

(一)明确评价目标和标准

在进行教学评价与反馈之前,教师要明确评价的目标和标准,确保评价的科学性和客观性。评价目标和标准要与教学目标和课程标准相一致,同时也要考虑学生的实际情况和发展需求。

(二)多元化评价方法

教师要采用多元化的评价方法,全面地了解学生的学习情况。不同的评价方法具有不同的特点和适用范围,教师可以根据教学内容和学生的特点选择合适的评价方法,如测验法、观察法、调查法、档案袋评价法等。

(三)及时反馈评价结果

教师要及时反馈评价结果,让学生了解自己的学习情况。反馈要具有针对性和具体性,为学生提供明确的改进建议和方法。同时,反馈也要注重激励性,让学生感受到自己的努力得到了认可,增强学生的学习信心和动力。

(四)引导学生进行自我反思

教师要引导学生进行自我反思,让学生学会对自己的学习情况进行评价和分析。自我反思可以帮助学生发现自己的问题和不足,提高学生的自我管理和自我调整能力。教师可以通过提问、讨论、作业等方式引导学生进行自我反思。

(五)建立评价与反馈的长效机制

教学评价与反馈是一个持续的过程,教师要建立评价与反馈的长效机制,定期对学生的学习情况进行评价和反馈。同时,教师也要不断地改进评价与反馈的方法和策略,提高评价与反馈的效果和质量。

高中教学评价与反馈是教学过程中不可或缺的环节,对于提高教学质量、促进学生发展具有重要意义。教师要明确评价的目标和标准,采用多元化的评价方法,及时反馈评价结果,引导学生进行自我反思,建立评价与反馈的长效机制,不断提高教学评价与反馈的效果和质量。

第五节 提高高中教学评价的客观性和公正性

一、明确科学的评价标准

(一)依据课程标准

课程标准是高中教学的基本依据，教学评价标准应紧密围绕课程标准来制定。例如，在语文课程中，课程标准规定了学生在语言建构与运用、思维发展与提升、审美鉴赏与创造、文化传承与理解等方面的具体要求。评价时，就要针对这些学科核心素养维度，制定详细的评价指标，如学生在作文中语言的准确性、逻辑性，对文学作品审美观点的表述等。

课程标准还明确了不同模块和知识点的教学要求，包括知识的深度和广度。教师可以根据这些要求，确定学生对知识点的掌握程度是达到了解、理解还是应用的水平，从而使评价有章可循。

(二)结合教学目标

每堂课、每个教学单元都有其特定的教学目标，这些目标也是评价的重要依据。教学目标应该包括知识与技能、过程与方法、情感态度与价值观三个维度。例如，在物理教学中，知识与技能目标可能是学生掌握牛顿运动定律并能进行简单的计算；过程与方法目标是学生通过实验探究，学会运用控制变量法研究物理问题；情感态度与价值观目标是培养学生对物理学科的兴趣和严谨的科学态度。

评价时，就要针对这些具体的教学目标，设计相应的评价内容。对于知识与技能，可以通过测验、作业等方式评价；对于过程与方法，可以观察学生在实验、小组讨论等活动中的表现；对于情感态度与价值观，可以通过学生的课堂参与度、对学科的热情等方面来衡量。

二、采用多元化的评价方法

(一)综合运用多种评价方式

1.测验与考试：这是传统的评价方式，但要提高其客观性和公正性，需要注意试题的质量。试题应该覆盖教学内容的重点和难点，并且要有合理的难度分布。例如，在数学考试中，基础题、中等难度题和难题的比例可以按照7:2:1来设置，这样既能考查学生对基础知识的掌握，又能区分不同层次的学生。同时，要保证试题的科学性，避免出现有争议的题目。

2.课堂观察：教师在课堂上观察学生的表现，包括参与课堂讨论的积极性、回答问题的质量、与同学的合作情况等。为了使观察更客观，教师可以制定观察量表，记录学生在不同方面的表现。例如，在历史课堂讨论中，观察量表可以包括学生发言的次数、提出观点的新颖性、对他人观点的回应等指标。

3.作业评价：教师不仅要关注作业的完成情况，还要注重作业的质量。对于作业的评价，可以从准确性、完整性、创新性等方面进行。比如，在英语作文作业中，评价标准可以包括语法的正确使用、词汇的丰富程度、文章结构的合理性以及是否有独特的观点表述等。

4.学生自评与互评：学生自评可以让学生反思自己的学习过程和成果，提高自我管理能力。例如，在完成一个项目式学习后，学生可以根据自己在项目中的贡献、知识的掌握程度等进行自我评价。互评则可以促进学生之间的交流和学习。在小组合作学习后，学生可以互相评价小组成员在合作中的表现，如是否积极参与、是否有团队精神等。

5.利用现代教育技术辅助评价

（1）在线学习平台的数据分析：许多学校使用在线学习平台，这些平台可以记录学生的学习轨迹，如学习时间、学习内容的完成情况、在线测试的成绩等。教师可以利用这些数据，更全面地了解学生的学习情况。例如，通过分析学生在数学在线课程中的学习数据，教师可以发现学生在哪些知识点上花费的时间较多，可能存在理解困难，从而有针对性地进行教学和评价。

（2）电子档案袋评价：电子档案袋可以收集学生的各种学习成果，如作文、实验报告、作品设计等。教师和学生可以随时查看档案袋中的内容，跟踪学生的学习进展。这种评价方式能够更直观地展示学生的学习过程和成果，并且可以方便地进行纵向比较，观察学生的成长轨迹。

三、加强评价主体的培训

(一)教师培训

1.评价理念更新:教师要不断更新评价理念,认识到客观、公正评价对于学生成长的重要性。学校可以组织教师参加教育评价相关的培训课程、研讨会等,学习先进的评价理论和方法。例如,让教师了解多元智能理论,明白每个学生都有不同的智能优势,在评价时要避免单一的以成绩为导向的评价方式。

2.评价技能提升:教师需要掌握科学的评价方法和技能。包括如何设计合理的评价工具,如试卷、观察量表、评价问卷等;如何准确地进行评分和记录;如何对评价结果进行有效的分析和反馈。学校可以开展校内的培训活动,邀请专家进行指导,或者组织教师之间进行评价经验的交流和分享。

(二)学生培训

1.自评和互评技能:对于学生自评和互评,要进行必要的培训。教师要向学生讲解自评和互评的目的、方法和标准。例如,在开展学生互评之前,教师可以通过案例分析,让学生明白什么样的评价是客观公正的,什么样的评价是带有偏见的。同时,要教会学生如何根据评价标准进行评价,如在评价同学的演讲时,要从内容的准确性、表达的流畅性、肢体语言等方面进行打分。

2.评价意识培养:培养学生的评价意识,让他们认识到评价是学习过程的重要组成部分,不仅能够帮助自己,也能够帮助同学。通过参与评价活动,学生可以更好地理解教学目标和要求,提高自己的学习质量。

四、建立健全评价监督机制

(一)内部监督

1.学校层面的监督:学校可以成立教学评价监督小组,定期检查教师的评价工作。监督小组可以查看教师的评价记录,包括试卷、作业批改记录、学生评价报告等,检查评价是否符合学校规定的标准和程序。例如,检查试卷的评分是否公正,评价报告是否详细、客观地反映了学生的学习情况。

2.教师之间的互评:教师之间可以相互监督评价工作。通过听课、交流评价经验等方式,发现彼此评价过程中可能存在的问题。例如,在同一学科组内,教师可以互相检查试卷命题是否合理、评价标准是否一致等情况。

(二)外部监督

1.家长参与监督:学校可以邀请家长参与教学评价的监督工作。例如,定期向家长展示教学评价的结果和过程,听取家长的意见和建议。家长可以通过查看学生的作业、试卷、评价报告等方式,了解学校的评价工作是否客观公正。同时,家长也可以反馈学生在家中的学习情况,为教学评价提供参考。

2.教育行政部门的检查:教育行政部门可以对学校的教学评价工作进行检查和指导。检查的内容包括学校是否建立了科学的评价体系、评价过程是否规范、评价结果是否得到合理的运用等。通过外部监督,可以确保学校教学评价工作在更广泛的社会监督下健康发展。

第六章 高中教学研究的现状与问题

第一节 教学研究的氛围与参与度

高中阶段的教育对于学生的未来发展至关重要，而教学研究则是提升高中教学质量的关键因素之一。一个积极、浓厚的教学研究氛围以及较高的教师参与度，能够为高中教学带来诸多益处，推动教育事业不断向前发展。

一、高中教学研究氛围的重要性

（一）促进教师专业成长

在良好的教学研究氛围中，教师们能够相互交流、分享教学经验和研究成果。通过参与各种教学研讨活动，教师可以接触到新的教学理念、方法和技术，拓宽自己的教学视野。同时，与同行的交流也能够激发教师的思考，促使他们反思自己的教学实践，不断改进教学方法，提高教学水平，从而实现专业成长。

（二）提升教学质量

教学研究氛围浓厚的学校，教师们会更加关注教学过程中的问题，并积极寻求解决办法。他们会通过开展课题研究、教学实验等方式，探索适合学生的教学模式和方法。这种对教学的深入研究和不断创新，能够提高教学的针对性和有效性，提升整体教学质量。

（三）激发学生学习兴趣

当教师积极参与教学研究时，他们会将最新的教学成果应用到课堂教学中，使教学内容更加丰富、生动、有趣。例如，采用多媒体教学、项目式学习等新型教学方法，能够激发学生的学习兴趣和主动性，提高学生的学习效果。

（四）推动学校发展

一个注重教学研究的学校，能够在教育领域树立良好的声誉，吸引更多优秀的教师和学生。同时，教学研究成果也可以为学校的发展提供理论支持和实践经验，促进学校在教学管理、课程设置、师资队伍建设等方面不断创新和完善，推动学校的可持续发展。

二、影响高中教学研究氛围的因素

（一）学校领导的重视程度

学校领导对教学研究的重视程度直接影响着教学研究氛围的营造。如果学校领导高度重视教学研究，积极为教师提供支持和保障，如设立教学研究专项经费、提供培训机会、建立奖励机制等，就能够激发教师参与教学研究的积极性，营造出浓厚的教学研究氛围。

（二）教师的观念和态度

教师的观念和态度是影响教学研究氛围的关键因素。如果教师认为教学研究是提高教学质量的重要途径，并且愿意投入时间和精力进行教学研究，那么教学研究氛围就会比较浓厚。相反，如果教师认为教学研究是一种负担，或者缺乏对教学研究的认识和兴趣，那么教学研究氛围就会比较淡薄。

（三）学校的文化传统

学校的文化传统也会对教学研究氛围产生影响。如果学校有着浓厚的学术文化传统，注重教师的专业发展和教学创新，那么教学研究氛围就会比较浓厚。相反，如果学校的文化传统比较保守，注重教学的稳定性和规范性，那么教学研究氛围就会比较淡薄。

（四）外部环境的支持

外部环境的支持也对教学研究氛围有着重要影响。例如，教育行政部门的政策支持、高校和科研机构的合作、社会各界的关注等，都能够为高中教学研究提供良好的外部环境，促进教学研究氛围的营造。

三、提高高中教学研究参与度的策略

（一）加强教师培训

学校可以通过组织各种形式的教师培训，提高教师的教学研究能力。培训内容可以包括教育教学理论、研究方法、课题申报等方面。通过培训,教师可以掌握教学研究的基本方法和技能,提高自己的研究水平,从而更加积极地参与教学研究。

(二)建立激励机制

学校可以建立健全教学研究激励机制,对在教学研究方面取得突出成绩的教师进行表彰和奖励。例如,设立教学研究成果奖、优秀课题奖、教学名师奖等,激发教师参与教学研究的积极性和创造性。同时,学校还可以将教学研究成果与教师的职称评定、绩效考核等挂钩,提高教师对教学研究的重视程度。

(三)搭建交流平台

学校可以搭建各种教学研究交流平台,为教师提供交流和合作的机会。例如,组织教学研讨会、学术讲座、课题汇报会等活动,让教师们分享自己的教学研究成果和经验。同时,学校还可以利用现代信息技术,建立教学研究网络平台,让教师们可以随时随地进行交流和合作。

(四)营造良好的学校文化

学校可以通过营造良好的学校文化,激发教师参与教学研究的积极性。例如,学校可以倡导学术自由、鼓励创新的文化氛围,让教师们在宽松的环境中进行教学研究。同时,学校还可以开展各种文化活动,如读书活动、学术沙龙等,提高教师的文化素养和学术水平,促进教学研究氛围的营造。

四、高中教学研究的未来发展趋势

(一)跨学科研究

随着社会的发展和科技的进步,学科之间的交叉融合越来越明显。高中教学研究也将呈现出跨学科的趋势,教师们将打破学科界限,开展跨学科的教学研究。例如,将物理、化学、生物等学科进行整合,开展综合实践活动课程的研究;将语文、历史、地理等学科进行整合,开展人文素养教育的研究等。

(二)基于大数据的研究

随着信息技术的发展,大数据在教育领域的应用越来越广泛。高中教学研究也将借助大数据技术,开展基于大数据的教学研究。例如,通过分析学生的学习数据,了解学生的学习特点和需求,为个性化教学提供依据;通过分析教师的教学数据,了解教师的教学行为和效果,为教师的专业发展提供指导等。

(三)国际化研究

随着全球化的发展,教育的国际化趋势也越来越明显。高中教学研究也将加强与国际教育的交流与合作,开展国际化的教学研究。例如,引进国外先进的教育理念和教学方法,开展比较教育研究;参与国际教育项目,开展国际合作研究等。高中教学研究的氛围与参与度对于提高高中教学质量、促进教师专业成长、推动学校发展具有重要意义。学校和教师应该共同努力,营造良好的教学研究氛围,提高教师的教学研究参与度,为高中教育事业的发展做出更大的贡献。

第二节 教学研究氛围对学生学习兴趣的影响

一、教学内容方面

(一)内容更新与拓展

1.在浓厚教学研究氛围的环境中,教师会积极探索学科知识的前沿领域。例如,在高中物理教学中,教师通过参与学术交流和教学研究,了解到量子力学在新材料研究中的最新应用。他们会将这些前沿知识融入课堂教学,使教学内容不再局限于课本,而是能够拓展到实际科研和工业应用领域。

2.这种内容的更新和拓展会激发学生的好奇心。学生们会发现所学的知识并不是枯燥的理论,而是与现实世界紧密相连的实用工具。以化学学科为例,当教师介绍新型药物合成的化学原理时,学生对化学知识在医学领域的应用产生兴趣,从而更加主动地学习化学知识。

(二)跨学科知识整合

1.良好的教学研究氛围鼓励教师进行跨学科研究。教师会尝试将不同学科的知识进行整合,以提供更全面、更有深度的教学内容。例如,在历史和地理学科的融合教学中,教师可以通过研究历史事件发生的地理背景,如古代丝绸之路沿线的地理环境对贸易的影响,来设计跨学科的教学单元。

2.对于学生来说,跨学科知识整合能够让他们看到学科之间的联系,拓宽思维视野。学生在学习过程中不再是孤立地看待各个学科,而是能够理解不同学科知识是如何相互作用的。这就像在一个拼图游戏中,学生看到了各个拼图碎片(学科知识)是如何拼接在一起构成完整画面(综合知识体系)的,从而激发他们探索不同学科知识的兴趣。

二、教学方法方面

(一)多样化教学方法的应用

1.积极的教学研究氛围促使教师不断探索新的教学方法。教师可能会引入项目式学习、探究式学习、合作学习等多种教学方法。以项目式学习为例,在高中生物教学中,教师可以设计一个关于生态系统保护的项目。学生需要分组进行实地调查、数据分析和解决方案的提出。

2. 这种多样化的教学方法改变了传统的以教师讲授为主的课堂模式,让学生成为学习的主角。学生在参与项目的过程中,能够亲身体验知识的获取和应用过程,感受到学习的乐趣和成就感。例如,在探究式学习中,学生通过自己提出问题、设计实验、收集数据和得出结论,能够深入理解学科知识,并且对探究过程产生浓厚的兴趣。

(二)个性化教学的实施

1.教学研究氛围有助于教师关注学生的个体差异,实施个性化教学。教师可以利用教育技术和教学研究成果,分析学生的学习风格、学习进度和知识掌握情况。例如,通过在线学习平台的数据,教师可以了解每个学生在数学课程中对不同知识点的理解程度。

2.根据这些分析结果,教师可以为学生提供个性化的学习计划和学习资源。对于喜欢视觉学习的学生,教师可以提供更多的图形、视频资料;对于擅长逻辑推理的学生,可以提供更具挑战性的思维拓展题目。这种个性化教学能够满足学生的不同学习需求,让每个学生都能在学习中找到适合自己的方式,从而提高学生的学习兴趣。

三、学习环境方面

(一)营造积极向上的课堂氛围

1.浓厚的教学研究氛围会影响教师的教学情绪和态度。教师在积极探索教学方法和内容的过程中,会更加热情和投入地进行教学。他们会在课堂上营造积极向上、鼓励创新的氛围。例如,教师会鼓励学生提出不同的观点和想法,对于学生的创新思维给予及时的肯定和表扬。

2.这种积极的课堂氛围能够让学生感受到学习的自由和乐趣。学生在一个充满支持和鼓励的环境中,会更愿意表达自己的想法,参与课堂讨论和互动。以语文课堂为例,当教师鼓励学生对文学作品进行个性化解读时,学生们会积极分享自己的观点,在交流中激发对语文学习的兴趣。

(二)构建良好的校园学术文化环境

1.教学研究氛围不仅仅局限于课堂,还会影响整个校园的学术文化环境。学校会组织各种学术活动,如学术讲座、学科竞赛、科研项目展示等。这些活动为学生提供了接触学术前沿和优秀学术成果的机会。

2.例如,邀请大学教授或科研人员来校举办学术讲座,让学生了解到高中知识在更高层次的学术研究中的应用和拓展。学科竞赛则能够激发学生的竞争意识和学习兴趣,让他们在挑战中发现自己的学科优势。校园内良好的学术文化环境能够潜移默化地影响学生,使他们对学习产生更浓厚的兴趣。

第三节 如何激发学生对高中教学研究的兴趣

一、结合教学内容激发兴趣

(一)联系生活实际

1.在高中教学中,将教学研究内容与学生的日常生活紧密联系起来是激发兴趣的有效方法。例如,在物理教学中,当研究摩擦力时,可以引导学生思考鞋底花纹、汽车轮胎花纹的设计原理,以及在冰面上行走容易滑倒的原因。通过这种方式,让学生意识到物理知识的研究在生活中无处不在,从而激发他们对物理教学研究的兴趣。

2.在化学教学方面,讲解食品添加剂的化学组成和作用,让学生研究身边常见食品中的添加剂成分。学生可以通过查阅资料、实验探究等方式,了解食品添加剂的安全性和合理使用范围,这不仅使学生对化学知识有更深入的理解,还能激发他们对化学研究的好奇心。

(二)引入热点话题

1.关注社会热点话题,并将其融入教学研究中,能够吸引学生的注意力。以生物学科为例,在基因编辑技术成为热点话题时,教师可以引导学生研究基因编辑的原理、应用前景以及可能带来的伦理问题。

2.在地理学科中,结合全球气候变化的热点,让学生研究本地气候的变化趋势、原因以及对生态环境和社会经济的影响。通过对热点话题的研究,学生能够感受到学科知识的时效性和重要性,进而激发他们参与教学研究的热情。

二、采用多样化的教学方法

(一)项目式学习法

1.项目式学习是一种以学生为中心的教学方法,能够有效激发学生对教学研究的兴趣。例如,在历史学科中,可以开展"探究本地历史文化遗产的保护与开发"项目。学生分组进行实地考察、采访、查阅文献等活动,深入研究本地历史文化遗产的现状、面临的问题和解决方案。

2.在数学学科,可以设计"用数学模型解决实际问题"的项目,如让学生研究城市交通流量的数学模型,通过收集交通数据、建立数学方程等步骤,用数学知识解决交通拥堵等实际问题。这种项目式学习让学生在实践中体验教学研究的过程,提高他们的研究能力和兴趣。

(三)探究式教学法

1.探究式教学法鼓励学生自主探究问题,培养他们的研究思维。在物理实验教学中,教师可以提出一个开放性的问题,如"如何提高太阳能电池的转换效率",然后让学生自主设计实验方案,选择实验器材,进行实验操作和数据收集。

2.在语文教学中,对于文学作品的研究,教师可以引导学生探究作品的创作背景、主题思想、人物形象等方面。例如,让学生探究《红楼梦》中某一人物形象的性格形成原因,通过查阅资料、小组讨论等方式,深入挖掘作品内涵,激发学生对语文教学研究的兴趣。

(四)小组合作学习法

1.小组合作学习可以促进学生之间的交流与合作,共同参与教学研究。在地理野外考察活动中,将学生分成小组,让他们合作研究某一区域的地质地貌、植被分布等情况。小组成员分工明确,有的负责测量,有的负责记录,有的负责整理资料。

2.在英语学科中,对于英语国家文化的研究,小组成员可以分别研究不同国家的文化特点,如英国、美国、澳大利亚等,然后进行小组内的交流分享。通过小组合作,学生能够在相互学习和启发中提高对教学研究的兴趣。

三、展示教学研究成果的魅力

(一)课堂展示与分享

1.教师在课堂上定期安排时间,让学生展示自己的教学研究成果。例如,在政治学科中,学生研究了当前社会的某一政策实施情况后,在课堂上进行汇报展示,包括政策的背景、内容、实施效果以及自己的观点和建议。

2.这种展示不仅让展示的学生有成就感,还能激发其他学生的兴趣。同时,在展示过程中,学生可以相互学习,拓宽研究思路。教师可以对学生的展示进行点评和指导,进一步提高学生对教学研究的重视程度。

(二)参加竞赛与展览

1.鼓励学生参加学科竞赛和研究成果展览,如科技创新大赛、学科知识竞赛、研究性学习成果展览等。例如,在科技创新大赛中,学生可以展示自己在物理、化学、生物等学科领域的研究成果,如自制的环保型小发明、生物实验的创新设计等。

2.这些竞赛和展览为学生提供了更广阔的平台,让他们的研究成果得到认可和展示。当学生看到自己的成果在竞赛中获奖或在展览中受到关注时，会大大增强他们对教学研究的兴趣和自信心。

四、营造良好的教学研究氛围

（一）建设校园学术文化环境

1.学校可以通过开展学术讲座、学术沙龙等活动，营造浓厚的学术氛围。邀请专家学者、大学教授等来校举办讲座，介绍学科前沿知识和研究方法。例如，邀请生物学家讲解基因工程的最新研究进展，让学生感受学术的魅力。

2.设立校园学术沙龙，让学生和教师可以定期交流教学研究的心得和成果。在这个过程中，学生能够接触到更多的学术资源和研究思路，激发他们对教学研究的兴趣。

（二）教师的示范与引导作用

1.教师本身要积极参与教学研究，并将自己的研究过程和成果展示给学生。例如，教师可以在课堂上分享自己在学科教学方法改进方面的研究经历，或者在学术期刊上发表论文的过程。

2.教师还可以引导学生参与自己的研究项目，让学生在实践高中习教学研究的方法。通过教师的示范和引导，学生能够更加直观地了解教学研究的重要性和趣味性，从而激发他们的兴趣。

第四节　如何将高中教学研究成果应用到实际教学中

一、教学内容方面

（一）更新与优化教材内容

1.根据教学研究成果，对教材内容进行及时更新。例如，在历史学科的研究中，发现新的考古证据对传统历史事件的解读产生影响，教师可以将这些最新的研究成果融入课堂教学内容。通过补充新的史实、观点和研究视角,让学生接触到更符合学术前沿的历史知识。

2.对教材内容进行优化整合也是重要的应用方式。在数学教学研究中,发现某些章节的知识点可以通过更合理的顺序或方式进行讲解,以提高学生的理解和接受程度。教师可以根据研究成果重新安排教学内容的先后顺序,或者将相关知识点进行融合讲解,避免学生在学习过程中出现知识割裂的情况。

(二)补充拓展性教学资源

1.利用教学研究成果,收集和开发各种拓展性教学资源。在物理学科中,研究表明实验教学对于学生理解物理概念至关重要。教师可以收集一些趣味物理实验视频、虚拟实验室软件等资源,作为课堂教学的补充。这些资源能够让学生更直观地观察物理现象,加深对物理原理的理解。

2.在语文教学方面,教学研究可能发现不同文化背景下文学作品的对比学习有助于提高学生的文学鉴赏能力。教师可以收集不同国家或民族的经典文学作品,制作成阅读材料包,让学生在课堂内外进行阅读和比较分析,拓宽学生的文学视野。

二、教学方法方面

(一)推广新的教学模式

1.如果教学研究验证了某种新的教学模式的有效性,如项目式学习或翻转课堂,就可以在实际教学中进行推广。以项目式学习为例,在地理学科中,研究发现通过开展"本地生态环境调查与保护方案设计"项目,能够有效提高学生的地理实践能力和综合素养。

2.教师可以在教学中设计类似的项目,让学生分组完成从资料收集、实地考察、数据分析到提出解决方案的全过程。在翻转课堂模式中,教师可以根据教学研究成果,制作高质量的预习视频,让学生在课前自主学习基础知识,课堂上则进行讨论、答疑和拓展应用,改变传统的教学流程,提高教学效率。

(二)改进教学策略与技巧

1.教学研究可能会揭示学生在学习过程中的认知特点和困难点,教师可以据此改进教学策略。例如,在化学教学研究中发现,学生在理解化学平衡概念时容易出现思维障碍。教师可以采用类比教学策略,将化学平衡类比为生活中的水池进出水动态平衡,帮助学生更好地理解抽象概念。

2.根据研究成果,还可以优化提问技巧。在英语教学中,如果研究发现学生对于开放性问题的回答更能体现其语言综合运用能力,教师可以在课堂上增加开放性问题的比例,如让学生讨论一部英文电影的主题和人物性格,通过提问引导学生深入思考和积极表达。

三、教学评价方面

(一)完善评价指标体系

1.教学研究成果可以为完善教学评价指标体系提供依据。例如,在艺术学科的教学研究中,发现学生的创造力和审美体验在艺术学习中具有重要价值。基于此,在教学评价中可以增加对学生作品创意、艺术感受表达等方面的评价指标,而不仅仅关注绘画技巧等传统指标。

2.在综合实践活动课程的教学研究中,发现团队协作能力和问题解决能力是学生取得良好学习成果的关键因素。因此,在评价体系中可以纳入对学生在团队项目中的协作表现、面对困难时的解决策略等方面的评价内容,使教学评价更加全面地反映学生的学习情况。

(二)采用多元化评价方法

1.利用教学研究成果,采用多元化的评价方法。在信息技术学科教学研究表明,学生在实际操作和作品创作过程中的表现更能体现其学习水平。教师可以结合过程性评价和终结性评价,除了期末考试外,还可以通过观察学生在课堂操作练习、作品制作过程中的表现,记录学生的学习过程和进步情况。

2.对于一些学科的研究发现学生自评和互评能够促进学生的自我反思和相互学习。在语文写作教学中,教师可以组织学生进行作文互评,让学生从不同角度评价同伴的作文,同时也对自己的写作进行反思。教师再根据学生自评和互评的结果,结合自己的评价,给出综合评价意见,这种多元化评价方法能够更全面、客观地评价学生的学习成果。

第五节 研究课题的选择与实施

高中阶段的教学研究对于提升教学质量、促进教师专业发展和培养学生的创新思维能力具有重要意义。而研究课题的选择与实施则是教学研究的关键环节。

一、研究课题的选择

（一）从教学实际出发

1.关注教学中的问题

教师在日常教学中会遇到各种问题，如学生学习兴趣不高、教学方法效果不佳、学科知识理解困难等。这些问题都可以成为研究课题的来源。例如，发现学生在数学学习中对函数概念理解困难，就可以选择"提高高中生对函数概念理解的教学策略研究"作为课题。

2.结合教学需求

根据教学目标和课程标准的要求，结合学生的发展需求，选择具有针对性的研究课题。比如，在新高考改革背景下，学生的综合素质评价成为重要内容，教师可以开展"新高考背景下高中生综合素质评价体系的构建与实施研究"。

3.分析教学案例

对教学过程中的成功案例和失败案例进行分析，从中提炼出有价值的研究课题。例如，某教师在一次历史课上采用了角色扮演的教学方法，取得了很好的教学效果，就可以进一步研究"角色扮演在高中历史教学中的应用与效果研究"。

（二）关注教育热点和前沿问题

1.紧跟教育政策

教育政策的出台往往反映了教育发展的方向和重点。教师可以关注国家和地方的教育政策，从中选择与自己教学相关的研究课题。例如，随着"双减"政策的实施，教师可以研究"'双减'政策下高中作业设计的优化策略研究"。

2.了解教育研究动态

通过阅读教育学术期刊、参加学术会议等方式，了解当前教育研究的热点和前沿问题，从中寻找适合自己的研究课题。

3.关注社会发展需求

教育是为社会培养人才的，社会的发展需求也会影响教育研究的方向。教师可以关注社会发展的趋势和需求，选择与之相关的研究课题。例如，随着环保意识的增强，教师可以研究"高中地理教学中培养学生环保意识的策略研究"。

(三)考虑自身的研究能力和条件

1.研究兴趣

选择自己感兴趣的研究课题，能够激发教师的研究热情和动力，提高研究的质量和效果。教师可以根据自己的学科背景、教学经验和个人兴趣，选择适合自己的研究课题。

2.研究能力

教师要根据自己的研究能力和水平，选择难度适中的研究课题。如果课题难度过大，可能会导致研究无法顺利进行；如果课题过于简单，又难以体现研究的价值。教师可以在自己熟悉的领域内选择课题，或者与其他教师合作开展研究，以提高研究的可行性。

3.研究条件

研究课题的选择还要考虑研究所需的条件，如时间、经费、设备等。教师要确保自己有足够的时间和精力来完成研究，同时要争取学校和相关部门的支持，为研究提供必要的经费和设备保障。

二、研究课题的实施

(一)制订研究计划

1.明确研究目标和内容

在确定研究课题后，教师要明确研究的目标和内容。研究目标要具体、明确，具有可操作性；研究内容要围绕研究目标展开，涵盖研究的各个方面。

例如,在"提高高中生对函数概念理解的教学策略研究"中,研究目标可以是"探索有效的教学策略,提高高中生对函数概念的理解水平",研究内容可以包括函数概念的教学现状调查、学生对函数概念的认知特点分析、教学策略的设计与实施等。

2.确定研究方法

根据研究课题的特点和要求,选择合适的研究方法。常用的研究方法有文献研究法、调查研究法、实验研究法、案例分析法等。教师可以综合运用多种研究方法,以提高研究的科学性和有效性。例如,在"新高考背景下高中生综合素质评价体系的构建与实施研究"中,可以采用文献研究法了解国内外综合素质评价的研究现状,采用调查研究法了解学生、家长和教师对综合素质评价的需求和意见,采用实验研究法验证综合素质评价体系的有效性。

3.安排研究进度

制订详细的研究进度计划,明确各个阶段的任务和时间节点。研究进度计划要合理、可行,确保研究能够按时完成。例如,在"人工智能在高中教学中的应用研究"中,可以将研究分为准备阶段、实施阶段和总结阶段,每个阶段都安排具体的任务和时间,如准备阶段(1—2个月):查阅文献、确定研究方案;实施阶段(6—8个月):开展教学实验、收集数据;总结阶段(1—2个月):分析数据、撰写研究报告。

(二)收集和分析资料

1.文献检索

通过图书馆、学术数据库、互联网等渠道,检索与研究课题相关的文献资料。文献检索要全面、准确,涵盖国内外的相关研究成果。对检索到的文献进行阅读和分析,了解研究现状和发展趋势,为自己的研究提供理论支持和参考。

2.调查研究

根据研究课题的需要,设计调查问卷、访谈提纲等调查工具,对学生、教师、家长等进行调查。调查要具有针对性和代表性,确保收集到的数据真实、可靠。对调查数据进行统计分析，了解研究对象的现状和需求，为研究提供实证依据。

3.实验研究

如果采用实验研究法，要设计实验方案，选择实验对象，确定实验变量和控制变量。在实验过程中，要严格按照实验方案进行操作，收集实验数据。对实验数据进行分析，验证实验假设，得出实验结论。

4.案例分析

选择典型的教学案例进行分析，深入了解教学过程中的问题和解决方法。案例分析要具体、深入，结合理论进行分析和总结，为研究提供实践经验。

(三)撰写研究报告

1.研究报告的结构

研究报告一般包括题目、摘要、关键词、引言、研究方法、研究结果、讨论与分析、结论与建议、参考文献等部分。每个部分都有其特定的内容和要求，教师要按照规范的格式进行撰写。

2.研究结果的呈现

研究结果是研究报告的核心内容，要准确、清晰地呈现研究的主要发现和结论。可以采用图表、数据等形式进行直观展示，同时要结合文字进行分析和解释，使读者能够理解研究结果的意义和价值。

3.讨论与分析

对研究结果进行深入的讨论和分析，探讨研究结果的原因、影响和局限性。可以与国内外的相关研究进行比较，分析自己的研究成果的创新之处和不足之处，为进一步的研究提供方向和建议。

4.结论与建议

总结研究的主要结论，提出针对性的建议和措施。结论要简洁明了，具有概括性和指导性；建议要具体、可行，具有可操作性。

研究课题的选择与实施是高中教学研究的重要环节。教师要从教学实际出发，关注教育热点和前沿问题，考虑自身的研究能力和条件，选择合适的研究课题。在实施过程中,要制订科学合理的研究计划,收集和分析资料,撰写规范的研究报告,以提高教学研究的质量和效果,为高中教育的发展做出贡献。

第六节 教学研究成果应用于实际教学时可能遇到的问题

一、教师层面

(一)观念转变困难

1.传统教学观念根深蒂固:许多教师长期以来形成了固定的教学观念,习惯于传统的教学模式。例如,在教学研究成果提倡以学生为中心的探究式学习时,部分教师可能仍然倾向于以教师为中心的讲授式教学。他们认为传统方法能够更高效地传授知识,对于新的教学理念和方法存在抵触情绪。

2.对新成果理解不充分:教学研究成果往往涉及新的教育理论和复杂的教学方法。教师可能没有完全理解这些成果的内涵和应用方式。比如,在引入基于项目的学习方法时,教师可能只是表面地模仿项目式学习的形式,而没有真正把握其培养学生综合能力、跨学科知识应用等核心要点。

(二)技能和能力不足

1.新教学方法的应用能力有限:一些教学研究成果需要教师具备新的教学技能。例如,在应用信息化教学工具进行教学时,教师可能对软件操作不熟练,无法充分发挥其功能。或者在开展小组合作学习时,教师缺乏组织小组活动、引导学生合作的技巧,导致小组合作效果不佳。

2.教学研究成果转化能力较弱:将研究成果转化为具体的教学活动是一个复杂的过程。教师可能不知道如何根据自己的教学实际情况对研究成果进行调整和优化。例如,在将一种新的教学评价方法应用于课堂时,教师可能难以确定评价指标的权重和具体的操作细节,从而无法有效地实施新的评价方法。

（三）时间和精力有限

1.教学任务繁重：高中教师通常面临着较重的教学任务，包括备课、授课、批改作业、辅导学生等。在这种情况下，他们可能没有足够的时间去深入研究和应用新的教学成果。例如，一位数学教师可能每天要批改大量的作业和试卷，还要准备第二天的课程内容，很难抽出时间来学习和应用新的数学教学研究成果。

2.缺乏培训机会：应用新的教学研究成果往往需要教师接受相关的培训，以提升自己的知识和技能。然而，学校可能没有提供足够的培训机会，或者培训内容不够系统和深入。这使得教师在尝试应用新成果时缺乏必要的支持，增加了应用的难度。

二、学生层面

（一）学习习惯和适应性问题

1.依赖传统学习方式：学生长期适应了传统的教学方式，对于新的教学研究成果所带来的教学变化可能难以适应。例如，在从以教师讲授为主的课堂转变为学生自主探究的课堂时，学生可能会感到无所适从，不知道如何主动地获取知识和解决问题。

2.学习能力差异：学生的学习能力和基础各不相同，对于新教学方法的接受程度也存在差异。一些学习能力较强的学生可能能够很快适应新的教学模式，如翻转课堂，而学习能力较弱的学生可能会在自主学习环节遇到困难，导致学习进度滞后。

（二）兴趣和动力不足

1.对新教学内容和方法缺乏兴趣：如果教学研究成果应用后的教学内容或方法不符合学生的兴趣点，可能会导致学生参与度不高。例如，在引入新的教材内容或教学案例时，如果内容过于抽象或与学生的生活实际脱节，学生可能会对学习缺乏兴趣。

2.激励机制不完善：在应用新教学研究成果时，可能没有相应的激励机制来激发学生的学习动力。例如，在小组合作学习中，如果没有对小组和个人的奖励措施,学生可能会缺乏积极性,影响合作学习的效果。

三、学校和外部环境层面

(一)资源支持不足

1.硬件设施缺乏:一些教学研究成果的应用需要相应的硬件设施支持。例如,在开展虚拟实验室教学时,学校可能没有足够的计算机设备或相关的软件许可证。或者在实施多媒体教学时,教室的多媒体设备可能陈旧或数量不足,影响教学效果。

2.教材和教学资源不匹配:教学研究成果可能与现有的教材和教学资源不匹配。例如,新的教学方法可能需要配套的教材、练习册或在线学习资源,但学校可能没有及时更新这些资源,使得教师在应用新成果时缺乏合适的教学材料。

(三)制度和文化障碍

1.学校评价制度限制:学校的教学评价制度可能仍然侧重于传统的教学指标, 如学生的考试成绩。这会导致教师在应用教学研究成果时有所顾虑,因为新的教学方法可能在短期内不会显著提高学生的考试成绩,而教师的教学评价可能会受到影响。

2.学校文化保守:学校的文化氛围如果比较保守,缺乏对教学创新的支持和鼓励,教师可能会受到同事或学校管理层的质疑。例如,在一个强调传统教学秩序和规范的学校环境中,教师尝试一些新的、具有创新性的教学研究成果可能会被认为是破坏常规,从而受到阻碍。

第七节 教学研究成果的应用与推广

教学研究成果对于推动高中教育的发展具有重要意义。将这些成果有效地应用到实际教学中,并进行广泛推广,可以提升教学质量,促进教师专业成长,激发学生的学习兴趣和潜能。

一、教学研究成果的应用

(一)教师培训与自我提升

1.参加专业培训

学校可以组织教师参加针对特定教学研究成果的专业培训。例如,当有新的教学方法或教育技术研究成果出现时,邀请相关领域的专家来校举办讲座和培训,让教师了解成果的理论基础、实施步骤和注意事项。以混合式教学为例,培训可以包括在线教学平台的使用、课程设计策略、课堂管理方法等方面的内容,帮助教师掌握混合式教学的核心技能。

2.教师自我反思与实践

教师在学习教学研究成果后,要结合自己的教学实际进行反思。思考如何将成果融入自己的课堂教学中,制订具体的应用计划。例如,一位语文教师学习了情境教学法的研究成果后,可以根据语文课程的特点,设计不同的教学情境,如通过角色扮演、实地考察等方式,让学生更好地理解文学作品中的情境和人物情感。在实践过程中,教师要不断观察学生的反应,调整教学策略,总结经验教训。

3.团队合作与交流

教师可以组成教学研究小组,共同探讨和应用教学研究成果。小组成员之间可以分享应用过程中的经验和问题,互相启发和支持。例如,在应用项目式学习的教学研究成果时,小组教师可以共同设计项目主题、制定评价标准,互相观摩课堂教学,提出改进建议。通过团队合作,教师可以更好地理解和应用教学研究成果,提高教学效果。

(二)融入课程设计与教学过程

1.课程目标调整

根据教学研究成果,对课程目标进行调整和优化。例如,如果研究成果表明培养学生的创新思维和实践能力对于学生的未来发展至关重要,那么在课程目标中可以增加对学生创新能力和实践技能的培养要求。以高中物理课程为例,可以将设计和制作简单的物理实验装置作为课程目标之一,通过项目式学习的方式让学生在实践中掌握物理知识和技能,培养创新思维。

2.教学内容更新

将教学研究成果中的新内容、新方法融入教学内容中。例如,在历史教学中,根据最新的历史研究成果,更新教材中的部分内容,让学生了解更准确、更全面的历史知识。或在数学教学中,引入数学建模的方法,让学生通过解决实际问题,提高数学应用能力。同时,教师还可以根据教学研究成果,选择适合学生的教学资源,如在线课程、教育软件、多媒体资料等丰富教学内容。

3.教学方法创新

应用教学研究成果中的创新教学方法,改变传统的教学模式。例如,采用问题导向学习法,以问题为驱动,引导学生自主探究、合作学习。在地理教学中,可以提出一些现实生活中的地理问题,如城市交通拥堵、环境污染等,让学生通过调查研究、数据分析等方式,提出解决方案。或者运用游戏化教学法,将教学内容设计成游戏形式,激发学生的学习兴趣和积极性。例如,在英语单词记忆教学中,可以设计单词接龙游戏、单词拼写竞赛等,让学生在游戏中轻松掌握英语单词。

4.评价方式改革

根据教学研究成果,改革教学评价方式,建立多元化的评价体系。例如,除了传统的考试评价外,增加学生的课堂表现、作业完成情况、项目参与度、小组合作能力等方面的评价指标。在艺术教学中,可以采用作品展示、学生自评、互评等方式,全面评价学生的艺术素养和创造力。同时,评价要及时反馈给学生,让学生了解自己的学习进展和不足之处,以便及时调整学习策略。

二、教学研究成果的推广

(一)校内推广

1.示范课程与公开课

组织教师开展示范课程和公开课活动,展示教学研究成果的应用效果。教师可以选择一门课程,运用教学研究成果进行教学设计和教学实施,邀请其他教师观摩和交流。通过示范课程和公开课,让更多的教师了解教学研究成果的实际应用情况,激发他们的兴趣和积极性。例如,在学校组织的教学观摩活动中,一位数学教师运用探究式教学法进行教学,让学生通过自主探究、合作交流的方式解决数学问题。其他教师在观摩后,可以就探究式教学法的实施过程、学生的反应、教学效果等方面进行交流和讨论,为自己的教学提供参考。

2.教学研讨会与经验分享会

定期举办教学研讨会和经验分享会,让教师们分享自己在应用教学研究成果过程中的经验和体会。研讨会可以围绕特定的教学研究成果主题展开,如"项目式学习在高中教学中的应用""信息技术与学科教学的融合"等。教师们可以在研讨会上介绍自己的实践案例、遇到的问题及解决方法,共同探讨如何更好地应用教学研究成果。通过这种方式,促进教师之间的交流与合作,推动教学研究成果在学校内的广泛应用。

3.学校内部资源共享平台

建立学校内部的教学资源共享平台,将教学研究成果、教学设计案例、教学课件、教学视频等资源上传到平台上,供教师们下载和参考。教师可以在平台上分享自己的教学经验和成果,也可以从其他教师那里获取有用的教学资源。例如,一位语文教师在应用情境教学法取得良好效果后,可以将自己的教学设计、教学视频等资源上传到平台上,供其他语文教师学习和借鉴。同时,学校可以对上传的资源进行审核和评价,推荐优秀的资源,提高资源的质量和利用率。

(二)校外推广

1.参加学术会议与交流活动

鼓励教师参加各类学术会议和交流活动,展示学校的教学研究成果。学术会议是教育领域的重要交流平台,教师可以在会议上提交论文、做报告,与来自不同地区、不同学校的教育专家和教师进行交流和互动。通过参加学术会议,教师可以了解最新的教育研究动态,推广学校的教学研究成果,提高学校的知名度和影响力。例如,一位物理教师在参加全国物理教学研讨会时,介绍了学校在物理实验教学改革方面的研究成果,得到了其他与会者的关注和认可。

2.与其他学校合作交流

与其他学校建立合作关系,开展教学研究成果的交流与推广。可以通过校际教研活动、教师互访、学生交流等方式,分享教学经验和成果。例如,两所学校共同开展一个教学研究项目,合作探索新的教学方法和教学模式。或者组织教师互相观摩课堂教学,进行教学评价和反馈。通过与其他学校的合作交流,扩大教学研究成果的影响范围,促进教育资源的共享和优化配置。

3.利用媒体平台进行宣传

利用各种媒体平台,如教育网站、微信公众号、微博等,宣传学校的教学研究成果。可以撰写新闻稿、教学案例分析、教学心得等文章,发布到媒体平台上,让更多的人了解学校的教学创新和成果。同时,可以邀请媒体记者来校采访,报道学校的教学改革实践和成果,提高学校的社会关注度。例如,学校可以在微信公众号上推出"教学研究成果系列报道",介绍学校在不同学科教学中的创新实践和成果,吸引家长、学生和社会各界的关注。

教学研究成果的应用与推广是提高高中教学质量、促进教育创新的重要途径。通过教师培训、课程设计、评价改革等方式,将教学研究成果应用到实际教学中;通过校内示范、校外交流、媒体宣传等方式,广泛推广教学研究成果,可以为高中教育的发展注入新的活力和动力。

第八节 研究课题的选择与实施的具体流程

一、研究课题选择流程

(一)课题来源挖掘

1.教学实践反思

(1)教师在日常教学活动中会遇到各种各样的问题,如学生课堂参与度不高、教学方法效果不佳、学生成绩两极分化严重等。这些问题是研究课题的重要来源。例如,在英语课堂上,发现学生对语法知识的记忆和运用比较困难,这就可以成为一个潜在的研究课题,如"提高高中生英语语法学习效果的策略研究"。

(2)同时,对教学中的成功经验也可以进行反思和提炼。比如,在一次历史教学中,采用角色扮演的方式让学生深刻理解了某个历史事件,就可以思考如何将这种方法应用到更多的教学内容中,从而形成课题,如"角色扮演在高中历史教学中的有效性及推广研究"。

2.教育政策导向

(1)关注国家和地方的教育政策,挖掘其中与高中教学相关的要点作为课题。例如,"双减"政策出台后,教师可以研究"'双减'背景下高中作业设计的优化策略"或"'双减'政策对高中课堂教学效率提升的策略研究"等课题。

(2)教育改革方向也是重要的课题来源。如随着新高考改革的推进,涉及综合素质评价、选考科目教学等方面的课题就很有研究价值,像"新高考背景下高中物理选考教学策略研究"。

(3)学术前沿追踪

1.阅读教育学术期刊、参加教育学术会议,了解学科教育领域的最新研究动态和热点问题。例如,当前人工智能在教育中的应用是热门话题,教师可以结合高中教学实际,选择"人工智能辅助高中数学教学的实践研究"等课题。

(2)关注学科前沿知识的更新也能发现课题。如在生物学科,随着基因编辑技术的发展,教师可以研究"高中生物教学中基因编辑技术的科普与伦理教育研究"。

(二)课题可行性评估

1.研究能力考量

(1)评估自己的专业知识和研究经验是否能够支撑课题研究。例如,如果教师没有深厚的统计学知识,选择一个需要大量复杂数据分析的课题,如

"大数据背景下高高中生学习行为的精准分析",可能会遇到困难。

(2)考虑自己是否具备研究所需的技能,如实验设计技能、调查研究技能等。对于缺乏实验教学经验的教师来说,开展"高中化学实验教学创新模式的实验研究"可能需要先提升自己的实验教学能力。

2.资源可用性分析

(1)分析时间资源,确保自己有足够的时间来完成课题研究。高中教师教学任务繁重,如果课题研究时间过长或要求过于集中,可能会影响正常教学工作。例如,一个需要教师在一年内频繁进行实地调研的课题"农村高中生课外学习环境的调查研究",教师需要权衡自己是否能在教学之余完成调研任务。

(2)考虑经费资源,有些课题可能需要一定的经费支持,如购买研究设备、发放调查问卷、参加学术会议等。如果没有足够的经费,可能需要调整课题或者寻找外部资金支持。像"高中物理虚拟实验室建设与应用研究"可能需要学校提供一定的资金用于软件购买和设备更新。

(3)检查研究所需的资料和设备是否能够获取。例如,研究"高中地理遥感技术教学应用"需要有相关的遥感数据和地理信息系统软件,如果学校无法提供这些资源,课题实施就会受到阻碍。

3.研究对象配合度估计

(1)对于涉及学生、家长或其他教师作为研究对象的课题,要考虑他们的配合程度。例如,在"高中生心理健康问题的家庭因素调查研究"中,需要家长真实地提供家庭信息和学生心理状况,如果家长不配合,课题研究将难以进行。

(2)预测研究过程对研究对象的影响,确保不会对他们造成不必要的干扰或负担。如"高中生学习压力的长期跟踪研究"可能会增加学生的心理负担,需要考虑如何在不影响学生正常学习和生活的情况下进行研究。

(三)课题价值判断

1.教育实践价值评估

(1)思考课题研究成果是否能够直接应用于教学实践,改善教学现状。

例如,"高中语文作文教学中思维导图的应用研究"如果能够提高学生的作文写作水平和思维能力,就具有较高的实践价值。

(2)考虑课题对学生学习成果、学习兴趣、学习方法等方面的积极影响。比如,"高中数学游戏化教学的实践研究"如果能让学生更积极地参与数学学习,提高数学成绩,那么这个课题就值得研究。

2.理论贡献考量

(1)查阅相关文献,判断课题是否能够填补教育理论的空白或者对现有理论进行补充、修正。例如,在研究"高中跨学科主题学习的课程整合模式"时,如果能够提出一种新的课程整合理论模型,将对跨学科教学理论有所贡献。

(2)分析课题研究是否能够为其他相关研究提供新的视角或方法。如"基于脑科学的高中英语词汇记忆策略研究"可以为语言学习理论提供新的依据和方法。

二、研究课题实施流程

(一)研究计划制订

1.确定研究目标和问题

(1)研究目标要明确、具体、可衡量。例如,在"提高高中生化学实验操作能力的策略研究"课题中,研究目标可以是"通过开发和应用新的实验教学策略,使学生在化学实验操作考核中的平均成绩提高 10% 以上"。

(2)细化研究问题,将研究目标分解为具体的、可操作的问题。比如上述课题可以细化为"现行化学实验教学策略存在哪些不足?""新的实验教学策略如何设计?""新策略对不同层次学生的实验操作能力有何影响?"等问题。

2.选择研究方法

(1)根据课题的性质和研究问题的特点选择合适的研究方法。如果是研究学生的学习现状,可以采用调查研究法,如问卷调查、访谈等。例如,在"高中生对物理学科的兴趣现状及影响因素研究"中,通过问卷调查了解学生对物理学科的兴趣程度,通过访谈深入了解影响兴趣的因素。

（2）对于验证某种教学方法或策略的有效性,可以采用实验研究法。如在"高中生物探究式教学法对学生科学思维能力培养的实验研究"中,设置实验组和对照组,对实验组实施探究式教学法,对照组采用传统教学法,通过对比两组学生的科学思维能力来验证探究式教学法的有效性。

（3）还可以采用文献研究法梳理前人的研究成果,为课题研究提供理论基础。在研究"高中历史课程资源开发与利用"时,通过查阅大量的文献,了解历史课程资源开发的现状、存在的问题以及成功的经验。

3.规划研究步骤和时间安排

（1）把研究过程划分为几个阶段,明确每个阶段的主要任务和预期成果。例如,在实验研究中,一般包括准备阶段(查阅文献、设计实验方案)、实验实施阶段(开展实验教学、收集数据)、总结阶段(分析数据、撰写研究报告)。

（2）为每个阶段设定合理的时间期限,确保研究能够按计划进行。比如,准备阶段可以安排1—2个月, 实验实施阶段可以根据实验周期安排3—6个月,总结阶段安排1—2个月。

（二）研究数据收集

1.数据收集工具准备

（1）如果采用问卷调查法,要精心设计问卷。问卷内容要围绕研究问题展开,问题表述要清晰、简洁、无歧义。例如,在"高中生课外阅读习惯调查研究"中,问卷问题可以包括"你每周课外阅读的时间大概是多少?""你最喜欢的课外书籍类型是什么?"等。

（2）对于访谈法,要制定访谈提纲,明确访谈的目的、主要问题和访谈方式。如在"高中教师对新教材使用的看法和建议"访谈中,访谈提纲可以包括"您在使用新教材过程中遇到的最大困难是什么?""您对新教材的内容编排有什么建议?"等问题。

（3）若是实验研究,要准备好实验材料、设备以及相关的测试工具,如在"高中化学实验创新对学生学习效果影响的实验研究"中, 要准备实验试剂、仪器,以及用于测量学生化学知识掌握程度和实验操作技能的测试题。

2.数据收集过程实施

(1)按照预定的方法和计划收集数据。在问卷调查中,要选择合适的调查对象,确保样本具有代表性。例如,在研究高中全校学生的学习压力时,要从不同年级、不同班级中随机抽取学生作为调查对象。

(2)对于访谈,要注意访谈技巧,营造良好的访谈氛围,确保被访谈者能够真实、准确地回答问题。如在与高中教师访谈时,要选择合适的访谈时间和地点,尊重教师的意见和感受。

(3)在实验研究中,要严格控制实验变量,确保实验的科学性和可靠性。例如,在对比两种教学方法对学生成绩的影响时,要保证实验组和对照组除了教学方法不同外,其他条件如学生基础、教师教学水平、教学时间等尽量相同。

(三)研究数据分析

1.数据整理与初步筛选

(1)对收集到的数据进行整理,将问卷数据录入电子表格,对访谈内容进行文字转录等。例如,将问卷调查得到的学生成绩数据录入 Excel 表格,方便后续分析。

(2)检查数据的完整性和准确性,剔除无效数据。如在问卷数据中,如果发现有大量题目未回答或者回答明显不符合逻辑的问卷,应将其作为无效问卷剔除。

2.数据分析方法应用

(1)根据数据类型和研究问题选择合适的数据分析方法。对于定量数据,如学生成绩、问卷调查中的量化选项等,可以采用统计分析方法,如平均数、标准差、t检验、方差分析等。例如,在比较实验组和对照组学生的成绩差异时,可以使用t检验来判断差异是否显著。

(2)对于定性数据,如访谈内容、学生作品等,可以采用内容分析法、主题分析法等。在分析教师对教学改革的看法的访谈数据时,可以通过内容分析法提炼出教师关注的主要主题,如教学方法、教学资源、评价方式等方面的看法。

（四）研究报告撰写

1.报告结构搭建

（1）研究报告一般包括标题、摘要、关键词、引言、研究方法、研究结果、讨论与分析、结论与建议、参考文献等部分。标题要准确反映研究的主题，如"高中语文课堂小组合作学习有效性的实证研究"。

（2）摘要要简洁明了地概括研究的目的、方法、结果和结论，方便读者快速了解研究的主要内容。关键词要能够准确反映研究的核心概念，如"高中语文、小组合作学习、有效性"。

2.内容撰写与阐述

（1）在引言部分，阐述研究课题的背景、目的和意义，说明为什么要进行这项研究。例如，在研究高中生心理健康问题时，可以在引言中提及当前高中生心理健康问题的严峻性以及研究该问题对学生健康成长的重要性。

（2）详细描述研究方法，包括研究对象、研究工具、研究步骤等内容，使读者能够了解研究的科学性和可靠性。如在实验研究报告中，要清楚地说明实验设计、实验变量控制、数据收集方法等细节。

（3）呈现研究结果，用图表、数据等形式直观地展示研究发现。例如，在研究高中生物理学习成绩与学习兴趣的关系时，可以用柱状图展示不同兴趣程度的学生的平均成绩。

（4）对研究结果进行讨论与分析，解释结果产生的原因，与前人研究进行对比，分析研究的创新点和不足之处。如在研究高中英语写作教学新策略后，分析新策略有效或无效的原因，对比其他类似教学策略的异同。

（5）总结研究结论，明确回答研究问题，提出针对性的建议和措施。例如，在研究高中生自主学习能力培养后，得出如何有效培养学生自主学习能力的结论，并提出在教学实践中可以采取的具体措施，如加强学习方法指导、提供自主学习资源等。

（6）在参考文献部分，列出研究过程中引用的所有文献，遵循一定的引用格式，如 APA、MLA 等格式。

第九节 研究课题实施的原则

一、科学性原则

(一)研究方法的科学性

1.选择合适的研究方法:根据研究课题的性质、目的和研究对象的特点,选择科学合理的研究方法。例如,对于探索因果关系的课题,如"某种新的教学方法对高中生成绩的影响",实验研究法是比较合适的。在实验过程中,要严格遵循实验设计的原则,设置实验组和对照组,控制好无关变量,确保实验结果能够真实地反映自变量和因变量之间的关系。

2.遵循研究方法的规范:每种研究方法都有其特定的操作规范和要求。以调查研究法为例,在设计调查问卷时,问题的表述要清晰、准确、无歧义,避免引导性问题。问卷的结构要合理,包括开头的说明语、主体部分的问题和结尾的致谢语等。同时,抽样方法要科学,确保样本具有代表性。如果是分层抽样,要根据合理的分层标准(如年级、成绩层次等)进行抽样,使抽取的样本能够准确反映总体的特征。

(二)数据收集与分析的科学性

1.数据收集的准确性和客观性:在收集数据时,要确保数据的来源可靠。例如,在观察学生课堂行为的研究中,观察者要尽量避免主观偏见,采用结构化的观察量表进行记录,使观察结果能够客观地反映学生的实际行为。对于通过测试收集的数据,如学生的学业成绩测试,测试工具要具有较高的信度和效度,保证测试结果能够准确地衡量学生的知识和能力水平。

2.数据分析的合理性和严谨性:根据数据的类型选择合适的数据分析方法。对于定量数据,如考试成绩、问卷调查中的量化选项等,要运用正确的统计方法进行分析。例如,在比较两组学生的成绩差异时,要先检查数据是否符合正态分布,然后根据数据特点选择 t 检验、方差分析等统计方法。对于定性数据,如访谈记录、学生作品等,要采用严谨的内容分析、主题分析等方法,确保分析结果能够真实地反映数据中所包含的信息。

二、系统性原则

(一)研究过程的系统性

1.整体规划:研究课题的实施是一个系统工程,需要从整体上进行规划。在研究开始之前,要制定详细的研究计划,包括研究目标、研究内容、研究步骤、时间安排等各个方面。例如,在一个关于"高中综合实践活动课程实施策略研究"的课题中,要明确课程目标是提高学生的综合实践能力,研究内容涵盖课程内容设计、教学方法选择、评价体系构建等多个方面。研究步骤可以分为前期的文献调研、课程设计阶段、教学实践阶段和最后的总结评价阶段,每个阶段都要有明确的时间节点和预期成果。

2.阶段衔接:各个研究阶段之间要紧密衔接,前一阶段的工作为后一阶段提供基础,后一阶段是对前一阶段的深化和拓展。例如,在完成文献调研后,要根据文献研究的结果来设计课程内容和教学方法;在教学实践阶段,要根据实践过程中出现的问题和反馈,对课程设计和教学方法进行调整和优化;最后在总结评价阶段,要综合考虑前面各个阶段的工作,对整个研究成果进行全面评估。

(二)研究要素的系统性

1.要素考虑全面:研究课题涉及多个要素,包括研究对象、研究环境、研究工具等,这些要素之间相互关联、相互影响。在实施过程中,要全面考虑这些要素。以"高中校本课程开发研究"为例,研究对象是学生和教师,要考虑学生的兴趣、需求、知识基础,以及教师的专业素养、教学能力等因素;研究环境包括学校的教学资源、文化氛围等;研究工具可能包括课程开发的理论框架、调查工具等。只有综合考虑这些要素,才能开发出符合学校实际情况和学生需求的校本课程。

2.要素协同作用:各个要素要协同发挥作用,以实现研究目标。在"高中语文阅读教学有效性研究"中,研究(对象)学生的阅读基础和阅读习惯、研究环境(学校的阅读氛围和资源)、研究工具(阅读教学方法和评价工具)要相互配合。例如,教师采用合作阅读教学法(研究工具)时,要考虑学生的合作能力(研究对象)和学校的小组学习环境(研究环境),通过营造良好的阅读氛围、培养学生的合作意识和运用有效的教学方法,共同提高语文阅读教学的有效性。

三、创新性原则

(一)研究视角的创新

1.突破传统观念:在实施研究课题时,要敢于突破传统的教育观念和思维定式。例如,在传统的高中数学教学中,往往强调知识的传授和解题技巧的训练。而在一个创新性的研究课题中,可以从数学文化的视角来研究数学教学,将数学史、数学美学等内容融入教学过程,让学生了解数学的发展历程和文化内涵,从而激发学生对数学的兴趣,这就是一种研究视角的创新。

2.跨学科视角应用:采用跨学科的视角来研究高中教育问题也是一种创新方式。例如,在研究高中生物课程中的生态环境保护内容时,可以结合地理学科的生态系统知识和政治学科的可持续发展理念,从多学科交叉的角度来设计教学内容和教学方法,培养学生的综合素养和跨学科思维能力。

(二)研究方法与成果的创新

1.方法创新:尝试运用新的研究方法或者对传统方法进行改进。例如,在研究高中生的学习心理时,除了采用传统的问卷调查和访谈方法外,可以结合现代脑科学技术,如使用脑电图(EEG)等设备来监测学生学习过程中大脑活动状态,从而更深入地了解学生的学习心理机制,这就是一种研究方法的创新。

2.成果创新:研究成果要具有创新性,能够为高中教育领域提供新的知识、方法或策略。例如,在研究高中物理实验教学时,开发出一种新型的实验装置或者实验教学模式,能够更好地培养学生的实验操作能力和科学探究精神,这种新的实验装置或教学模式就是创新性的研究成果。

四、可行性原则

(一)研究条件的可行性

1.资源条件满足:要考虑研究所需的人力、物力、财力等资源是否能够满足。例如,在进行"高中虚拟实验室建设与应用研究"时,需要学校具备一定的计算机硬件设备、网络条件和相关的软件资源。

2.时间安排合理：合理安排研究时间，确保研究任务能够在规定的时间内完成。高中教师教学任务繁忙，要根据自己的教学工作和生活实际情况，制定切实可行的研究时间表。例如，在一个为期一年的研究课题中，要合理分配每个阶段的时间，避免前松后紧或者因时间过长而导致研究热情减退。同时，要考虑到可能出现的意外情况，如教学任务临时加重、研究对象（学生）配合时间有限等，预留一定的弹性时间。

(二)研究能力的可行性

1.研究者能力适配：研究者要具备完成研究课题所需的知识、技能和经验。例如，在进行"高中数学建模教学研究"时，教师需要具备扎实的数学知识、数学建模能力和一定的教学研究经验。如果研究者自身在这些方面有所欠缺，就需要通过学习、培训或者与他人合作来提升自己的能力，以确保研究能够顺利进行。

2.研究难度适中：研究课题的难度要适中，既不能过于简单，失去研究的价值，也不能过于复杂，超出研究者的能力范围。例如，对于一个初涉教学研究的高中教师来说，选择一个涉及大规模教育改革实验的课题可能会因为缺乏经验和资源而难以完成，而选择一个关于"改进某一学科课堂提问策略"的小课题可能更具可行性，并且能够在实践中取得一定的研究成果。

第十节 高中教学研究创新的内涵与实践

一、高中教学研究创新的方向

(一)教学方法创新

1.探究式教学

探究式教学是以学生为中心，通过引导学生自主探究问题，培养学生的创新思维和实践能力。在高中教学中，可以采用问题导向、项目驱动等方式，让学生在探究高中习,提高学习效果。

2.合作学习

合作学习是指学生在小组中共同学习、互相帮助,以达到共同进步的目的。合作学习可以培养学生的团队合作精神、沟通能力和问题解决能力。在高中教学中,可以组织学生进行小组讨论、合作项目等活动,促进学生之间的交流与合作。

3.个性化教学

个性化教学是根据学生的个性特点和学习需求,为每个学生制订个性化的教学计划和教学方法。个性化教学可以充分发挥学生的优势,弥补学生的不足,提高学生的学习兴趣和学习效果。在高中教学中,可以通过分层教学、走班制等方式,实现个性化教学。

(二)课程内容创新

1.跨学科课程

跨学科课程是将不同学科的知识有机融合在一起,培养学生的综合素养和创新能力。在高中课程中,可以开设跨学科课程,如科学与人文融合课程、艺术与技术融合课程等,拓宽学生的知识面和视野。

2.实践课程

实践课程是让学生在实践高中习,培养学生的实践能力和创新精神。在高中课程中,可以增加实践课程的比重,如实验课程、社会实践课程、创新创业课程等,让学生在实践中掌握知识和技能。

3.选修课程

选修课程是为了满足学生的个性化需求和兴趣爱好而设置的课程。在高中课程中,可以开设丰富多样的选修课程,如艺术、体育、科技、人文等方面的课程,让学生根据自己的兴趣和特长进行选择,促进学生的个性发展。

(三)教学评价创新

1.多元化评价

多元化评价是指采用多种评价方式,对学生的学习过程和学习结果进行全面评价。在高中教学评价中,可以采用考试、作业、课堂表现、实践活动等多种评价方式,综合评价学生的学习情况。

2.过程性评价

过程性评价是指对学生的学习过程进行评价,关注学生的学习态度、学习方法和学习进步。在高中教学评价中,可以通过课堂观察、作业批改、学习档案等方式,对学生的学习过程进行评价,及时反馈学生的学习情况,帮助学生改进学习方法。

3.发展性评价

发展性评价是指以促进学生的发展为目的,关注学生的未来发展潜力。在高中教学评价中,可以采用学生自评、互评、教师评价等方式,对学生的学习情况进行评价,同时为学生提供发展建议和指导,帮助学生明确自己的发展方向。

二、高中教学研究创新的实践策略

(一)加强教师培训

教师是教学研究创新的主体,加强教师培训是推动教学研究创新的重要保障。学校可以组织教师参加各种培训活动,如教学方法培训、课程设计培训、教育技术培训等,提高教师的教学水平和创新能力。

(二)建立教学研究团队

建立教学研究团队可以汇聚教师的智慧和力量,共同开展教学研究创新。学校可以组织教师成立教学研究小组,围绕教学中的热点、难点问题进行研究,探索解决问题的方法和策略。

(三)开展教学实验

教学实验是教学研究创新的重要方法之一。学校可以组织教师开展教学实验,尝试新的教学方法、课程内容和评价方式,通过实验验证教学研究创新的效果。在教学实验中,要注意实验设计的科学性和合理性,确保实验结果的可靠性和有效性。

(四)加强教学资源建设

教学资源是教学研究创新的重要支撑。学校可以加强教学资源建设,如建设数字化教学资源库、实验室、图书馆等,为教师开展教学研究创新提供丰富的教学资源。同时,学校还可以鼓励教师开发和共享教学资源,提高教学资源的利用效率。

（五）营造教学研究创新氛围

营造教学研究创新氛围可以激发教师的教学研究创新热情,推动教学研究创新的深入开展。学校可以通过组织教学研究创新比赛、表彰教学研究创新成果等方式,营造积极向上的教学研究创新氛围。同时,学校还可以加强教学研究创新的宣传和推广,让更多的教师了解和参与教学研究创新。

四、高中教学研究创新的实践案例

（一）探究式教学在高中物理教学中的应用

在高中物理教学中,教师采用探究式教学方法,引导学生通过自主探究实验现象,发现物理规律。教师首先提出问题,让学生进行猜想和假设,然后设计实验方案,进行实验操作,收集实验数据,分析实验结果,得出物理规律。通过探究式教学,学生的学习兴趣和主动性得到了提高,创新思维和实践能力也得到了培养。

（二）跨学科课程在高中语文教学中的应用

在高中语文教学中,教师将语文与历史、地理、艺术等学科进行融合,开设跨学科课程。例如,教师在讲解古诗词时,可以结合历史背景和地理环境,让学生更好地理解古诗词的内涵和意境。同时,教师还可以组织学生进行古诗词朗诵比赛、书法比赛等活动,将语文与艺术融合,提高学生的综合素质。

（三）个性化教学在高中数学教学中的应用

在高中数学教学中,教师采用分层教学和走班制的方式,实现个性化教学。教师根据学生的数学基础和学习能力,将学生分为不同的层次,为每个层次的学生制订个性化的教学计划和教学方法。同时,教师还可以组织学生进行走班学习,让学生根据自己的兴趣和特长选择不同的数学课程,满足学生的个性化需求。

（四）多元化评价在高中英语教学中的应用

在高中英语教学中,教师采用多元化评价方式,对学生的学习过程和学习结果进行全面评价。教师不仅关注学生的考试成绩,还关注学生的课堂表现、作业完成情况、口语表达能力等方面。同时,教师还采用学生自评、互评、教师评价等方式,让学生参与评价过程,提高学生的自我评价和反思能力。

　　总之,高中教学研究创新与实践是提高教学质量、促进学生全面发展的重要途径。在教学研究创新中,要注重教学方法、课程内容和教学评价的创新,同时要加强教师培训、建立教学研究团队、开展教学实验、加强教学资源建设和营造教学研究创新氛围等实践策略。通过教学研究创新与实践,可以为高中教育的发展注入新的活力和动力。

第七章 高中教育管理与教学的协同发展

第一节 管理对教学的支持与保障

一、教学资源管理

（一）硬件资源保障

1.设施建设与维护

（1）学校管理部门应确保教学场所的适宜性，包括教室的空间、采光、通风等条件符合教学要求。例如，合理规划教室布局，保证每个学生都能有良好的学习空间；定期检查和维护教室的照明系统和通风设备，为学生创造舒适的学习环境。

（2）对于实验室、计算机房等特殊教学场所，要提供先进的设备并保证其正常运行。在高中物理、化学实验室，应配备足够数量且精准的实验仪器，如高精度的天平、显微镜等，同时安排专业人员定期进行设备的校准和维修，确保实验教学的顺利开展。

2.资源分配与更新

（1）学校管理者要根据教学需求合理分配教学资源。例如，在多媒体教学设备的分配上，要考虑不同学科的使用频率和需求程度，优先满足教学中经常需要使用多媒体资源的学科，如地理学科的地图展示、生物学科的微观结构演示等。

（2）定期更新教学硬件资源。随着科技的发展，教学设备也需要不断更新换代。例如，及时更新计算机房的电脑硬件和软件，以满足信息技术课程的教学要求以及学生对计算机技能学习的需求。

（二）软件资源提供

1.教材与教辅资料

（1）学校要选用高质量的教材，确保教材内容符合课程标准和学生的认知水平。在教材选用过程中，应组织教师进行教材评估，综合考虑教材的科学性、系统性、趣味性等因素。例如，对于高中语文教材，要选择文学作品丰富、有助于提高学生语文素养的版本。

（2）提供配套的教辅资料，如练习册、实验手册等，以辅助学生巩固所学知识。但要注意避免教辅资料的滥用，确保其质量和适用性。例如，数学教辅资料应与教材内容紧密结合，有针对性地提供练习题，帮助学生掌握重点知识和解题技巧。

2.数字资源采购与整合

（1）购买合法的数字教学资源，如在线课程平台、教育软件、电子图书等。例如，为学生购买知名的在线英语学习平台账号，提供丰富的听力、口语等学习资源；为教师采购学科教学软件，方便教师进行教学设计和课堂教学。

（2）整合校内的数字资源，建立资源共享平台。学校可以将教师制作的优质课件、教学视频等资源整合到校内网络平台上，方便教师之间的交流和学生的自主学习。

二、教师队伍管理

（一）教师招聘与培训

1.招聘合适的教师

（1）制定科学合理的教师招聘标准，除了考查学科知识和教学技能外，还要关注教师的教育理念、团队合作精神等综合素质。例如，在招聘高中物理教师时，不仅要求应聘者具备扎实的物理专业知识和教学经验，还要考查其是否能够运用现代教育技术进行教学，以及是否有创新的教学理念。

（2）拓宽教师招聘渠道，吸引优秀人才。除了传统的校园招聘和社会招聘外，还可以通过网络招聘、人才推荐等方式，招聘具有不同背景和经验的教师,充实教师队伍。

(2)教师培训体系构建

1.建立多层次的教师培训体系,包括新教师入职培训、教师专业技能培训、教育理念更新培训等。新教师入职培训可以帮助新教师尽快熟悉学校环境、教学要求和工作流程;专业技能培训可以针对学科教学方法、课程设计等内容,提升教师的教学水平;教育理念更新培训则让教师了解最新的教育动态和趋势,如新课程改革、教育技术应用等。

2.采用多样化的培训方式,如校内培训、校外进修、在线学习、专家讲座等。例如,定期邀请教育专家来校举办讲座,介绍前沿的教育理论和教学方法;组织教师参加校外的教育研讨会和学术会议,拓宽教师的视野;利用在线学习平台,为教师提供个性化的培训课程,满足教师的不同需求。

(二)教师激励与评价

1.激励机制建立

(1)设立多种激励措施,物质激励方面包括绩效奖金、教学成果奖励等。例如,对于在教学比赛中获奖或教学成绩突出的教师给予一定的奖金奖励;对于在教学改革、课程开发等方面有创新成果的教师给予专项奖励。精神激励方面可以包括荣誉称号授予、优秀教师事迹宣传等。例如,评选"年度优秀教师""学科教学标兵"等荣誉称号,并在学校内部进行宣传,增强教师的职业荣誉感。

(2)提供教师职业发展的机会作为激励手段。例如,为有潜力的教师提供晋升机会,如担任学科组长、教研主任等职务;或者推荐教师参与更高层次的教学研究项目和学术交流活动,促进教师的专业成长。

2.教师评价体系优化

(1)建立科学公正的教师评价体系,评价内容包括教学效果、教学过程、师德师风等多个方面。教学效果可以通过学生的学业成绩、综合素质提升等指标来衡量;教学过程可以考察教师的教学设计、课堂管理、教学方法运用等;师德师风则关注教师的职业道德、敬业精神、关爱学生等情况。

(2)采用多元化的评价方式,包括学生评价、教师自评、同行评价和领导评价等。例如,通过学生问卷调查、教师教学反思报告、同行听课互评、领导教学检查等方式,全面、客观地评价教师的工作表现,为教师的专业发展提供有价值的反馈。

三、教学过程管理

(一)课程安排与调度

1.课程规划与设置

(1)根据国家课程标准和学校的办学特色,合理规划高中课程体系。既要保证语文、数学、英语等基础学科的教学时间和质量,又要注重体育、艺术、综合实践等课程的设置,促进学生的全面发展。例如,在课程设置中,确保每周有足够的体育课时,开展多样化的体育项目教学,增强学生的身体素质。

(2)考虑学科之间的关联性和系统性,合理安排课程顺序。例如,在高中化学课程安排中,先开设基础化学知识课程,为后续的有机化学、化学实验等课程奠定基础;同时,将化学课程与物理、生物等相关学科的教学内容进行适当的衔接和整合,帮助学生建立跨学科的知识体系。

2.教学时间管理

(1)科学安排教学时间,合理分配课堂教学、课外辅导、考试等时间。例如,控制每节课的时长,避免学生长时间学习产生疲劳;安排适量的课外辅导时间,为学习困难的学生提供帮助;合理规划考试周期,避免考试过于频繁或集中,减轻学生的考试压力。

(2)根据教学内容的难易程度和重要性,灵活调整教学进度。对于重点知识和难点内容,可以适当放慢教学速度,增加教学时间,确保学生能够充分理解和掌握;对于学生已经熟悉的内容,可以加快教学进度,提高教学效率。

(二)教学质量监控

1.教学检查与监督

(1)建立常规的教学检查制度,包括教案检查、课堂教学观察、作业批改检查等。例如,定期检查教师的教案,看是否符合教学要求,教学目标是否明确、教学方法是否得当;通过听课观察教师的课堂教学情况,如教学环节是否完整、师生互动是否良好等;检查教师的作业批改情况,看是否认真、及时,评语是否有针对性。

（2）加强对教学过程的监督,防止教学事故的发生。例如,通过教学巡查,及时发现和处理教师迟到、早退、随意调课等问题,保证教学秩序的正常运行。

2.教学质量评估与反馈

（1）采用多元化的教学质量评估方法,如学生成绩分析、学生满意度调查、教学成果评估等。通过对学生考试成绩的统计分析,了解学生的学习情况和教师的教学效果;通过学生满意度调查,收集学生对教学内容、教学方法、教师态度等方面的意见和建议;对教师的教学成果,如教学改革项目、学生竞赛获奖等情况进行评估,全面衡量教学质量。

（2）及时将评估结果反馈给教师,帮助教师改进教学。例如,学校可以定期召开教学质量分析会,将教学质量评估结果以数据和案例的形式呈现给教师,组织教师共同分析问题、寻找对策,促进教学质量的提升。

第二节 如何确保教学资源合理分配

一、建立科学的资源评估体系

（一）需求评估

1.开展教学需求调研:学校管理部门可以通过问卷调查、教师访谈、学生座谈会等方式,了解不同学科教师的教学需求和学生的学习需求。例如,对于高中物理学科,教师可能需要更多的实验设备来进行物理实验教学,而学生可能希望有在线物理学习资源来辅助课后复习。通过这些调研,可以收集到详细的需求信息。

2.分析课程标准和教学目标:课程标准规定了各学科的教学内容和要求,是评估教学资源需求的重要依据。例如,根据高中数学课程标准,对于函数、几何等重点知识模块,需要相应的教学资源来帮助教师更好地教学和学生更好地理解。学校可以对照课程标准,分析每个学科在知识讲解、技能训练、实践活动等方面所需的资源类型和数量。

(二)资源现状评估

1.盘点现有资源:对学校现有的教学资源进行全面盘点,包括硬件资源(如教室数量、实验室设备、多媒体设备等)和软件资源(如教材、教辅资料、数字资源等)。例如,统计学校计算机房的电脑数量、配置情况,以及已购买的教育软件种类和使用权限。同时,要了解这些资源的使用状况,如哪些设备使用率高、哪些资源很少被利用等。

2.评估资源质量和适用性:对教学资源的质量进行评估,看其是否符合教学要求。对于硬件资源,检查设备的性能、准确性和可靠性。例如,实验室的仪器是否能够正常工作,精度是否满足实验要求。对于软件资源,评估其内容的科学性、时效性和与教学大纲的匹配度。例如,教材内容是否及时更新,教辅资料是否有助于学生理解和巩固知识。

二、制订合理的资源分配计划

(一)优先原则确定

1.基于学科核心地位和需求程度:根据学科在高中教育中的核心地位和教学需求的紧急程度来确定资源分配的优先级。例如,语文、数学、英语等基础学科是高中教学的重点,应该优先保证其基本的教学资源,如足够的课时、优质的教材和必要的教学设备。同时,对于一些新兴学科或特色课程,如果有较高的教学需求,也应给予适当的资源倾斜。

2.考虑教学目标和学生发展需求:以学生的全面发展为导向,将资源分配到有助于实现教学目标的领域。例如,为了培养学生的实践能力和创新精神,在高中综合实践活动课程和科技创新课程方面,要分配相应的场地、设备和指导教师等资源。对于高考科目和非高考科目,要根据学校的教育理念和学生综合素质培养的要求,合理分配资源,避免过度偏重高考科目。

(二)分配方案设计

1.硬件资源分配:根据学校的建筑布局和各学科的教学特点,合理分配教室、实验室、专用教室等教学场所。例如,将物理、化学实验室安排在靠近仓库和准备室的位置,方便实验器材的搬运和准备;根据班级数量和学科教学需求,分配多媒体教室的使用时间,确保每个学科都有机会利用多媒体设备进行教学。对于实验设备、体育器材等硬件资源,按照学科需求和学生人数进行分配。

2.软件资源分配:在教材和教辅资料的分配上,要保证每个学生都能及时获得所需的学习资料。对于数字资源,如在线学习平台账号、教育软件许可证等,可以根据学科教师的教学计划和学生的学习进度进行分配。例如,为高中英语教师分配英语听说训练软件的使用权限,根据班级学生数量购买足够的账号,让学生在课堂内外都能进行英语听说练习。

三、实施动态的资源分配调整

(一)定期评估与反馈

1.建立资源使用监测机制:定期收集教师和学生对教学资源使用情况的反馈。例如,通过教学日志、资源使用记录、学生学习反馈等方式,了解资源是否满足教学和学习的需求。对于硬件资源,监测其使用频率、损坏情况等;对于软件资源,了解教师和学生的使用满意度、资源内容的有效性等。

2.进行资源分配效果评估:根据设定的教学目标和资源分配计划,评估资源分配的实际效果。例如,通过学生的学业成绩、实践能力提升情况、教师的教学质量评价等指标,判断资源分配是否合理。如果发现某一学科的教学质量没有因为资源分配而得到改善,或者学生在某一领域的学习效果不佳,就需要分析是否是资源分配不合理导致的。

(二)灵活调整资源分配

1.根据需求变化调整:随着教学内容的更新、教学方法的改进和学生需求的变化,及时调整教学资源的分配。例如,当学校引入新的教学模式,如项目式学习或翻转课堂,就需要重新分配教室资源,为学生提供小组讨论和自主学习的空间;如果学生对某一学科的在线学习资源需求增加,学校要考虑增加相应数字资源的购买或使用权限。

2.应对突发情况调整:在遇到突发情况,如自然灾害、公共卫生事件等时,要灵活调整教学资源的分配。例如,在疫情期间,学校需要将更多的资源分配到线上教学,包括提供网络设备支持、增加在线教学平台的功能和容量、重新分配教材和教辅资料的电子版等,以保障教学的顺利进行。

第三节 建立教学资源优先级排序机制

一、明确教学资源的分类

(一)硬件资源分类

1.基础教学设施:包括教室、桌椅、黑板等最基本的教学场所和设备。这些是开展教学活动的基础条件,确保每个班级都有合适的教学空间和基本的教学工具。

2.专业教学设备:如物理实验室的实验仪器(示波器、电流表等)、化学实验室的试剂和实验器具、生物实验室的显微镜和标本等。这些设备是进行学科专业教学和实验的关键资源,对于培养学生的实践操作能力和学科知识理解至关重要。

3 现代教育技术设备:多媒体教室的投影仪、电子白板、计算机房的电脑设备、校园网络系统等。它们在支持多样化教学方式(如多媒体教学、在线教学等)方面发挥着重要作用,能够丰富教学内容的呈现形式,提高教学效率。

(二)软件资源分类

1.教材与教辅资料:教材是教学的核心文本依据,规定了教学的内容和范围。教辅资料包括与教材配套的练习册、教学参考书、实验手册等,用于辅助学生巩固知识和教师备课。

2.数字教学资源:在线课程平台、教育软件(如数学建模软件、语言学习软件)、电子图书和期刊数据库等。这些资源提供了丰富的学习素材和互动学习环境,有助于满足学生的个性化学习需求和教师的创新教学。

二、确定优先级排序的考量因素

(一)学科重要性

1.课程标准要求:依据国家颁布的高中课程标准,确定各学科在学生知识体系构建和能力培养中的地位。例如,语文、数学、英语作为基础学科,对于学生的语言表达、逻辑思维和跨文化交流等能力的培养至关重要,通常应给予较高的优先级。这些学科的教学资源分配要保证充足,以确保学生能够扎实地掌握基础知识和基本技能。

2.学科关联度:考虑学科之间的相互关联和支撑关系。例如,物理和数学在力学、电磁学等领域紧密联系,化学和生物在分子结构、物质变化等方面相互交叉。在分配资源时,对于那些能够为多个学科提供基础支持的学科,如数学,应适当提高优先级,因为它的教学资源质量和数量会影响到其他相关学科的教学效果。

(二)教学目标达成的关键程度

1.知识传授与能力培养重点:分析教学目标中知识传授和能力培养的重点内容,确定与之相关的教学资源的优先级。例如,在高中地理教学中,对于培养学生地理空间思维能力的教学资源(如地理信息系统软件、立体地形模型等),如果这些资源对于实现该教学目标具有不可替代的作用,那么就应该给予较高的优先级。

2.升学考试与综合素质评价影响:考虑高考、学业水平考试等升学考试的要求,以及综合素质评价对学生发展的影响。对于高考科目,确保教学资源能够满足学生应对考试的需求,如提供高质量的复习资料和模拟试题库。同时,也要重视那些对学生综合素质评价有重要贡献的学科和教学活动所需的资源,如社会实践活动的场地和指导教师、艺术体育课程的器材和训练设施等。

(三)学生需求的迫切性

1.学习困难与兴趣激发:通过教师观察、学生反馈和学习成绩分析等方式,了解学生在学习过程中遇到的困难和兴趣点。对于学生普遍感到困难的学科知识或技能,优先分配有助于解决这些困难的教学资源。例如,如果学生在高中英语的语法学习上存在较大困难，那么可以优先提供语法专项训练资料和学习软件。同时，对于能够激发学生学习兴趣的资源，如科普类的数字图书、趣味实验器材等，也应根据学生的兴趣需求及时提供。

2.个性化学习支持：考虑学生的个体差异和个性化学习需求。对于有特殊学习需求的学生（如学习障碍学生、资优学生），分配相应的特殊教学资源，如为阅读障碍学生提供有声教材，为资优学生提供拓展性学习项目和高级课程资源。

（四）构建优先级排序的具体方法

1.权重赋值法

确定考量因素的权重：根据学校的教育理念、教学目标和实际情况，为学科重要性、教学目标达成的关键程度、学生需求的迫切性等考量因素分配权重。例如，对于一所注重学生综合素质培养的学校，可能会将学科重要性的权重设为40%，教学目标达成的关键程度设为30%，学生需求的迫切性设为30%。

对各教学资源进行评分：针对每个教学资源，按照不同的考量因素进行评分。例如，对于物理实验室的示波器，从学科重要性角度看（物理学科重要且示波器是物理实验教学的关键设备）可以打8分，从教学目标达成关键程度（对于理解交流电等知识至关重要）打7分，从学生需求迫切性（学生对物理实验兴趣较高且示波器能有效帮助学习）打7分。

计算综合得分并排序：根据权重计算每个教学资源的综合得分。以示波器为例，综合得分 $=8 \times 40\%+7 \times 30\%+7 \times 30\% =7.4$。通过计算所有教学资源的综合得分，按照得分高低进行优先级排序。

2.层次分析法（AHP）

建立层次结构模型：将教学资源优先级排序问题分为目标层（确定教学资源优先级）、准则层（学科重要性、教学目标达成关键程度、学生需求迫切性等）和方案层（各种具体的教学资源）。

构造判断矩阵：通过专家咨询（如学科教师、教育管理人员等）或小组讨论的方式，比较准则层各因素之间的相对重要性，构造判断矩阵。例如，比较学科重要性和教学目标达成关键程度，确定它们之间相对重要性的比例关系，构建相应的数值矩阵。

计算权重向量和一致性检验：通过数学计算求出各准则层因素的权重向量，并进行一致性检验，确保判断矩阵的合理性。然后，根据权重向量和方案层对准则层各因素的相对重要性评价，计算每个教学资源的综合权重，从而确定优先级顺序。

3.成本、效益分析法

评估教学资源的效益：从教学效果提升、学生能力培养、教师教学便利等方面评估教学资源的效益。例如，一套新的数学教学软件可能会使学生的数学成绩平均提高一定分数，或者使教师备课时间缩短一定比例，这些都可以作为效益指标。

核算教学资源的成本：考虑教学资源的购买成本、使用成本（如设备维护费用、软件更新费用）、培训成本（如果需要教师和学生进行培训才能使用）等。

比较成本与效益：计算每个教学资源的成本－效益比，比值越低说明效益相对越高，优先级可以相应提高。例如，比较购买一套物理实验仪器和一套在线物理课程平台的成本－效益比，根据比较结果确定它们的优先级顺序。

四、定期评估与动态调整

(一)定期评估机制

1.设立评估周期：根据学校的教学安排和资源更新情况，设定合理的评估周期。例如，可以每学期或每年对教学资源优先级排序进行一次全面评估。

2.收集评估数据：通过教师教学反馈、学生学习体验调查、教学成果数据分析等方式收集评估数据。例如，了解教师在使用教学资源过程中遇到的问题，如资源是否满足教学要求、是否需要更新或补充；收集学生对教学资源的满意度和学习效果的反馈，如是否对学习有帮助、是否激发了学习兴趣等。

(二)动态调整策略

1.根据变化调整优先级：根据评估结果和学校教学情况的变化（如课程

改革、教学方法创新、学生需求变化等），及时调整教学资源的优先级。例如，如果学校新开设一门特色课程，或者某种教学资源已经不能满足教学需求（如设备老化、软件内容过时），就要重新评估其优先级并进行相应的调整。

2.灵活应对突发情况：在遇到突发情况（如自然灾害、公共卫生事件等）时，能够快速调整教学资源优先级，以适应特殊时期的教学需求。例如，在某些情况下，线上教学资源的优先级会大大提高，学校需要优先保障网络设备、在线教学平台和电子教材等资源的供给和质量。

第四节 确保教学资源优先级排序机制的公正性和透明度

一、建立公正的决策主体与流程

（一）组建多元决策团队

1.成员构成多元化：成立一个包含学校管理层、各学科教研组长、教师代表、学生代表和家长代表的教学资源优先级排序决策团队。学校管理层能够从学校整体发展战略和资源分配宏观角度提供意见；教研组长熟悉学科教学需求和专业发展方向；教师代表可以反馈教学一线实际情况；学生代表能够表达学生的直接学习需求；家长代表则从关注学生成长和教育投资的角度参与决策。

2.专业培训与引导：对决策团队成员进行培训，包括教育政策法规、教学资源评估知识、排序机制原理等内容。例如，让成员了解国家关于高中教育资源配置的政策要求，掌握如何评估教学资源对教学目标实现的价值，以及排序机制所涉及的各种考量因素和方法。同时，引导成员树立公正公平的决策意识，避免个人偏见和利益冲突。

（二）制定透明的决策流程

1.流程步骤明确化：详细规定教学资源优先级排序的决策流程。首先是需求收集阶段,通过问卷调查、访谈、学科教学研讨会等方式收集各方对于教学资源的需求信息;接着是资源评估阶段,按照既定的考量因素(如学科重要性、教学目标达成的关键程度、学生需求的迫切性等)对教学资源进行评估;然后是排序计算阶段,运用权重赋值法、层次分析法等科学方法计算资源优先级;最后是结果公示和反馈阶段。

2.过程记录与存档:对决策过程中的每一个环节进行记录,包括收集的需求信息、评估的标准和结果、排序计算的依据和过程等内容。这些记录要进行妥善存档,以便后续查询和审计。例如,记录每次学科教学研讨会的会议纪要,其中包含各学科教师提出的教学资源需求和理由;保存资源评估表格,显示每种资源在不同考量因素下的得分情况。

二、信息公开与沟通

(一)信息公开渠道建设

1.建立校内资源信息平台:创建一个专门的校内教学资源信息平台,将教学资源的基本信息、优先级排序的考量因素、排序过程和结果等内容向全校师生和家长公开。在平台上,详细介绍每种教学资源的名称、用途、现有数量、质量状况等基本情况;说明优先级排序所依据的学科重要性、教学目标、学生需求等因素的具体标准;展示排序计算的方法和过程,以及最终的优先级排序结果。

2.定期发布更新信息:定期更新平台上的信息,包括教学资源的新增、减少、更新情况,以及优先级排序的动态调整情况。例如,当学校新购买了一批实验设备或者更新了某种数字教学资源时,及时在平台上发布信息,说明这些资源的特点和用途,以及它们在优先级排序中的位置变化情况。

(二)加强沟通与解释工作

1.多种沟通方式结合:采用多种沟通方式,如组织说明会、发布通告、设立咨询邮箱等,向师生和家长解释教学资源优先级排序机制。在说明会上,详细介绍排序机制的目的、意义、方法和流程,解答与会者的疑问;通过发布通告,及时传达排序结果和相关重要信息;设立咨询邮箱,收集各方对于排序机制和结果的反馈意见,并及时回复。

2.主动回应关切问题:主动关注师生和家长对于教学资源优先级排序的关切问题,及时进行回应。例如,如果有教师对某一学科教学资源的优先级排序结果提出质疑,要认真听取其意见,重新审视排序过程和依据,必要时进行重新评估和调整,并将处理结果及时反馈给教师。

三、监督与反馈机制

（一）内部监督机制建立

1.成立监督小组:学校内部成立一个专门的教学资源优先级排序监督小组,成员包括学校纪检部门人员、教师代表和学生代表。监督小组负责对排序决策过程和结果进行监督,检查是否存在违规操作、不公正行为和不合理的排序情况。

2.定期检查与审计:监督小组定期对排序机制的运行情况进行检查和审计。检查内容包括决策团队的工作记录、信息公开情况、排序计算的准确性等方面。例如,查看决策团队是否按照规定的流程进行资源评估和排序,信息公开平台上的内容是否及时、准确,排序计算过程中是否存在数据错误或人为操纵的情况。

（二）外部反馈渠道畅通

1.接受社会监督:向社会公开学校教学资源优先级排序机制的相关信息,包括决策流程、排序结果等内容,接受社会各界的监督。例如,通过学校官方网站、社交媒体账号等渠道发布信息,鼓励家长、教育专家和社会公众对排序机制提出意见和建议。

2.反馈意见处理与改进:对于来自内部和外部的反馈意见进行认真处理,将其作为改进排序机制的重要依据。对于合理的意见和建议,及时采纳并对排序机制进行调整;对于误解或不实的反馈,要及时进行解释和澄清。通过不断改进,确保排序机制的公正性和透明度得到持续提升。

第五节 确定各学科的资源优先级排序

一、基于学科核心价值评估

(一)分析学科在课程体系中的地位

1.基础学科优先原则:语文、数学、英语作为高中教育的核心基础学科,在学生知识构建和能力培养方面起着关键作用。它们是学习其他学科的工具性学科,为学生的思维发展、信息获取和交流提供基础。例如,数学的逻辑思维能力和计算能力是物理、化学等学科学习的必备条件,因此在资源分配上通常应给予较高优先级。

2.学科关联性考量:除基础学科外,分析各学科之间的关联紧密程度。例如,物理和化学在物质的结构与性质、能量转换等方面相互交叉;生物与化学在分子生物学、生物化学领域联系紧密。对于那些能为多个学科提供知识和方法支撑的学科,其资源优先级也应相对较高。如化学学科的实验仪器和理论知识,对于生物实验中的化学分析和物理学科中的材料化学部分都具有重要价值。

(二)考量学科对学生综合素质培养的贡献

1.学科的育人价值:从学科核心素养角度分析各学科对学生综合素质的培养作用。例如,语文学科有助于提升学生的语言表达、文学鉴赏和文化传承等素养;历史学科能培养学生的时空观念、史料实证和家国情怀等素养。那些对学生价值观塑造、思维拓展和实践能力培养贡献显著的学科,如思想政治学科在价值观引导方面的重要性,在资源排序时应得到重点关注。

2.跨学科能力培养:关注学科在跨学科学习和综合实践活动中的作用。例如,地理学科在环境科学、区域可持续发展等跨学科主题研究中具有引领性作用。对于开展跨学科项目所需的学科资源,如地理信息系统(GIS)软件在地理与信息技术融合的学习活动中的应用,应根据其在跨学科教学中的关键程度进行优先级排序。

二、结合教学目标与需求分析

(一)梳理学科教学目标的层次与重点

1.课程标准导向:依据高中课程标准,明确各学科的知识与技能、过程与方法、情感态度与价值观目标。对于重点知识模块和关键能力培养目标相关的教学资源给予优先考虑。例如,在物理学科中,牛顿运动定律和电磁感应原理是重点知识内容,与之对应的实验设备、教学课件和课外拓展资料等资源应排在较高优先级。

2.分层教学目标考虑:考虑分层教学目标,如针对基础薄弱学生的巩固性资源、中等水平学生的拓展性资源和优秀学生的挑战性资源。根据学生的实际学习情况和学校的教学定位,合理确定各层次资源的优先级。例如,在数学学科,对于数学基础较薄弱的学生,基础运算练习册和概念讲解视频等资源应优先保障,以帮助他们打好基础。

(二)调查学科教学的实际需求

1.教师视角的需求调查:通过学科教师的教学反馈和需求申报,了解各学科在教学过程中的资源需求。例如,教师在化学实验教学中可能需要更多的新型实验试剂和高精度的实验仪器来开展探究式教学;语文教师可能需要丰富的文学作品电子资源和写作指导软件来提升学生的写作能力。

2.学生视角的需求调查:通过学生问卷、学习小组讨论和学习困难反馈等方式,收集学生对学科教学资源的需求。例如,学生在学习英语听力时可能需要更多的原声听力材料和听力训练软件;在学习生物学科时,学生可能希望有更多的实物标本和微观结构模型来帮助理解抽象的生物知识。

三、考虑资源投入与产出效益

(一)评估资源投入成本

1.经济成本核算:计算各学科教学资源的购买成本、维护成本和更新成本。例如,物理实验室的大型实验设备(如电子显微镜)购买价格高昂,且维护和更新费用不菲;而一些数字教学资源(如在线课程平台账号)可能购买成本较低,但每年需要支付一定的软件授权费用。在资源优先级排序时,要综合考虑学校的经济承受能力和资源投入的性价比。

2.时间和人力成本估算:考虑资源投入所涉及的教师培训时间和精力、学生学习时间分配等人力成本。例如,引入一套新的复杂教学软件可能需要教师花费大量时间进行培训和学习,同时学生也需要时间来适应新的学习方式。对于那些时间和人力成本较高的资源,要谨慎评估其必要性和优先级。

(二)预测资源产出效益

1.教学效果提升评估:从短期和长期两个维度预测资源投入对教学效果的提升作用。例如,为数学学科配备数学建模软件,短期内可以提高学生解决实际数学问题的能力,长期来看有助于培养学生的数学应用意识和创新思维。通过对比不同学科资源投入后的预期教学效果,如学生成绩提升、学习兴趣增强、实践能力提高等方面,来确定资源优先级。

2.学科发展促进作用考量:考虑资源对学科建设和发展的促进作用。例如,为学科教研活动提供专项经费,支持教师参加学术会议和开展教学研究,这将有助于学科教学方法的创新和教师队伍的专业成长,进而推动学科的整体发展。对于对学科发展有重要战略意义的资源,应给予较高优先级。

四、引入权重赋值与综合评价方法

(一)确定评估因素的权重

1.专家咨询法确定权重:邀请教育专家、学科骨干教师和教学管理人员等组成专家团队,通过德尔菲法等方式,对学科地位、教学目标、资源成本与效益等评估因素赋予权重。例如,经过专家讨论和多轮反馈,确定学科地位占 30%、教学目标占 40%、资源成本与效益占 30% 的权重分配方案。

2.根据学校战略调整权重:学校可以根据自身的教育理念、发展战略和学生培养目标,灵活调整各评估因素的权重。例如,对于一所注重学科竞赛和创新人才培养的学校,可以适当提高学科对学生综合素质培养贡献这一因素的权重,以突出对相关学科资源的支持。

(二)综合评价各学科资源优先级

1.建立综合评价模型:根据确定的评估因素和权重,建立综合评价模型。例如,假设某学科的学科地位得分为 A(满分 100)、教学目标得分为 B、资源成本与效益得分为 C，该学科的综合得分 $S = 0.3A + 0.4B + 0.3C$。通过计算各学科的综合得分，对各学科教学资源进行优先级排序。

2.动态调整排序结果：随着教学实践的开展、学科发展的变化和资源情况的更新，定期(如每学期或每年)重新评估和调整各学科资源优先级排序结果。例如，当某学科的课程标准发生重大变化，或者学校新引入了一种高效的教学资源模式时，要及时更新评估因素和权重，重新计算综合得分，以确保资源优先级排序的科学性和合理性。

第六节　教学对管理的反馈与促进

一、教学质量反馈

(一)学生学习成果反馈

1.学业成绩分析：学生的考试成绩是教学质量的重要体现。教师可以通过对学生成绩的详细分析，如平均分、及格率、优秀率等数据，向管理部门反馈教学效果。例如，在高中数学教学中，如果某班级学生在立体几何部分的考试成绩普遍较低，这可能暗示教学进度过快、教学方法不适合或者教材内容讲解不够深入等问题，为管理部门调整教学策略提供依据。

2.能力提升评估：除了学业成绩，学生在实践能力、创新思维、团队协作等方面的发展也是教学质量的关键指标。教师可以通过观察学生在实验操作、项目式学习、小组讨论等活动中的表现，评估学生能力的提升情况，并反馈给管理部门。比如，在物理实验课中，发现学生在实验设计和数据分析环节存在困难，这就需要管理部门考虑是否加强实验教学资源的投入或者对教师进行相关培训。

(二)教学过程反馈

1.课堂教学观察反馈：教师可以向管理部门反馈课堂教学过程中的实际情况，包括学生的课堂参与度、师生互动效果、教学方法的有效性等。例如,在英语课堂上,如果发现学生对传统的语法讲解方式兴趣不高,参与互动的积极性较低,管理部门就可以根据这一反馈,鼓励教师尝试新的教学方法,如情境教学法或游戏化教学法。

2.作业批改与辅导反馈:作业是教学过程的重要环节,教师通过对作业批改情况和学生辅导需求的反馈,能够让管理部门了解学生对知识的掌握程度和学习困难所在。例如,语文教师发现学生在作文写作中普遍存在立意不明确的问题,经过多次辅导效果仍不明显,这就需要管理部门协调语文组教师共同研讨解决方案,如开展专项写作训练或邀请专家举办讲座。

二、教师发展需求反馈

(一)专业成长需求反馈

1.培训内容需求反馈:教师根据自身的学科发展和教学实践,向管理部门反馈所需的专业培训内容。例如,随着教育技术的不断更新,高中地理教师可能需要学习地理信息系统(GIS)软件的应用培训,以更好地开展教学。教师可以详细说明培训的主题、深度和预期效果,帮助管理部门有针对性地组织培训活动。

2.教学研究支持需求反馈:教学研究对于教师的专业成长和教学质量提升具有重要的意义。教师可以反馈在教学研究过程中所需要的支持,如研究经费、研究时间、研究设备等。例如,化学教师在进行一项关于新型实验教学模式的研究时,需要购买特定的实验试剂和仪器,同时希望能够减少一定的教学课时,以便有足够的时间开展研究,这些需求都可以反馈给管理部门。

(二)职业发展环境反馈

1.团队合作氛围反馈:教师团队的合作氛围直接影响教学工作的开展。教师可以向管理部门反馈在学科组内或跨学科团队合作中的体验,如是否存在沟通不畅、协作困难等问题。例如,在综合实践活动课程的跨学科教学中,教师可能反馈不同学科教师对课程目标和教学方法的理解存在差异,影响了教学效果,这就需要管理部门加强团队建设和沟通协调。

2.评价与激励机制反馈:学校的教师评价和激励机制对教师的工作积

极性和职业发展有着重要的影响。教师可以根据自己的感受和期望,对评价标准、激励措施等方面进行反馈。例如,教师可能认为当前的教学评价过于注重学生的考试成绩,而忽视了教学过程中的创新和学生综合素质的培养,希望管理部门能够调整评价机制,建立更加全面、公正的评价体系。

三、教学资源反馈

(一)硬件资源反馈

1.设施设备使用反馈:教师在使用教学设施和设备的过程中,可以向管理部门反馈其性能、数量、适用性等方面的问题。例如,在使用多媒体教室时,教师可能发现投影仪的亮度不够,影响教学展示效果;或者电脑配置较低,无法满足一些复杂软件的运行要求,这些问题都需要及时反馈给管理部门,以便进行设备的维修、更新或升级。

2.空间资源利用反馈:教学空间的合理利用也是教学管理的重要内容。教师可以根据教学实际需求,对教室、实验室、专用教室等空间的布局和分配进行反馈。例如,在开展小组合作学习的过程中,教师可能发现教室的桌椅摆放不利于学生进行小组讨论,希望管理部门能够调整教室的布局,提供更加灵活的空间环境。

(二)软件资源反馈

1.教材与教辅资料反馈:教师对教材和教辅资料的质量、内容、难度等方面有着最直接的体验。他们可以向管理部门反馈教材是否符合教学大纲要求、内容是否新颖、与实际教学的衔接是否紧密等问题。例如,高中生物教师可能发现教材中的某些知识点讲解过于简略,需要补充更多的案例和拓展内容,或者教辅资料中的练习题难度过高,不符合学生的实际水平,这些反馈可以帮助管理部门选择更合适的教材和教辅资料。

2.数字资源反馈:随着数字教学资源的日益丰富,教师在使用在线课程平台、教育软件、电子图书等资源时,也会产生各种反馈。例如,教师可能反馈某在线学习平台的功能不够完善,无法满足个性化教学的需求;或者某教育软件的内容更新不及时,与最新的教学理念和方法脱节,管理部门可以根据这些反馈与资源供应商沟通或寻找更好的替代资源。

四、教学对管理的促进作用

（一）优化管理决策

1.基于教学反馈的决策调整：管理部门根据教师和学生的教学反馈，及时调整管理决策。例如，当教师反馈学生在某一学科的学习困难较多时，管理部门可以决定调整教学进度、组织学科教师集体备课或者邀请专家进行指导。

2.前瞻性管理决策支持：教学过程中的新趋势和新需求也能够为管理部门提供前瞻性决策的依据。例如，随着教育技术在教学中的广泛应用，教师对信息化教学设备和资源的需求不断增加，管理部门可以提前规划学校的信息化建设，加大在这方面的投入，为教学改革和创新提供有力的支持。

（二）提升管理水平

1.促进管理理念更新：教学实践中的新观念和新方法能够促使管理部门更新管理理念。例如，当教师在教学中广泛采用以学生为中心的教学方法，如项目式学习、探究式学习等，管理部门也需要转变管理理念，从传统的注重教学秩序和成绩管理，转变为更加关注学生的自主学习和全面发展，从而推动学校管理水平的提升。

2.完善管理机制：教学反馈能够帮助管理部门发现管理机制中的漏洞和不足，进而加以完善。例如，教师对评价和激励机制的反馈可以促使管理部门重新审视和优化教师评价体系，建立更加科学、公正的激励机制，充分调动教师的工作积极性，提高学校的整体教学质量。

第七节 如何处理学生和家长对教学的反馈

一、建立有效的反馈渠道

（一）多样化反馈方式

1.问卷调查：定期向学生和家长发放问卷调查，涵盖教学内容、教学方法、教师表现、学习环境等多个方面。问卷设计应简洁明了,问题具有针对性,方便学生和家长快速准确地表达意见。例如,在高中英语教学的问卷调查中,可以设置问题如"你对英语老师的口语教学方法是否满意?""英语课堂上的小组活动对你的学习有帮助吗?"等。

2.在线反馈平台:建立专门的在线反馈平台,学生和家长可以随时登录提交反馈意见。平台应具备良好的用户体验,操作简便,同时保证反馈信息的保密性。例如,设置匿名反馈功能,让学生和家长能够毫无顾忌地表达真实想法。

3.家长会与学生座谈会:定期召开家长会和学生座谈会,面对面听取家长和学生的意见和建议。家长会可以安排在学期中或学期末,由班主任和学科教师介绍教学情况,然后听取家长的反馈。学生座谈会可以分年级或班级进行,由学校领导或教学管理人员主持,鼓励学生畅所欲言。

(二)宣传与引导

1.告知反馈重要性:通过学校官网、班级群、家长会等渠道,向学生和家长宣传反馈对教学的重要性,让他们认识到自己的意见能够促进教学质量的提升。例如,在学校官网发布文章,介绍以往根据学生和家长反馈进行教学改进的成功案例,激发他们积极参与反馈的热情。

2.指导反馈方法:为学生和家长提供反馈的方法和技巧指导,使他们的反馈更加具体、有建设性。例如,在发放问卷调查时,附上填写说明,解释每个问题的意图和回答要求;在家长会上,向家长介绍如何从学习态度、学习方法、学习效果等方面观察孩子的学习情况,并提出针对性的反馈意见。

二、及时收集与整理反馈信息

(一)快速响应反馈

1.设定反馈处理时间:明确规定反馈信息的处理时间,让学生和家长感受到学校对他们意见的重视。例如,对于在线反馈平台上的信息,承诺在48小时内给予初步回复;对于问卷调查和家长会、学生座谈会上收集的反馈,在一周内进行整理和分析。

2.专人负责反馈收集:学校安排专人负责收集学生和家长的反馈信息,

确保反馈渠道畅通无阻。这个人可以是教学管理人员、班主任或特定的反馈收集员,他们要及时查看反馈渠道,记录反馈内容,并将重要反馈及时转达给相关领导和教师。

(二)分类整理反馈

1.按反馈内容分类:将反馈信息按照教学内容、教学方法、教师表现、学习环境等方面进行分类整理。例如,把关于数学教学内容难度大的反馈归为一类,把对语文老师教学方法单一的反馈归为另一类,以便有针对性地进行分析和处理。

2.按反馈重要性分级:根据反馈的紧急程度和影响范围,对反馈信息进行分级。例如,对于涉及学生安全、教学重大失误等紧急重要的反馈,列为一级反馈,立即进行处理;对于一般性的教学方法改进建议等反馈,列为二级反馈,在合理时间内进行处理。

三、认真分析与处理反馈信息

(一)深入分析反馈原因

1.教师自我反思:将学生和家长的反馈传达给相关教师,要求教师进行自我反思。教师要结合反馈内容,分析自己在教学过程中存在的问题及原因。例如,英语老师收到学生反馈口语教学枯燥乏味,就需要反思自己的教学方法是否过于传统,是否缺乏互动性和趣味性,从而找出问题的根源。

2.团队讨论分析:组织学科组教师或相关管理人员进行团队讨论,共同分析反馈信息。通过不同视角的交流和碰撞,挖掘反馈背后的深层次问题。例如,针对学生反映的物理实验课设备不足的问题,物理学科组教师和实验室管理人员一起讨论,分析是设备采购不足、设备维护不善还是教学安排不合理导致的问题,以便制定出切实可行的解决方案。

(二)制定改进措施

1.针对具体问题制定措施:根据反馈分析结果,制定具体的改进措施。对于教学内容方面的问题,可以调整教学进度、优化教材选择或补充课外拓展资源;对于教学方法的问题,可以组织教师培训、开展教学观摩活动或鼓励教师尝试新的教学方法;对于教师表现的问题,可以加强教师师德师风建设、建立教师评价与激励机制等。例如,针对学生反映历史课记忆内容多、学习压力大的问题,可以调整教学方法,采用思维导图、故事讲述等方式帮助学生记忆,同时适当减少记忆性内容的考核比重,增加分析和理解性问题的考查。

2.与学生和家长沟通改进措施:将制定的改进措施及时反馈给学生和家长,征求他们的意见和建议。通过沟通,让他们了解学校对反馈的重视和积极改进的态度,增强他们对学校教学管理的信任。例如,学校在制定了解决物理实验课设备不足问题的措施后,可以通过家长会或班级群向家长和学生说明学校将增加设备采购预算、优化实验课教学安排等措施,并欢迎他们继续提出宝贵意见。

四、持续跟踪与评估反馈处理效果

(一)建立反馈跟踪机制

1.定期回访:对学生和家长进行定期回访,了解他们对改进措施的满意度和进一步的需求。回访可以通过问卷调查、电话访谈或再次召开家长会、学生座谈会等方式进行。例如,在实施改进措施一个月后,发放回访问卷,询问学生和家长对教学改进的感受和建议。

2.观察与记录:教学管理人员和教师要密切观察学生的学习状态和表现,记录改进措施实施后的变化。例如,观察学生在课堂上的参与度、作业完成情况、考试成绩等方面的变化,判断改进措施是否有效。

(二)评估反馈处理效果

1.量化评估指标:制定量化的评估指标,对反馈处理效果进行评估。例如,可以用学生满意度提升百分比、学习成绩进步幅度、教师教学评价得分提高值等指标来衡量反馈处理的效果。

2.总结与调整:根据跟踪和评估结果,总结反馈处理的经验教训,对改进措施进行调整和完善。如果发现改进措施效果不明显,要及时分析原因,重新制定更加有效的措施。例如,经过评估发现学生对历史课教学改进的满意度不高,学校要重新分析问题,可能需要进一步调整教学方法或增加教学资源投入,以持续提升教学质量。

第八节 协同发展的机制与策略

一、协同发展的重要性与意义

(一)提升整体教育质量

1.资源整合与优化:通过协同发展,学校各部门、教师、学生和家长能够整合各类教学资源,避免资源的重复投入和浪费。例如,教学管理部门、学科教研组和图书馆可以协同合作,根据教学需求采购和推荐适合的教材、教辅资料和图书资源,为教师的教学和学生的学习提供丰富的知识来源。同时,实验室、多媒体教室等硬件设施也可以在不同学科之间共享,提高资源的利用率。

2.教学方法创新:不同学科的教师之间、教师与教学管理人员之间的协同合作,可以促进教学方法的创新和交流。例如,数学教师和物理教师可以共同探讨如何运用数学建模的方法解决物理问题,从而提高学生的综合应用能力。教师和教学管理人员也可以一起探索新的教学模式,如翻转课堂、项目式学习等,以适应新时代学生的学习需求。

(二)促进学生全面发展

1.跨学科学习体验:协同发展有助于打破学科界限,为学生提供跨学科的学习体验。例如,在组织综合实践活动时,语文、历史、地理等学科的教师可以共同设计一个以 "家乡文化探寻"为主题的项目,让学生通过实地考察、文献研究、写作报告等方式,综合运用多个学科的知识和技能,培养学生的综合素养和创新思维。

2.个性化教育支持:教师、家长和教学管理人员的协同合作可以更好地了解学生的个性特点和学习需求,为学生提供个性化的教育支持。例如,班主任、学科教师和家长可以定期沟通,共同关注学生的学习情况和心理状态,针对学生的问题制订个性化的学习计划和辅导方案。教学管理人员也可以根据学生的兴趣爱好和特长,组织各类社团活动和竞赛,为学生的个性发展提供平台。

二、协同发展的机制构建

(一)沟通与协调机制

1.定期会议制度:建立学校各部门、教师、学生和家长之间的定期会议制度,为各方提供交流和沟通的平台。例如,每月召开一次教学工作会议,由教学管理人员、学科教研组长和教师代表参加,讨论教学计划、教学方法、教学资源分配等问题;每学期召开一次家长会,向家长汇报学生的学习情况,听取家长的意见和建议。

2.信息共享平台:搭建信息共享平台,方便各方及时了解学校的教学动态、学生的学习情况和教育政策法规等信息。例如,建立学校内部的教学管理系统,教师可以在上面发布教学计划、作业布置、考试安排等信息,学生和家长可以随时查看自己的学习进度和成绩。同时,平台还可以提供教育资讯、教学资源下载等服务,为教师的教学和学生的学习提供便利。

(二)合作与激励机制

1.项目合作机制:鼓励学校各部门、教师、学生和家长之间开展项目合作,共同解决教学和管理中的问题。例如,教学管理部门可以组织教师和学生共同参与校本课程开发项目,让教师发挥专业优势,学生提供创意和需求,共同打造具有学校特色的课程体系。家长也可以参与学校的志愿服务项目,如图书馆管理、校园文化建设等,为学校的发展贡献力量。

2.激励措施制定:制定激励措施,鼓励各方积极参与协同发展。例如,对在教学改革、课程开发、学生辅导等方面表现突出的教师给予表彰和奖励,如颁发荣誉证书、提供培训机会、增加绩效工资等;对积极参与学校活动、支持学校工作的家长和学生也可以给予一定的奖励,如评选优秀家长、优秀学生等,激发他们的积极性和主动性。

(三)评估与反馈机制

1.评估指标体系建立:建立科学合理的评估指标体系,对协同发展的效果进行评估。评估指标可以包括教学质量提升、学生综合素质发展、教师专业成长、家长满意度等方面。例如,通过学生的学业成绩、综合素质评价结果、教师的教学反思和家长的问卷调查等数据,综合评估协同发展的成效。

2.反馈渠道畅通:建立畅通的反馈渠道,及时收集各方对协同发展的意见和建议。例如,在信息共享平台上设置反馈专区,让教师、学生和家长可以随时发表自己的看法和建议;教学管理人员也可以定期组织座谈会,听取各方的反馈意见,及时调整协同发展的策略和措施。

三、协同发展的策略实施

(一)教师专业发展协同策略

1.教师培训与交流:组织教师参加各类培训和学术交流活动,提高教师的专业素养和教学水平。例如,邀请教育专家来校讲学,组织教师参加教学研讨会、观摩课等活动,让教师了解最新的教育理念和教学方法。同时,鼓励教师之间开展教学交流和合作,分享教学经验和教学资源,共同提高教学质量。

2.教研团队建设:加强学科教研团队建设,促进教师之间的合作与交流。例如,建立学科教研小组,定期开展教研活动,共同研究教学问题、制订教学计划、开发教学资源。教研团队还可以与其他学校的教研团队开展合作交流,共同探索教学改革的新路径。

(二)学生学习支持协同策略

1.学习辅导与指导:教师、家长和教学管理人员共同为学生提供学习辅导和指导,帮助学生解决学习中遇到的问题。例如,教师可以在课堂上加强对学生的个别辅导,家长可以在家中关注学生的学习情况,及时给予鼓励和支持,教学管理人员可以组织学习方法讲座、心理咨询等活动,为学生的学习提供全方位的支持。

2.学习环境营造:共同营造良好的学习环境,促进学生的学习和成长。例如,教师可以通过优化课堂教学氛围、布置教室环境等方式,为学生创造积极向上的学习氛围;家长可以为学生提供安静的学习空间、丰富的学习资源,培养学生的良好学习习惯;学校可以加强校园文化建设,开展丰富多彩的校园活动,激发学生的学习兴趣和创造力。

(三)家校合作协同策略

1.家长参与学校管理:邀请家长参与学校的管理和决策,增强家长对学校工作的认同感和支持度。例如,成立家长委员会,让家长代表参与学校的重大决策、监督学校的教学管理和后勤服务等工作。家长还可以参与学校的教学评价,为教师的教学提供反馈和建议。

2.家庭教育指导:学校为家长提供家庭教育指导,帮助家长提高家庭教育水平。例如,组织家长学校、家庭教育讲座等活动,向家长传授家庭教育的方法和技巧,指导家长如何与孩子沟通、如何培养孩子的良好习惯等。同时,学校还可以通过家访、家长会等形式,加强与家长的沟通和联系,共同关注孩子的成长。

第九节 协同发展实施的注意事项

一、目标一致性

(一)明确共同目标

1.在协同发展过程中,学校、教师、学生和家长需要共同明确一个清晰、具体且符合教育理念的目标。例如,对于高中阶段而言,这个目标可能是全面提升学生的学科素养,帮助学生在高考中取得优异成绩,同时培养学生的综合素质,如创新思维、实践能力和社会责任感等。这个目标应该贯穿于教学、管理、学习和家庭支持等各个环节。

2.共同目标的设定要考虑到不同主体的利益和期望。学校希望提升整体教学质量和声誉,教师追求专业成长和教学成就感,学生渴望获得良好的学习体验和学业进步,家长期望孩子能健康成长和取得好成绩。通过沟通和协商,将这些不同的期望整合到一个统一的目标框架中。

(二)分解目标任务

为了确保协同发展能够有效实施,需要将共同目标分解为具体的、可操作的任务,并明确各个主体的职责。例如,为了提升学生的学科素养,学校可以将任务分解为优化课程设置、加强教师培训、开展学科竞赛等;教师负责精心备课、创新教学方法、关注学生个体差异等；学生需要积极参与课堂学习、完成作业、主动拓展学习等；家长则要配合学校监督孩子学习、提供学习资源、营造良好的家庭学习氛围等。

二、角色定位与分工

(一)清晰角色定位

1.每个参与协同发展的主体都应该清楚自己的角色定位。学校作为教育的组织者和管理者，要发挥引领和协调的作用，制定教育政策、规划教学资源、搭建沟通平台等。教师是教学活动的直接实施者，要以学生为中心，传授知识、培养技能、引导学生成长。学生是学习的主体，要主动参与学习过程，发挥主观能动性，积极探索知识。家长是学生教育的重要支持者，要在家庭环境中为学生提供情感支持、学习监督和必要的资源保障。

2.避免角色模糊或越位的情况。例如，学校不能过度干预教师的教学细节，教师不能将教育责任全部推给家长，家长也不能替代教师进行教学活动。明确的角色定位有助于各个主体各司其职，发挥最大的作用。

(二)合理分工协作

在明确角色的基础上，要进行合理的分工协作。例如，在组织一次科技节活动时，学校负责活动的策划、场地的安排和资源的调配；教师根据自己的学科特长，指导学生进行科技项目的设计和展示，如物理教师指导学生制作简易机器人，化学教师指导学生进行化学实验展示等；学生分组参与项目，发挥自己的创意和技能；家长可以协助学生准备材料、提供创意建议，或者参与活动的组织和后勤保障。通过这种分工协作，使活动能够顺利开展，达到预期的教育效果。

三、沟通与信任

(一)建立有效沟通渠道

1.良好的沟通是协同发展的关键。要建立多种有效的沟通渠道，包括定期的会议(如教学研讨会、家长会)、即时通信工具(如学校工作群、班级家长群)、书面报告(如学生成绩报告、教学反馈报告)等。通过这些渠道，学校可以向教师、学生和家长传达教育政策、教学计划等信息；教师可以与学生和家长沟通学习情况、教学要求等;学生和家长也可以及时反馈意见和建议。

2.确保沟通的及时性和准确性。信息传达要避免延迟或误解,特别是在重要事项(如考试安排、课程调整)的沟通上。例如,学校在调整课程表后,要通过多种渠道及时通知教师、学生和家长,并且对调整的原因和影响进行详细说明。

(二)培养相互信任氛围

1.协同发展需要各个主体之间相互信任。学校要相信教师的专业能力,给予教师足够的教学自主权;教师要相信学生的学习潜力,鼓励学生积极参与学习;学生要相信教师的教学引导和家长的支持,认真对待学习;家长要相信学校的教育理念和教师的教学方法,积极配合学校的工作。

2.信任的建立需要时间和实际行动。例如,学校可以通过表彰优秀教师、分享教学成果等方式增强教师的职业自信;教师可以通过关注学生的进步、给予正面评价等方式赢得学生的信任;家长可以通过积极参与学校活动、与教师保持良好沟通等方式表达对学校和教师的信任。

四、资源整合与共享

(一)整合资源优势

协同发展需要整合学校、教师、学生和家长的各种资源优势。学校拥有教学设施、课程资源、师资队伍等资源;教师有自己的专业知识、教学经验和教学资源(如课件、教案);学生有自己的创意、兴趣爱好和特长;家长可以提供社会资源、资金支持和家庭学习环境等。将这些资源整合起来,可以发挥更大的教育效益。例如,学校可以利用教师的专业特长开发校本课程,结合学生的兴趣爱好组织社团活动,借助家长的社会资源开展社会实践活动。通过资源整合,丰富教育内容,拓宽教育渠道。

(二)实现资源共享

建立资源共享机制,使各个主体能够方便地获取和利用资源。学校可以搭建资源共享平台,如校内教学资源库、图书馆电子资源等,供教师和学生使用。教师之间可以分享教学课件、教学案例和教学心得;学生之间可以交流学习资料、学习方法和学习经验;家长也可以分享家庭教育资源和社会资源信息。例如,在一个班级中,学生可以将自己收集的学科拓展资料上传到班级共享文件夹,供其他同学下载学习;教师可以将优秀的教学视频分享到校内平台,供其他教师观摩借鉴。通过资源共享,促进共同进步。

五、评估与调整

(一)建立评估体系

1.为了确保协同发展的有效性,需要建立一套科学合理的评估体系。评估指标可以包括教学质量(如学生成绩、学科竞赛获奖情况)、学生综合素质(如创新能力、实践能力、社会责任感)、教师专业成长(如教学成果、教研论文发表)、家长满意度等多个方面。

2.采用多种评估方法,如定量评估(通过考试成绩、数据统计等)和定性评估(通过问卷调查、访谈等)相结合。例如,对教师教学质量的评估,可以通过学生的考试成绩、课堂表现评价等定量数据,以及学生和家长的满意度调查、教学观摩评价等定性数据进行综合评估。

(二)及时调整策略

1.根据评估结果,及时发现协同发展过程中存在的问题,并调整策略。如果发现某一学科的教学质量不高,可能需要分析是教师教学方法的问题、学生学习动力的问题还是教学资源不足的问题,然后针对性地采取措施,如组织教师培训、开展学习激励活动、增加教学资源投入等。

2.调整策略要充分考虑各个主体的意见和建议,确保调整后的策略能够更好地促进协同发展。例如,在调整课程设置时,要听取教师、学生和家长的意见,综合考虑学科平衡、学生兴趣和高考要求等因素,使调整后的课程更符合教育实际需求。

第十节 教师在协同发展中扮演的角色

一、知识传授者与引导者

(一)学科知识传授

教师是学科专业知识的传播者。在高中教学中,教师要将复杂的学科知识,如数学的函数、几何知识,物理的力学、电磁学原理,化学的元素周期律等,以系统、清晰的方式传授给学生。他们需要精心设计教学内容,根据课程标准和学生的认知水平,将知识点分解成易于理解的部分,通过课堂讲解、演示等方式让学生掌握。例如,在语文教学中,教师会讲解古代诗词的格律、意境,现代文的写作手法、修辞手法等知识。在传授知识的过程中,教师还会运用多种教学方法,如讲解法、讨论法、案例分析法等,以满足不同学生的学习需求。

(二)学习方法引导

教师要引导学生掌握有效的学习方法。对于高中生来说,学习方法的正确与否直接影响学习效果。教师会教导学生如何预习、复习,如何做笔记,如何进行知识归纳总结等。例如,在历史学科中,教师会指导学生如何梳理历史事件的时间脉络、分析事件的因果关系,帮助学生学会用历史思维来理解和记忆知识。教师还会针对不同的学科内容,引导学生采用合适的学习策略。如在英语学习中,教师会鼓励学生通过阅读英文原著、观看英语电影等方式提高阅读和听力能力,并且教导学生如何积累词汇、掌握语法规则,以提升英语综合素养。

二、课程开发者与整合者

(一)校本课程开发

1.教师可以参与校本课程的开发。根据学校的教育理念、学生的兴趣和当地的文化特色,教师能够开发出具有针对性和特色的校本课程。例如,在一些沿海地区的高中,教师可以开发海洋文化相关的校本课程,包括海洋生物、海洋历史、海洋经济等内容,拓宽学生的知识视野。

2.开发校本课程过程中,教师需要进行课程目标的设定、内容的选择与组织、教学方法的设计以及评价方式的确定。他们要充分考虑学生的实际需求和能力水平,使校本课程既具有教育价值又具有吸引力。

(二)跨学科课程整合

1.教师在协同发展中扮演跨学科课程整合的角色。高中阶段的学科知识相互交叉渗透,教师要打破学科界限,将不同学科的知识有机整合。例如,在开展环境保护主题教学时,生物教师可以与化学教师、地理教师合作,从生物多样性、化学污染物、地理环境变化等多个角度进行教学内容整合。

2.教师通过跨学科课程整合,能够帮助学生建立综合的知识体系,培养学生的跨学科思维能力。例如,在一个以"城市规划"为主题的跨学科项目中,数学教师提供数据分析和建模方法,物理教师讲解城市建筑的力学原理,人文社科教师介绍城市文化和社会因素,共同引导学生完成一个综合性的城市规划方案。

三、学生成长的促进者与陪伴者

(一)关注学生全面发展

1.教师要关注学生的全面成长,不仅仅是学业成绩。他们会关注学生的身心健康、品德修养、兴趣爱好等多个方面。例如,教师会观察学生在课堂上的情绪状态,及时发现学生的心理压力或情绪问题,并给予关心和疏导。在品德教育方面,教师会通过课堂教学、班级活动等多种方式,培养学生的社会责任感、团队合作精神和诚信意识。

2.教师还会鼓励学生发展自己的兴趣爱好,支持学生参加各种社团活动、竞赛等。比如,对于有音乐特长的学生,教师会鼓励他们参加学校乐队,并为他们提供必要的时间协调和支持,促进学生在艺术领域的发展。

(二)个性化教育陪伴

1.每个学生都有自己的特点和学习需求,教师要提供个性化的教育陪伴。他们会根据学生的学习进度、学习风格和兴趣爱好,为学生制订个性化的学习计划。例如,对于学习进度较慢的学生,教师会安排额外的辅导时间,采用更适合他们的教学方法,如一对一辅导、小组互助学习等。

2.教师还会陪伴学生度过学习和生活中的困难时期。当学生在学习上遇到挫折,如考试失利、学科学习困难时,教师会耐心地与学生沟通,帮助他们分析原因,树立信心。在学生面临生活中的挑战,如人际关系问题、家庭变故时,教师也会给予情感上的支持和引导。

四、家校合作的联络者与协调者

(一)家校沟通桥梁搭建

1.教师是学校和家庭之间沟通的重要桥梁。他们会定期向家长反馈学生的学习情况,包括学习成绩、课堂表现、学习态度等方面。例如,教师可以通过家长会、家访、电话沟通、家长群等方式,将学生在学校的点滴进步或存在的问题及时告知家长。

2.同时,教师也会了解学生在家庭环境中的学习和生活情况。例如,通过与家长的沟通,教师可以知道学生在家中的学习时间安排、家庭氛围对学生学习的影响等,从而更好地理解学生的学习行为。

(二)家校教育协同协调

1.教师要协调学校教育和家庭教育,使两者形成合力。他们会根据学生的情况,向家长提供家庭教育的建议和指导。例如,对于一些学习习惯不好的学生,教师会与家长一起商讨如何培养学生良好的学习习惯,如制定合理的作息时间表、营造安静的学习环境等。

2.在组织学校活动时,教师也会邀请家长参与,共同促进学生的成长。比如,在亲子运动会、家长进课堂等活动中,教师要协调各方资源,确保活动的顺利开展,让家长更好地了解学校教育理念和学生的在校情况,增强家校合作的紧密性。

五、教育教学研究者与创新者

(一)教学研究与实践

1.教师在协同发展中要积极开展教学研究。他们会研究教学方法、教学内容、教学评价等方面的问题,以提高教学质量。例如,教师可以研究如何在高中数学教学中运用探究式学习方法,通过设计探究性问题、引导学生自主探索和小组合作等方式,提高学生的数学思维能力。

2.教师会将教学研究成果应用于教学实践,并在实践中不断检验和完善。例如,在研究了小组合作学习在英语课堂中的应用后,教师会在自己的班级中进行实践,观察学生的参与度、学习效果等,根据实践反馈对合作学习的分组方式、任务设计等进行调整优化。

(二)教学创新探索

1.教师是教学创新的探索者。他们会关注教育领域的新趋势、新技术,如人工智能在教育中的应用、虚拟现实教学等,并尝试将这些创新元素引入课堂教学。例如,可以利用在线教育平台丰富教学资源,开展线上线下混合式教学;或运用虚拟现实技术,让学生身临其境感受历史场景、科学实验等。

2.通过教学创新,教师能够激发学生的学习兴趣,提高教学效果,同时也为教育的协同发展注入新的活力。例如,在物理实验教学中,教师利用虚拟实验室软件,让学生在虚拟环境中进行实验操作,不仅可以弥补实验设备的不足,还能让学生更自由地探索实验变量,培养学生的创新思维和实践能力。

第八章 高中教育管理与教学创新

第一节 树立先进的管理与教学理念

一、教育管理理念

(一)以学生为中心的管理理念

1.关注学生个体需求:在高中教育管理中,要把学生放在中心位置,充分考虑每个学生的特点、兴趣和需求。例如,学校在制订课程计划时,不仅要满足高考等学业要求,还要考虑学生的兴趣爱好,开设多样化的选修课程,如艺术鉴赏、科技创新等。对于有特殊学习需求的学生,如学习障碍学生或有特长的学生,提供个性化的支持服务,像为学习困难的学生安排专门的辅导老师,为有艺术天赋的学生提供专业的艺术指导。

2.尊重学生主体地位:让学生参与学校管理决策过程,尊重他们的意见和建议。可以设立学生代表大会或学生意见箱,让学生有机会表达对学校规章制度、教学安排、校园设施等方面的看法。例如,在学校食堂的菜品选择上,征求学生的意见,根据学生的反馈调整菜单;在校园文化活动的策划中,邀请学生参与讨论,使活动更符合学生的喜好。

(二)民主与合作的管理理念

1.民主决策机制:建立民主的学校管理决策机制,让教师、学生和家长都能参与到学校事务的决策中来。例如,学校在制定重大政策,如教学改革方案、校园建设规划等时,通过召开教职工代表大会、家长委员会会议、学生座谈会等形式,广泛征求各方意见。在决策过程中,充分考虑不同利益群体的观点,确保决策的科学性和民主性。

2.团队合作精神培养:学校内部各部门之间、教师之间、师生之间都要注重培养合作精神。例如,教学部门和后勤部门紧密合作,确保教学设施的正常运行和教学资源的及时供应;学科教师之间开展集体备课、教学观摩等活动,分享教学经验和教学资源,共同提高教学质量;教师和学生组成项目小组,合作完成研究性学习项目或校园文化建设项目,增进师生之间的情感交流和团队协作能力。

(三)服务与支持的管理理念

1.为教学服务:教育管理的核心任务之一是为教学活动提供优质的服务和支持。学校管理层要确保教师有良好的教学环境和充足的教学资源。例如,及时更新和维护教室的多媒体设备、实验室仪器等硬件设施;合理安排教师的教学任务和时间,避免教师教学负担过重;提供丰富的教学参考资料和培训机会,帮助教师不断提升教学水平。

2.为学生成长服务:管理工作要着眼于学生的成长和发展,提供全方位的支持服务。这包括提供心理咨询服务,帮助学生应对学习压力和心理问题;组织丰富多彩的社团活动和社会实践活动,拓宽学生的视野,培养学生的综合素质;建立完善的学生评价和反馈机制,及时了解学生的学习和生活状况,为学生提供针对性的指导和建议。

二、教学理念

(一)建构主义教学理念

1.知识建构过程:建构主义认为,知识不是简单地由教师传授给学生,而是学生在一定的情境下,借助他人(包括教师和同学)的帮助,利用必要的学习资料,通过意义建构的方式而获得。在高中教学中,教师要为学生创造有利于知识建构的情境。例如,在历史教学中,教师可以通过展示历史文物的图片、播放历史纪录片等方式,为学生创设历史情境,让学生在这种情境中主动探索历史事件的背景、过程和影响,构建自己对历史知识的理解。

2.学习主动性激发:强调学生的学习主动性和积极性。教师要引导学生自主提问、自主探索和自主解决问题。例如,在数学教学中,教师可以提出一个具有启发性的数学问题,如"如何用不同的方法证明勾股定理?"然后让学生分组讨论、自主探索证明方法。在这个过程中,学生通过自己的思考和探索,构建数学知识体系,提高数学思维能力。

(二)个性化教学理念

1.承认个体差异:每个学生都有自己独特的学习风格、学习速度和学习兴趣。教师要充分认识到学生的个体差异,因材施教。例如,在英语教学中,有些学生擅长听力和口语,有些学生则在阅读和写作方面表现出色。教师要根据学生的不同特点,采用不同的教学方法和教学内容。对于听力口语型的学生,可以提供更多的听说练习材料和口语交流机会;对于阅读写作型的学生,可以推荐一些优秀的英语读物,指导他们进行写作训练。

2.个性化学习路径规划:为每个学生规划适合自己的学习路径。教师可以通过对学生的学习情况进行评估,如学习成绩、学习习惯、学习兴趣等方面的分析,为学生制定个性化的学习计划。例如,对于成绩优秀、学有余力的学生,可以推荐参加学科竞赛培训或提前学习更高层次的课程内容;对于学习困难的学生,可以制订基础巩固计划,从最基本的知识和技能开始逐步提升。

(三)融合式教学理念

1.学科融合:打破学科界限,将不同学科的知识和方法有机融合在一起。在高中阶段,许多实际问题需要综合运用多学科知识来解决。例如,在环境科学主题教学中,地理教师可以讲解自然环境的构成和变化,化学教师可以介绍污染物的化学性质和处理方法,生物教师可以讲述生态系统的平衡和破坏,通过学科融合,让学生从多个角度理解环境问题,培养学生的综合思维能力。

2.教学方式融合:将传统教学方式与现代教学技术相融合。教师既不能完全摒弃传统的讲授法,因为它在知识系统讲解方面有优势,同时也要积极引入现代教学技术,如多媒体教学、在线教学、虚拟现实教学等。例如,在物理教学中,教师可以先通过讲授法讲解物理概念和原理,然后利用多媒体动画演示物理现象,最后让学生通过在线虚拟实验室进行实验操作,这样多种教学方式的融合可以提高教学效果。

第二节 高中教育管理与教学创新的策略与途径

一、教育管理策略

（一）建立科学的管理制度

1.明确管理职责：学校管理层应明确各部门、各级管理人员的职责范围，确保管理工作无盲区。例如，教学管理部门负责课程安排、教师教学质量监督等工作；学生管理部门负责学生日常行为规范管理、心理健康教育等工作；后勤管理部门负责校园设施维护、教学资源保障等工作。通过明确职责，提高管理效率。

2.制定规范的管理流程：制定详细的管理流程，确保各项管理工作有序进行。例如，在教师招聘流程中，明确招聘标准、招聘程序、面试环节等；在学生学籍管理流程中，规定学籍注册、转学、休学等手续的办理流程。规范的管理流程有助于减少管理中的随意性和失误。

3.建立有效的监督机制：建立健全监督机制，对管理工作进行全程监督。例如，设立教学督导岗位，对教师的教学过程进行监督和评估；建立学生反馈渠道，及时了解学生对学校管理的意见和建议。通过监督机制，确保管理工作的公正性和有效性。

（二）加强教师队伍管理

1.教师招聘与选拔：制定严格的教师招聘标准，注重教师的专业素养、教育教学能力和师德师风。在招聘过程中，通过笔试、面试、试讲等环节，选拔优秀的教师人才。例如，对于高中数学教师的招聘，除了考查其数学专业知识外，还应考查其教学方法、课堂管理能力等方面。

2.教师培训与发展：为教师提供多样化的培训和发展机会，提高教师的专业水平和教学能力。例如，组织教师参加学科研讨会、教学观摩活动、教育技术培训等；鼓励教师参与教学研究项目，撰写教学论文，提高教师的教育科研能力。同时，为教师制定个人发展规划，帮助教师明确职业发展方向。

3.教师评价与激励:建立科学合理的教师评价体系,对教师的教学工作进行全面评价。评价内容包括教学效果、教学态度、专业发展等方面。根据评价结果,对教师进行激励和奖励,激发教师的工作积极性和创造性。例如,设立优秀教师奖、教学成果奖等,对表现突出的教师进行表彰和奖励。

(三)优化学生管理

1.学生日常行为规范管理:制定学生日常行为规范,加强对学生的纪律教育和行为习惯培养。例如,制定课堂纪律、宿舍管理制度等,规范学生的学习和生活行为。同时,通过班级管理、学生会组织等方式,引导学生自我管理、自我约束。

2.学生心理健康教育:关注学生的心理健康,建立健全心理健康教育体系。例如,开设心理健康教育课程,开展心理咨询服务,举办心理健康教育活动等。通过心理健康教育,帮助学生树立正确的人生观、价值观,提高学生的心理素质和应对挫折的能力。

3.学生综合素质评价:建立科学的学生综合素质评价体系,全面评价学生的德、智、体、美、劳等方面的发展。评价内容包括学业成绩、思想品德、社会实践、艺术素养、体育健康等方面。通过综合素质评价,引导学生全面发展,提高学生的综合素质。

二、教学创新路径

(一)教学方法创新

1.探究式教学:采用探究式教学方法,引导学生主动探索知识,培养学生的创新思维和实践能力。例如,在物理教学中,教师可以提出一个问题,如"如何提高太阳能热水器的效率?"然后引导学生通过实验、查阅资料等方式,自主探究问题的答案。在探究过程中,学生不仅学到了物理知识,还培养了科学探究的方法和能力。

2.合作学习:组织学生进行合作学习,培养学生的团队合作精神和沟通能力。例如,在语文教学中,教师可以将学生分成小组,让学生合作完成一篇作文的创作。在合作过程中,学生可以互相交流、互相启发,提高写作水平和合作能力。

3.个性化教学:关注学生的个体差异,实施个性化教学。例如,根据学生的学习能力、兴趣爱好等特点,为学生制订个性化的学习计划和教学方案。对于学习能力较强的学生,可以提供拓展性的学习内容和挑战性的学习任务;对于学习困难的学生,可以给予更多的辅导和支持。

(二)教学内容创新

1.课程整合:打破学科界限,进行课程整合,培养学生的综合素养。例如,将语文、历史、地理等学科进行整合,开展主题式教学,如"中国传统文化之旅"。在教学过程中,学生可以从不同学科的角度了解中国传统文化,提高学生的综合分析和解决问题的能力。

2.校本课程开发:结合学校的特色和学生的需求,开发校本课程。例如,学校可以根据当地的文化资源,开发具有地方特色的校本课程,如"家乡的历史与文化";也可以根据学生的兴趣爱好,开发社团活动课程,如摄影、书法、舞蹈等。校本课程的开发可以丰富教学内容,满足学生的个性化需求。

3.引入前沿知识:及时将学科前沿知识引入教学内容,拓宽学生的视野。例如,在信息技术教学中,引入人工智能、大数据等前沿技术知识,让学生了解信息技术的最新发展动态;在生物教学中,引入基因编辑、干细胞研究等前沿生物学知识,激发学生对生物学科的兴趣。

(三)教学技术创新

1.信息化教学:利用信息技术手段,开展信息化教学。例如,教师可以利用多媒体教学设备、在线教学平台、教育软件等,丰富教学内容和教学形式。学生可以通过网络学习资源、在线作业系统等,进行自主学习和个性化学习。信息化教学可以提高教学效率,增强教学的趣味性和互动性。

2.虚拟现实教学:运用虚拟现实技术,创设虚拟教学情境,提高教学效果。例如,在地理教学中,利用虚拟现实技术,让学生身临其境地感受不同地区的自然景观和人文风情;在历史教学中,利用虚拟现实技术,让学生"穿越时空",体验历史事件的发生过程。虚拟现实教学可以增强学生的学习体验,提高学生的学习兴趣。

3.人工智能辅助教学:探索人工智能在教学中的应用,实现个性化教学和智能化管理。例如,利用人工智能教育软件,根据学生的学习情况和特点,为学生提供个性化的学习建议和辅导;利用人工智能管理系统,对学生的学习过程进行监测和分析,为教师提供教学决策支持。人工智能辅助教学可以提高教学的针对性和有效性,提升教育管理的智能化水平。

第三节 完善管理体制与运行机制

一、管理体制方面

(一)明确管理架构与职责

1.建立清晰的领导层级,如党委引领、校长负责制的管理模式。明确党委在学校政治领导、监督决策、干部管理等方面的职责,确保学校的发展方向符合国家教育方针和政策。同时,校长作为学校的行政负责人,应全面负责学校的教育教学和行政管理工作,拥有明确的管理权限和责任范围。

2.合理划分各部门的职责,避免职责重叠或职责空白。例如,教务处负责教学计划制订、课程安排、教学质量监控等;学生处负责学生的日常管理、德育教育、心理健康教育等;后勤部门负责学校的物资采购、设施维护、校园安全等。

(二)加强民主管理

1.完善教职工代表大会制度,保障教职工参与学校民主管理和民主监督的权利。教职工代表大会应定期召开,对学校的重大事项,如发展规划、规章制度、财务预算等进行审议和表决。对于与教职工利益直接相关的福利、考核、奖惩等办法,须经教职工代表大会审议通过。

2.鼓励学生参与学校管理,建立学生自治组织,如学生会、学生社团等。让学生参与学校的日常管理、活动组织、纪律监督等工作,培养学生的自我管理能力和民主意识。

(三)建立健全监督机制

1.加强内部监督,建立学校内部的监察部门或监督委员会,对学校的管理工作、教学工作、财务工作等进行监督检查。定期对学校的各项工作进行评估和审计,发现问题及时整改。

2.加强外部监督,积极接受家长、社会、教育主管部门等的监督。建立家长委员会,定期向家长通报学校的工作情况,听取家长的意见和建议;主动接受教育主管部门的检查和评估,不断改进学校的管理工作。

(四)运行机制方面

课程设置与实施:依据国家课程标准和高考改革要求,结合学校的实际情况和学生的需求,制定科学合理的课程设置方案。开齐开足国家规定的课程,同时积极开发校本课程和选修课程,满足学生的个性化发展需求。在课程实施过程中,加强对教学进度、教学质量的监控,确保课程教学的顺利进行。

教学评价与反馈:建立多元化的教学评价体系,不仅关注学生的学习成绩,还要关注学生的学习过程、学习态度、创新能力等方面。采用教师评价、学生自评、同学互评、家长评价等多种评价方式,全面客观地评价学生的学习情况。同时,建立教学反馈机制,及时收集教师、学生、家长对教学工作的意见和建议,以便不断改进教学方法和教学内容。

教师专业发展:制定教师专业发展规划,为教师提供各种培训、进修、教研等机会,帮助教师不断提升专业素养和教学水平。建立教师激励机制,对教学成绩突出、专业发展优秀的教师进行表彰和奖励,激发教师的工作积极性和创造性。

招生与学籍管理:严格按照教育主管部门的规定进行招生,确保招生工作的公平、公正、公开。加强学籍管理,建立健全学籍档案,严格执行转学、休学、退学等学籍管理制度,杜绝"人籍分离"等违规现象的发生。

学生日常行为管理:制定详细的学生日常行为规范和管理制度,对学生的考勤、纪律、卫生、礼仪等方面进行严格管理。加强对学生的安全教育和法治教育,提高学生的安全意识和法治观念。

（五）学生综合素质评价

建立科学的学生综合素质评价体系,对学生的思想品德、学业水平、身心健康、艺术素养、社会实践等方面进行全面评价。将学生综合素质评价结果作为学生毕业、升学、评优评先的重要依据,促进学生的全面发展。

（六）资源管理机制

师资资源管理:合理配置师资力量,根据学校的教学需求和教师的专业特长,安排教师的教学任务。建立教师流动机制,鼓励优秀教师到薄弱学校或学科任教,促进师资的均衡发展。同时,加强对教师的绩效考核,根据教师的工作表现和教学成绩,给予相应的奖励或惩罚。

教学资源管理:加强对教学设施、教学设备、图书资料等教学资源的管理和维护,提高教学资源的使用效率。建立教学资源共享机制,鼓励学校之间、教师之间共享教学资源,促进教育资源的优化配置。

经费管理:建立健全学校经费管理制度,严格执行财务预算,合理安排经费支出。加强对学校经费的监督和审计,确保经费的使用合法、合规、合理。积极争取社会各界的支持和资助,拓宽学校的经费来源渠道。

第四节 完善教育管理体制与运行机制

一、教学管理方面

（一）课程设置与实施的优化

1.精准匹配需求:完善的管理体制与运行机制能够确保课程设置精准匹配国家教育要求、高考改革方向和学生的个性化发展需求。通过充分调研学生的兴趣、特长和未来发展方向,学校可以合理安排必修课、选修课和校本课程的比例。例如,在新高考背景下,学生可以根据自己的选考科目组合,有针对性地选择相关的拓展课程,如物理学科的"物理实验创新设计"、历史学科的"历史文化遗产研究"等,从而提高学生的学习积极性和主动性,为学生的专业发展奠定坚实基础。

2.保障教学进度与质量：在课程实施过程中，有效的管理机制可以对教学进度进行精细化监控。例如，教学管理部门可以制定详细的教学日历，明确各章节内容的教学时间节点，教师按照计划有序开展教学活动。同时，通过定期的教学检查、听课评课等活动，及时发现教学过程中存在的问题，如教学方法是否得当、教学内容是否准确等，确保教学质量的稳定提升。

3.教学评价与反馈的改进

（1）全面客观评价：多元化的教学评价体系是提高教育质量的关键。完善的评价机制不仅关注学生的学习成绩，还涉及学习过程、学习态度、创新能力等多个维度。以学生的实验课程为例，除了实验报告的成绩外，还会评价学生在实验设计、操作规范、团队协作等方面的表现。这种全面的评价方式能够更准确地反映学生的学习状况，避免单一成绩评价带来的片面性，激励学生在各个方面积极发展。

（2）促进教学改进：良好的反馈机制可以将评价结果及时传达给教师和学生。教师根据反馈信息，能够发现教学中的优点和不足，从而调整教学策略。例如，如果学生在某一章节的知识理解上普遍存在困难，教师可以重新设计教学方法，增加案例分析或小组讨论的环节。学生也能通过反馈了解自己的学习情况，明确努力方向，进而提高学习效果。

4.教师专业发展的保障

（1）提升教师素质：完善的体制和机制为教师提供了系统的专业发展规划。学校可以根据教师的教龄、学科、教学水平等因素，为他们提供有针对性的培训和进修机会。例如，对于新入职教师，可以安排入职培训和师徒结对帮扶，帮助他们快速适应教学工作；对于经验丰富的教师，提供参加高端学术研讨会、学科前沿培训的机会，拓宽他们的视野。这有助于提高教师的专业素养，进而提升教学质量。

（2）激发教师动力：合理的教师激励机制能够激发教师的工作积极性和创造性。当教师的教学成绩、专业发展成果得到公正的评价和奖励时，他们会更有动力去探索创新教学方法、提高教学质量。例如，设立教学成果奖、优秀教师评选等荣誉,对在教学改革、学生成绩提升、学科竞赛指导等方面表现突出的教师进行表彰,在学校营造积极向上的教学氛围。

二、学生管理方面

(一)招生与学籍管理的规范

1.保证生源质量:严格的招生制度能够确保学校招收的学生符合学校的培养目标和要求。在招生过程中,通过公平、公正、公开的选拔方式,筛选出学习基础、综合素质等各方面符合学校标准的学生,为后续的教育教学工作提供良好的生源基础。例如,在自主招生环节,学校可以对学生的学科特长、创新能力、综合素质等进行全面考查,选拔出具有发展潜力的学生。

2.维护教学秩序:规范的学籍管理制度是保障教育质量的重要环节。学籍管理涉及学生的转学、休学、退学等情况,严格执行学籍管理制度可以保证学生信息的准确性和教学秩序的稳定性。

(二)学生日常行为管理的强化

1.营造良好环境:详细的学生日常行为规范和管理制度有助于营造良好的学习和生活环境。通过对学生的考勤、纪律、卫生、礼仪等方面进行严格管理,培养学生良好的行为习惯和自律意识。例如,严格的考勤制度可以保证学生按时上课,减少迟到、早退现象;良好的校园卫生环境可以提高学生的学习舒适度和健康水平。

2.促进全面发展:加强对学生的安全教育和法治教育是提高教育质量的重要组成部分。这可以提高学生的安全意识和法治观念,保障学生的身心健康。例如,开展消防安全演练、法治知识讲座等活动,让学生掌握基本的安全技能和法律知识,避免安全事故的发生,为学生的全面发展创造安全稳定的环境。

(三)学生综合素质评价的科学实施

1.引导全面成长:科学的学生综合素质评价体系能够引导学生全面发展。该体系涵盖思想品德、学业水平、身心健康、艺术素养、社会实践等多个方面,促使学生在各个领域积极参与、努力提升自己。例如,鼓励学生参加志愿者活动、社团活动等社会实践,提高他们的社会责任感和团队协作能力;

通过艺术课程和艺术活动评价,培养学生的审美情趣和艺术表现力。

2.全面衡量质量:综合素质评价结果作为学生毕业、升学、评优评先的重要依据,能够更全面地衡量学校的教育质量。这改变了以往单纯以学业成绩评价学校教育质量的局面,促使学校更加注重学生的综合素质培养,提高教育的整体质量。

三、资源管理方面

(一)师资资源管理的高效配置

1.合理利用师资:合理的师资配置能够充分发挥教师的专业特长。根据教师的学科背景、教学经验和教学能力,安排合适的教学任务,确保每个学科、每个班级都能得到优质的教学服务。例如,将有竞赛辅导经验的教师安排到相关学科竞赛培训工作中,将擅长班级管理的教师安排到班主任岗位,提高师资资源的利用效率。

2.促进师资均衡:教师流动机制有助于促进师资的均衡发展。鼓励优秀教师到薄弱学校或学科任教,可以缩小不同学校、不同学科之间的师资差距。这有利于整体提升高中教育的质量,避免因师资力量悬殊导致的教育不公平现象。同时,绩效考核机制能够激励教师不断提高自己的教学水平,保证师资队伍的质量。

(二)教学资源管理的有效整合

1.提高资源利用率:对教学设施、教学设备、图书资料等教学资源的有效管理和维护,可以延长资源的使用寿命,提高资源的使用效率。例如,定期对实验室设备进行保养和维修,确保实验教学的正常开展;对图书资料进行分类整理和数字化管理,方便师生借阅和使用。

2.促进资源共享:建立教学资源共享机制能够促进教育资源的优化配置。学校之间、教师之间可以共享优质的教学课件、教学案例、教学视频等资源,避免重复建设和资源浪费。例如,通过区域教育资源共享平台,不同高中的教师可以分享自己的教学成果,互相学习借鉴,共同提高教学质量。

(三)经费管理的合理保障

1.优化经费使用:健全的经费管理制度能够确保学校经费的合理使用。

严格执行财务预算，合理安排经费支出，可以将资金优先用于教学设施改善、教师培训、课程开发等与提高教育质量直接相关的方面。例如，将一定比例的经费用于更新实验室设备，为实验教学提供更好的条件；或者加大对校本课程开发的投入，丰富课程资源。

2.拓展资源渠道：积极争取社会各界的支持和资助，拓宽学校的经费来源渠道，可以为教育质量的提升提供更多的资源保障。例如，与企业合作建立奖学金制度，激励学生努力学习；或者接受校友捐赠，用于改善学校的办学条件，如建设新的教学楼、图书馆等。

第五节 加强师资队伍建设

一、招聘与引进优秀人才

（一）拓宽招聘渠道

除了传统的公开招聘，还可以与师范院校建立长期合作关系，提前锁定优秀的师范生。积极参加各类教师人才招聘会，主动出击寻找合适的教师人选。利用网络招聘平台，扩大招聘信息的传播范围，吸引更多优秀人才关注。

（二）提高招聘标准

在招聘过程中，不仅要考查教师的专业知识和教学技能，还要关注其教育理念、沟通能力、团队合作精神等综合素质。对于一些紧缺学科的教师招聘，可以适当放宽条件，但要确保其具备基本的教学能力和学习能力。

（三）吸引高层次人才

制定优惠政策，吸引具有高级职称、丰富教学经验、在教育领域有一定影响力的专家型教师，以及具有高学历、专业能力突出的优秀毕业生加入高中教师队伍。例如，提供住房补贴、科研启动经费、子女入学优惠等福利，增强学校对高层次人才的吸引力。

二、教师培训与专业发展

(一)入职培训

新教师入职后,开展系统的入职培训,帮助他们尽快熟悉学校的教学环境、教学要求和学生特点。培训内容包括教学方法、课堂管理、课程标准解读、教育法律法规等方面,让新教师能够快速适应教学工作。

(二)定期培训与研修

为在职教师提供定期的专业培训和研修机会,如参加教育部门组织的培训课程、学术研讨会、教学观摩活动等。鼓励教师参加在线学习课程,不断更新教育理念和教学方法。

(三)校本培训

根据学校的实际情况和教师的需求,开展校本培训。组织校内优秀教师进行经验分享、教学示范,开展教学反思、案例分析等活动,促进教师之间的交流与学习。建立教师学习共同体,让教师在团队合作中共同成长。

(四)鼓励教育科研

支持教师参与教育科研项目,提高教师的教育科研能力。学校可以设立科研基金,为教师开展科研提供资金支持。引导教师将科研成果应用于教学实践,推动教学改革和创新。

三、激励机制与职业发展规划

(一)完善薪酬福利体系

建立公平、合理的薪酬制度,确保教师的工资待遇与他们的工作付出相匹配。除了基本的工资收入,还可以设置绩效奖金、岗位津贴、教学成果奖励等,激励教师积极工作。提供良好的福利待遇,如医疗保险、住房补贴、带薪休假等,提高教师的职业满意度。

(二)职称评定与晋升

优化职称评定制度,注重教师的教学业绩、教育科研成果、师德师风等方面的综合评价。为教师提供明确的晋升渠道和发展空间,让他们看到自己的职业发展前景。鼓励教师不断提升自己的专业水平和教学能力,争取更高的职称和职务。

（三）荣誉与表彰

设立多种荣誉奖项，如优秀教师奖、教学能手奖、师德标兵奖等，对表现优秀的教师进行表彰和奖励。通过宣传优秀教师的事迹，树立榜样，激发其他教师的工作积极性和创造力。

（四）职业发展规划指导

学校为教师提供职业发展规划指导，帮助教师明确自己的职业发展目标和方向。根据教师的个人特点和需求，制订个性化的发展计划，为教师的职业发展提供支持和帮助。

四、师德师风建设

（一）师德教育

定期组织教师参加师德师风教育活动，学习教育法律法规、教师职业道德规范等文件，提高教师的师德意识。开展师德师风主题演讲、征文比赛、案例分析等活动，增强教师的职业认同感和责任感。

（二）建立监督机制

建立健全师德师风监督机制，加强对教师的日常行为监督。通过学生评价、家长反馈、同事互评等方式，及时发现和纠正教师在师德师风方面存在的问题。设立举报电话、邮箱等渠道，接受社会监督。

（三）严肃处理违规行为

对违反师德师风的教师，要严肃处理，绝不姑息迁就。根据情节轻重，给予相应的处罚，如警告、记过、降低职称、解除聘用合同等，维护教师队伍的良好形象。

五、团队建设与合作交流

（一）教研组建设

加强教研组建设，定期开展教研活动，组织教师进行集体备课、教学研讨、课题研究等活动。发挥教研组长的引领作用，促进教师之间的交流与合作，提高教学质量。

（二）教师团队活动

组织开展各种形式的教师团队活动，如户外拓展、文体比赛、志愿服务等,增强教师之间的团队合作精神和凝聚力。

（三）校际交流与合作

积极开展校际交流与合作，与其他学校的教师进行交流学习、互访互鉴。可以通过组织教师到其他学校听课、评课、参加教研活动等方式，学习借鉴先进的教学经验和管理方法。同时，也可以邀请其他学校的优秀教师到本校进行讲学、指导，促进学校之间的资源共享和共同发展。

第六节 激励教师持续提升专业能力的策略

一、建立有效的激励制度

（一）薪酬与奖励制度

1.绩效工资激励：设计合理的绩效工资体系，将教师的专业能力提升成果与工资挂钩。例如，根据教师在教学效果评估（如学生成绩提升、学生满意度）、参与教学研究（发表的论文数量和质量、参与课题研究的级别）、专业培训成果（获得相关培训证书、将培训所学应用到教学中的效果）等方面的表现来发放绩效工资。对于在这些方面表现优秀的教师，给予更高比例的绩效工资增长，以此激励教师积极提升自己的专业能力。

2.专项奖励设立：设立多种专项奖励，如"教学创新奖""学科竞赛指导奖""教育科研成果奖"等。对于在教学方法创新、指导学生参加学科竞赛取得优异成绩、在教育科研领域有突出贡献的教师给予丰厚的奖金和荣誉证书。这些奖励不仅是对教师专业能力的认可，也能激发其他教师努力提升自己以获取奖励。

（二）职称晋升制度

1.明确晋升标准与专业能力挂钩：完善职称晋升制度，明确规定职称晋升与教师的专业能力提升紧密相联。例如，在高级教师职称评定中，要求教师具备一定的教育教学成果（如优质课获奖、教学成果奖）、教育科研能力

（主持或参与一定级别的课题研究、在核心期刊发表论文）、继续教育学分（参加规定的专业培训并获得学分）等。通过这种方式，引导教师不断提高自己在教学实践、教育研究和学习更新知识等方面的专业能力，以满足职称晋升的要求。

2.提供晋升机会与发展空间：确保学校有足够的职称晋升名额，并定期开展职称评定工作。同时，为教师提供晋升后的职业发展规划，如担任学科带头人、教研组长等职务，让教师看到提升专业能力后的广阔发展空间，从而激励他们持续努力。

二、提供丰富的培训与学习机会

（一）内部培训与分享机制

1.校本培训体系构建：建立完善的校本培训体系，根据学校教师的专业发展需求和学科特点，定期组织内部培训。培训内容可以包括最新的教育理念、教学方法（如项目式学习、探究式教学）、课程标准解读、学科知识更新等。例如，邀请校内专家型教师或在某些教学领域有专长的教师开展讲座或工作坊，分享他们的教学经验和实践成果，让其他教师能够在本校内部获取有价值的专业知识和技能提升机会。

2.教师互助学习平台搭建：搭建教师互助学习的平台，如组织教师教学观摩活动、建立教学案例分享库等。通过观摩优秀教师的课堂教学，其他教师可以学习到先进的教学技巧和课堂管理方法；教师之间分享自己的教学案例和教学反思，能够促进相互学习和共同进步。这种内部的学习氛围和互助机制可以激励教师积极参与专业能力提升活动。

（二）外部培训与学术交流支持

1.培训资源提供：学校积极为教师提供外部培训机会，如参加教育部门组织的骨干教师培训、学科专业培训、教育技术培训等。为教师支付培训费用、提供培训期间的交通和住宿补贴，减轻教师的经济负担。同时，根据学校的学科发展规划和教师个人专业发展计划，有针对性地推荐教师参加合适的培训项目，确保培训的有效性。

2.学术交流支持：鼓励教师参加学术会议、研讨会、教学成果展示会等学术交流活动。支持教师在这些活动中展示自己的教学成果和研究成果,与国内外同行进行交流和学习。例如,对于参加国际教育学术会议的教师,学校可以提供部分经费支持,帮助教师拓宽学术视野,了解国际前沿的教育理念和教学方法,激励教师将这些新的知识和理念带回学校,并应用到自己的教学实践中,从而提升专业能力。

三、营造良好的校园文化氛围

（一）认可与尊重文化

1.表彰优秀教师事迹:在校园内大力宣传和表彰优秀教师提升专业能力的事迹。例如,通过学校宣传栏、校报、校园广播、学校官方网站等渠道,定期展示教师在教学改革、教育科研、专业竞赛等方面取得的成绩。对在专业能力提升方面表现突出的教师进行人物专访,分享他们的成长历程和经验教训,让其他教师感受到学校对专业能力提升的重视和对优秀教师的尊重,从而激发他们提升自己的动力。

2.建立教师荣誉体系:建立完善的教师荣誉体系,除了物质奖励外,还给予教师精神上的荣誉和认可。例如,设立"年度教师之星""专业成长标兵"等荣誉称号,对获得荣誉的教师在全校大会上进行表彰,颁发荣誉证书和奖杯。这种荣誉不仅是对教师个人的肯定,也能在校园内营造一种积极向上、追求专业成长的文化氛围。

（二）合作与竞争文化

1.团队合作激励:鼓励教师之间的团队合作,特别是在教学研究、课程开发等方面。例如,组织教师以团队形式申报课题研究项目,对于成功立项的团队给予研究经费支持和奖励。在团队合作过程中,教师可以相互学习、相互启发,共同提升专业能力。同时,对在团队合作中表现优秀的教师个人,也给予额外的奖励,如"团队贡献奖",激励教师积极参与团队合作提升专业能力。

2.良性竞争引导:营造一种良性的竞争氛围,引导教师在专业能力提升方面相互竞争。例如,开展教学技能比赛、教育科研成果评比等活动,对比赛获胜者给予奖励。通过这种竞争,教师可以看到自己与他人的差距,从而激发他们努力提升自己的专业能力,以在竞争中脱颖而出。同时,要注意引导竞争的方向,避免恶性竞争,强调在竞争中相互学习和共同进步。

第七节 在教学实践中培养教师的专业能力

一、教学反思与自我评估

(一)定期教学反思

1.课堂教学回顾:教师应养成定期回顾自己课堂教学过程的习惯。在每节课后,花几分钟时间思考本节课的教学目标是否达成、教学内容的难易程度是否合适、教学方法是否有效以及学生的参与度如何等问题。例如,一位高中数学教师在讲解函数概念后,反思自己是否通过足够多的实例让学生理解了函数的本质,是否有部分学生在课堂讨论环节没有积极参与,原因是什么。

2.记录反思内容:鼓励教师将教学反思的内容记录下来,形成教学反思笔记。这些笔记可以包括对教学过程中成功经验的总结,如某个教学环节引起了学生浓厚的兴趣,或者是某个教学方法有效地突破了难点;也包括对不足之处的分析和改进措施。例如,教师发现自己在讲解物理实验步骤时过于匆忙,导致部分学生没有跟上,就在反思笔记中记录下来,并思考下次如何调整讲解节奏,或者采用更直观的方式呈现实验步骤。

(二)自我评估工具运用

1.教学评价量表使用:学校可以为教师提供教学评价量表,帮助教师从多个维度评估自己的教学。这些量表可以涵盖教学目标、教学内容、教学方法、教学效果等方面。教师可以根据量表中的项目对自己的教学进行打分,并分析自己在各个维度上的优势和不足。例如,在教学方法这一维度,量表可能包括是否采用了多样化的教学方法、教学方法是否符合学生的学习风格等项目。

2.学生反馈分析:重视学生的反馈,将其作为教师自我评估重要依据。教师可以通过问卷调查、学生座谈会、课堂提问等方式收集学生对教学的意见和建议。例如,通过问卷调查了解学生对历史教学中史料运用的看法,是觉得史料丰富有助于理解,还是觉得史料过多难以消化。教师根据学生的反馈,分析自己在教学中的问题,从而有针对性地提升自己的专业能力。

二、观摩学习与实践模仿

(一)校内观摩课

1.优秀教师示范课:学校定期组织优秀教师示范课,让其他教师有机会现场观摩学习。这些示范课通常展示了优秀教师在教学内容处理、教学方法运用、课堂组织管理等方面的先进经验。例如,在语文示范课中,优秀教师可能会展示如何引导学生对文学作品进行深度赏析,如何组织小组讨论让学生充分发表自己的观点,其他语文教师可以通过观摩学习这些技巧。

2.同课异构活动:开展同课异构活动,即不同教师针对同一教学内容,采用不同的教学方法进行教学展示。这种活动可以让教师看到针对相同的知识点,不同的教学思路和方法所产生的不同教学效果。例如,在高中化学"氧化还原反应"这一内容的教学中,有的教师可能采用实验探究法,让学生通过实验现象归纳氧化还原反应的概念;有的教师可能采用问题引导法,通过一系列有层次的问题引导学生理解氧化还原反应的本质。教师通过观摩同课异构活动,可以拓宽自己的教学思路,学习不同的教学方法。

(二)实践模仿与改进

1.模仿优秀教学行为:教师在观摩学习后,可以选择一些适合自己教学风格和学生特点的优秀教学行为进行模仿实践。例如,看到优秀教师在课堂导入环节通过一个有趣的视频引起学生的兴趣,自己在后续的教学中也可以尝试寻找相关的视频资源用于课堂导入。在模仿过程中,教师要注意观察学生的反应,及时调整教学行为。

2.结合自身特点改进:在模仿的基础上,教师要结合自己的教学风格、学科特点和学生的实际情况进行改进和创新。例如,在模仿了其他教师的小组合作学习方法后,发现学生在讨论过程中参与度不高,教师可以思考是小组分组不合理,还是讨论问题不够有吸引力,然后根据自己学生的特点重新设计小组合作学习的环节,使其更符合自己的教学实际。

三、教学研究与课题实践

(一)教学问题研究

1.发现教学问题:教师要善于在日常教学实践中发现问题,这些问题可以是教学方法的有效性、学生的学习困难、教材内容的适用性等方面。例如,教师发现学生在高中英语写作中存在逻辑混乱、句式单一的问题,或者在物理学科中,学生对某些抽象概念的理解存在困难。

2.开展小课题研究:针对发现的教学问题,教师可以开展小课题研究。小课题研究具有针对性强、周期短、易操作的特点。例如,对于学生英语写作的问题,教师可以开展"提高高中生英语写作逻辑性和句式多样性的策略研究"的小课题。在研究过程中,教师可以查阅相关文献,了解国内外在这一领域的研究现状,设计教学策略并在课堂教学中实践,观察和分析学生的写作变化,最后总结研究成果。

(二)参与课题实践团队

1.加入学校课题团队:学校通常会有一些校级或市级以上的教育科研课题,教师要积极参与这些课题实践团队。在团队中,教师可以与其他教师和专家合作,共同开展课题研究。例如,在一个关于"新高考背景下高中课程体系构建"的课题中,教师可以从自己所教学科的角度出发,参与课程设置、课程资源开发等方面的研究工作。

2.跨学科课题研究:鼓励教师参与跨学科课题研究,拓宽自己的专业视野。例如,在一个"STEM教育在高中综合实践活动中的应用"的跨学科课题中,涉及科学、技术、工程和数学等多个学科领域。教师在参与过程中,不仅可以深入了解其他学科的知识和教学方法,还能提升自己的跨学科教学能力和综合素养。

四、师徒结对与同伴互助

(一)师徒结对帮扶

1.新手教师与骨干教师结对:对于新入职的教师,学校安排经验丰富的骨干教师与其结成师徒对子。骨干教师可以在教学的各个环节给予新手教师指导,包括教学设计、课堂管理、教学评价等方面。例如,在教学设计环节,骨干教师可以帮助新手教师分析教学目标,选择合适的教学方法,设计合理的教学流程,并对新手教师的教学设计进行详细的点评和修改。

2.长期跟踪指导:师徒结对不是短期的形式,而是长期的帮扶过程。骨干教师要跟踪新手教师的教学成长过程,定期听课,观察新手教师的课堂教学行为变化,及时给予反馈和建议。新手教师也要主动向骨干教师请教问题,积极学习骨干教师的教学经验,在实践中不断提升自己的专业能力。

(二)同伴互助合作

1.教学问题研讨:教师之间建立同伴互助小组,定期开展教学问题研讨活动。在活动中,教师可以分享自己在教学实践中遇到的问题,共同分析原因,寻找解决方案。例如,几位高中生物教师可以一起讨论如何提高学生对遗传规律的理解和应用能力,分享各自的教学方法和学生的学习情况,相互学习借鉴。

2.合作教学实践:教师之间还可以开展合作教学实践活动。例如,两位教师可以共同设计和实施一个教学单元,一位教师负责主要课堂教学,另一位教师负责观察和记录学生反应,课后共同分析教学效果,调整教学策略。这种合作教学实践可以让教师从不同的角度审视教学过程,提升自己的教学能力。

第八节 推动课程与教学改革

在当今快速发展的时代,教育作为培养人才、推动社会进步的重要力量,面临着诸多挑战与机遇。课程与教学改革成为教育领域持续关注的焦点,它不仅关乎学生的成长与发展,也关系到国家的未来竞争力。

一、课程与教学改革的背景与意义

(一)适应社会发展需求

随着经济全球化的加速、科技的飞速进步以及社会的不断变革,传统的课程与教学模式已难以满足新时代对人才的需求。当今社会需要具备创新思维、实践能力、跨学科素养和全球视野的综合型人才。课程与教学改革正是为了适应这些变化,培养出能够适应未来社会挑战的高素质人才。

(二)提升教育质量

课程与教学改革旨在提高教育质量,使教育更加符合学生的发展规律和学习特点。通过优化课程设置、创新教学方法和评价体系,可以激发学生的学习兴趣和主动性,提高学生的学习效果和综合素质。

(三)促进教育公平

课程与教学改革可以为不同地区、不同背景的学生提供更加公平的教育机会。通过开发多样化的课程资源、采用灵活的教学方式和评价手段,可以满足学生的个性化需求,缩小城乡、区域和校际之间的教育差距。

二、推动课程与教学改革的策略

(一)制度文件引领

以系列文件为纲领,引领课程与教学改革。政府和教育部门应制定相关政策和文件,明确课程与教学改革的目标、任务和要求,为改革提供政策支持和保障。同时,要加强对课程与教学改革的指导和监督,确保改革顺利进行。

(二)项目抓手推进

整体谋划重大项目,推动课程与教学改革。可以通过设立课程建设项目、教学改革项目、教育科研项目等,引导学校和教师积极参与课程与教学改革。同时,要加强对项目的管理和评估,确保项目的质量和效果。

(三)教研科研平台培育

建设教研科研基地,为课程与教学改革提供智力支持。可以通过建立教育科研机构、教研基地、教师发展中心等平台,组织开展教育科研活动和教师培训,提高教师的教育教学水平和科研能力。同时,要加强对教研科研成果的推广和应用,促进课程与教学改革的深入发展。

三、课程与教学改革面临的挑战

(一)课程育人新要求

增强课程思想性可能导致课程内容增容、结构失调和学生负担增加。在课程改革中,如何平衡学科逻辑和思想元素,使课程既具有思想性又不增加学生的负担,是一个亟待解决的问题。

(二)强化综合性和实践性要求

跨学科主题学习带来课时调配、教学空间、质量评价等多重冲突和矛盾。在跨学科主题学习中,如何合理调配课时、优化教学空间、建立科学的质量评价体系,是一个需要深入研究和探索的问题。

(三)学业标准指导应用要求

需依据学业标准为不同层次学生提供指导,既纠正错误又具启发性,帮助学生突破思维障碍。在学业标准的指导应用中,如何根据学生的不同层次和特点,提供个性化的指导和帮助,是一个需要关注的问题。

四、应对挑战的方法

(一)把握三个关系

1.深刻认识新课程方案与教育强国建设的关系,扎实推进课程与教学改革,实现教育强国目标。课程与教学改革是教育强国建设的重要组成部分,要将课程与教学改革与教育强国建设紧密结合起来,为实现教育强国目标贡献力量。

2.探索核心素养新课程方案框架下的操作机制,构建有效落地机制,如动力机制、转换机制等。要深入研究核心素养新课程方案的内涵和要求,探索构建有效的操作机制,确保课程与教学改革的顺利实施。

(二)数字化赋能

1.以促进所有学生发展为价值取向,利用数字技术提供针对性教学内容和个性化学习指导。数字技术可以为学生提供丰富的教学资源和个性化的学习指导,满足学生的不同需求和学习风格。

2.围绕学科核心概念组织教学内容,突出重点,促进知识关联和结构化。数字技术可以帮助教师更好地组织教学内容,突出学科核心概念,促进知识的关联和结构化。

3.遵循学习规律设计与实施任务,形成进阶性学习任务体系,激发学生思维。数字技术可以为学生设计和实施进阶性学习任务体系,激发学生的思维和创造力。

4.促进学生深度参与教学过程,发挥数字技术优势,增进互动交流和高阶思维能力发展。数字技术可以促进学生深度参与教学过程,增强师生之间的互动交流,提高学生的高阶思维能力。

5.开展融于教学全过程的伴随式评价,利用数字技术进行全方位评价,优化教学策略。数字技术可以为教学评价提供更加科学、准确的手段,实现伴随式评价,优化教学策略。

五、课程与教学改革对教师的挑战与要求

(一)教师素质与能力要求

教师需要具备较高的素质和能力,包括热爱教育事业、具有综合素质、能引导学生个性发展和兴趣培养等。教师要不断提高自己的教育教学水平和专业素养,适应课程与教学改革的要求。

(二)教学观念转变

教师要转变教学观念,从传统的以教师为中心的教学模式转变为以学生为中心的教学模式。要注重培养学生的自主学习能力、创新思维能力和实践能力,引导学生积极参与教学过程。

(三)课程与教学整合

教师要加强与后续设计专业课程的联系,注重课程的整合和衔接。要根据学生的专业发展需求,合理设计课程内容和教学方法,提高教学的针对性和实效性。

(四)实践教学重视

教师要重视实践教学环节,提高自身的实践教学能力。要积极组织学生参与实践教学活动,培养学生的实践能力和职业素养。

六、学校实施课程改革的方式

(一)更新课程目标

学校要更新课程目标,确保课程目标紧跟时代潮流。要根据社会发展需求和学生的发展特点,明确课程的培养目标和要求,为学生的成长和发展提供明确的方向。

（二）引进创新课程

学校要引进创新课程,培养学生的创新精神和实践能力。可以通过开设科技创新课程、跨学科课程、实践课程等,丰富课程内容,激发学生的学习兴趣和创造力。

（三）跨学科教学

学校要推行跨学科教学,培养学生的综合能力和解决问题能力。可以通过组织跨学科教学团队、开展跨学科主题学习活动等,打破学科界限,培养学生的跨学科思维和综合素养。

（四）实践教学

学校要加强实践教学环节,组织学生参与实地考察、实验操作、社会实践等活动,提高学生的实践能力和职业素养。

（五）个性化学习

学校要为学生提供个性化学习的机会,让学生发挥自己的优势和独特性。可以通过开设选修课程、开展社团活动、提供个性化辅导等方式,满足学生的个性化需求。

（六）多媒体教学

学校要积极运用多媒体教学手段,创造丰富多彩的教学环境。可以通过使用多媒体课件、在线教学平台、虚拟现实技术等,提高教学的趣味性和吸引力。

（七）教师培训与发展

学校要重视教师培训与发展,提高教师的教育水平和教学技能。可以通过组织教师参加培训、开展教学研讨活动、鼓励教师进行教育科研等方式,促进教师的专业成长。

（八）建立评价与反馈机制

学校要建立科学合理的评价与反馈机制,及时调整和改进课程设计和教学方法。可以通过学生评价、教师自评、同行评价等方式,收集教学反馈信息,为课程与教学改革提供依据。

七、总结与展望

课程与教学改革是一项长期而艰巨的任务,需要政府、学校、教师和社会各方的共同努力。在改革的过程中,我们要充分认识到改革的重要性和紧迫性,积极探索创新,不断总结经验,为培养全面发展的高素质人才奠定坚实的基础。

展望未来,随着科技的不断进步和社会的不断发展,课程与教学改革将面临更多的挑战和机遇。我们要紧跟时代步伐,不断创新教育理念和教学方法,充分利用现代信息技术,为学生提供更加优质的教育服务。相信在各方的共同努力下,课程与教学改革一定能够取得更加显著的成效,为推动我国教育事业的发展做出更大的贡献。

在当今快速发展的时代,教育作为培养人才、推动社会进步的重要力量,面临着诸多挑战与机遇。课程与教学改革成为了教育领域持续关注的焦点,它不仅关乎学生的成长与发展,也关系到国家的未来竞争力。

第九章 信息技术在高中教学资源管理中的应用实践

第一节 利用信息技术提升管理与教学效率

一、信息技术在教育管理中的应用

（一）学校管理信息化

1.办公自动化系统

通过办公自动化系统，学校可以实现文件的电子流转、审批和归档，提高办公效率。教师可以在线提交请假申请、报销单等，管理人员可以及时处理，减少烦琐的纸质流程。

2.学生信息管理系统

学生信息管理系统可以对学生的基本信息、成绩、考勤等进行全面管理。教师可以方便地查询学生学习情况，为教学提供参考。同时，家长也可以通过系统了解孩子的在校表现，加强家校沟通。

3.教师管理系统

教师管理系统可以记录教师的基本信息、教学任务、科研成果等。学校可以通过系统对教师进行绩效考核和评价，激励教师提高教学质量。

（二）教学资源管理

1.数字化教学资源库

建立数字化教学资源库，整合各类教学资源，如课件、教案、试题、视频等。教师可以根据教学需要随时调用资源，提高备课效率。学生也可以自主学习资源库中的内容,拓宽知识面。

2.在线课程平台

在线课程平台可以提供丰富的在线课程资源,学生可以根据自己的兴趣和需求选择课程进行学习。教师可以利用平台开展混合式教学,将线上教学与线下教学相结合,提高教学效果。

(三)校园安全管理

1.视频监控系统

安装视频监控系统,对校园进行全方位监控,及时发现安全隐患和突发事件。管理人员可以通过监控系统实时了解校园情况,采取相应的措施,保障校园安全。

2.门禁管理系统

门禁管理系统可以对进出校园的人员进行身份识别和管理,防止无关人员进入校园。同时,系统可以记录人员的进出时间,为校园安全管理提供数据支持。

二、信息技术在教学中的应用

(一)教学模式创新

1.翻转课堂

翻转课堂是一种将传统课堂教学模式翻转过来的教学模式。学生在课前通过观看教学视频、阅读教材等方式自主学习知识,课堂上则通过小组讨论、问题解决等方式进行互动学习。信息技术为翻转课堂提供了有力的支持,教师可以通过在线课程平台发布教学视频和学习任务,学生可以随时随地进行学习。

2.混合式教学

混合式教学是将线上教学与线下教学相结合的教学模式。教师可以利用在线课程平台进行线上教学,如发布教学资源、布置作业、进行测试等;同时,也可以在课堂上进行线下教学,如讲解重点难点、组织讨论、进行实验等。混合式教学可以充分发挥线上教学和线下教学的优势,提高教学效果。

（二）教学方法多样化

1.多媒体教学

多媒体教学是指利用多媒体技术,如图片、音频、视频等,进行教学。多媒体教学可以使教学内容更加生动形象,激发学生的学习兴趣。教师可以通过制作多媒体课件、使用教学软件等方式进行多媒体教学。

2.虚拟实验室

虚拟实验室是利用虚拟现实技术构建的实验室环境。学生可以在虚拟实验室中进行实验操作,观察实验现象,提高实验技能。虚拟实验室可以弥补传统实验室的不足,如实验设备有限、实验安全风险高等。

（三）教学评价科学化

1.在线测试与评估

利用在线测试与评估系统,教师可以随时对学生进行测试和评估,了解学生的学习情况。系统可以自动批改试卷,生成成绩报告,为教师提供教学反馈。同时,学生也可以通过系统进行自我评估,了解自己的学习进度和不足之处。

2.学习分析技术

学习分析技术是指对学生的学习数据进行分析,了解学生的学习行为和学习特点。教师可以根据学习分析结果,调整教学策略,为学生提供个性化的学习支持。

三、信息技术提升管理与教学效率的挑战与对策

（一）挑战

1.技术设备和网络环境的限制

部分学校的技术设备和网络环境不够完善,影响了信息技术的应用效果。例如,教学设备老化、网络速度慢等问题,会导致教学过程中出现卡顿、掉线等情况,影响教学进度和质量。

2.教师信息技术素养的不足

部分教师对信息技术的掌握程度不够,影响了信息技术在教学中的应用。例如,教师不会制作多媒体课件、不会使用在线课程平台等,会导致教学方法单一、教学效果不佳。

3.学生信息技术应用能力的差异

学生的信息技术应用能力存在差异，部分学生对信息技术的掌握程度不够，影响了信息技术在学习中的应用。例如，学生不会使用在线学习平台、不会进行网络搜索等，会导致学习效率低下、学习效果不佳。

（二）对策

1.加大投入，改善技术设备和网络环境

政府和学校应加大对教育信息化的投入，改善技术设备和网络环境。例如，更新教学设备、提高网络速度等，为信息技术的应用提供良好的硬件条件。

2.加强教师培训，提高教师信息技术素养

学校应加强对教师的信息技术培训，提高教师的信息技术素养。例如，组织教师参加信息技术培训课程、开展教学研讨活动等，让教师掌握信息技术在教学中的应用方法和技巧。

3.培养学生信息技术应用能力，缩小数字鸿沟

学校应加强对学生的信息技术教育，培养学生的信息技术应用能力。例如，开设信息技术课程、组织信息技术竞赛等，让学生掌握信息技术的基本知识和技能，缩小数字鸿沟。

四、总结与展望

利用信息技术提升管理与教学效率是教育发展的必然趋势。信息技术在教育管理和教学中的应用，可以提高管理效率、创新教学模式、丰富教学方法、科学评价教学效果。然而，信息技术的应用也面临着一些挑战，需要政府、学校、教师和学生共同努力，加大投入、加强培训、提高素养，以充分发挥信息技术在教育中的作用。

展望未来，随着信息技术的不断发展和创新，信息技术在教育中的应用将会更加广泛和深入。例如，人工智能、大数据、区块链等技术的应用，将会为教育管理和教学带来更多的创新和变革。我们相信，在信息技术的推动下，教育将会更加公平、高效、优质，为培养德智体美劳全面发展的社会主义

建设者和接班人做出更大的贡献。

第二节 信息技术在高中教学资源管理中的优势

一、资源存储与整合方面

(一)大容量存储

1.信息技术为高中教学资源提供了几乎无限的存储容量。学校可以利用服务器、云存储等方式,将大量的教学资源进行存储,包括课件、教案、试题库、教学视频、音频等多种类型。例如,以往学校可能因为空间有限,只能保存少量纸质教案和试卷,而现在通过云存储,能够将多年积累的各类教学资源轻松保存,并且可以随时访问。

2.这种大容量存储不仅解决了资源保存的空间问题,还能为资源的长期积累和传承提供保障。新教师可以方便地获取历年的教学资源,了解教学的发展历程和重点难点的处理方式。

(二)资源整合便捷性

1.借助信息技术工具,高中教学资源能够实现高效整合。通过资源管理软件,教师可以将不同格式(如 Word 文档、PPT 演示文稿、PDF 文件等)、不同来源(如教师自制、网络下载、教育机构提供)的教学资源按照学科、年级、知识点等多种维度进行分类和整合。

2.在高中数学教学资源管理中,教师可以将函数、几何等不同板块的教学资源分别整合到对应的文件夹或数据库中。同时,还可以为每个资源添加详细标签,如适用教材版本、教学目标、难度等级等,方便快速检索和使用。

二、资源共享与传播方面

(一)即时共享

1.信息技术使高中教学资源能够在教师、学生和学校之间实现即时共享。教师可以通过校园网、在线教学平台等将自己制作的优质教学资源迅速分享给其他教师。例如，一位高中物理教师在成功完成一个复杂实验的教学视频制作后，可以立即将视频上传到学校的教学资源共享平台，其他物理教师就能马上获取并用于自己的课堂教学或备课参考。

2.对于学生而言，他们也能够通过学校的学习管理系统或者在线课程平台获取教师发布的学习资料、作业、拓展阅读材料等教学资源，不受时间和空间的限制。这种即时共享极大地提高了教学资源的利用效率，促进了教学经验的交流和学习。

(二)广泛传播

1.互联网为高中教学资源的传播提供了广阔的平台。优质的教学资源不再局限于本校或本地区使用，而是可以通过网络在全国乃至全球范围内传播。例如，一些高中名校的公开课视频、精品课程课件等可以在知名的教育网站上发布，供其他学校的师生参考学习。

2.这有助于不同地区的高中教育相互借鉴、共同提高。一些教育欠发达地区的学校可以获取发达地区先进的教学理念和教学方法，缩小教育差距，实现教育资源的均衡化发展。

三、资源更新与个性化方面

(一)及时更新优势

高中知识体系在不断更新，教材内容也会随着教育改革而变化。信息技术使得教学资源能够及时更新。教材编写者、学科专家可以通过在线平台迅速发布教材修订内容、最新的学科研究成果等相关教学资源。例如，在高中化学教学中，当新的化学元素发现或者新的化学反应理论提出后，相关的教学资源可以在短时间内更新到教学资源库中，教师能够第一时间获取并将这些新知识融入课堂教学，让学生接触到最前沿的学科内容。

(二)个性化资源定制

信息技术可以根据高中生的不同学习进度、学习能力和学习兴趣，为他们提供个性化的教学资源。通过学习管理系统和智能学习软件，对学生的学习数据(如作业完成情况、测试成绩、学习时间等)进行分析。例如，对于数学成绩较好且对函数部分感兴趣的学生，系统可以推送难度更高、拓展性更强的函数相关教学资源,如竞赛试题、学术论文等;而对于学习有困难的学生,则提供基础巩固型的资源,如知识点讲解视频、简单练习题等,满足不同学生的学习需求。

第三节 信息技术在教学资源管理方面应用的局限性

一、资源质量方面

(一)资源质量参差不齐

1.随着互联网的发展,网络上的教学资源数量庞大,但质量却难以保证。许多教学资源是用户自行上传的,缺乏严格的审核机制。例如,在一些教育资源共享平台上,课件可能存在知识点错误、内容过时或者不符合教学大纲要求等问题。

2.对于视频类教学资源,可能存在制作粗糙的情况,如画面不清晰、讲解不专业等。教师在筛选这些资源用于教学时,需要花费大量时间去甄别,否则可能会对教学质量产生负面影响。

(二)适用性差异

1.不同地区、不同学校、不同学科的教学要求和学生特点存在差异。即使是高质量的教学资源,也可能因为地域文化、教材版本、学生基础等因素而不适用。例如,国外开发的一些先进的科学实验教学视频,可能由于实验设备、实验步骤与国内教材不符,而无法直接应用于国内的教学。

2.一些针对特定年龄段学生设计的教学资源,如幼儿教育资源和高中教育资源,在教学方法、知识深度和呈现方式上有很大不同。如果不考虑适用性,可能会出现资源与学生接受能力不匹配的情况。

二、资源整合方面

(一)资源格式兼容性问题

1.教学资源有多种格式,如文档格式(DOC、PDF 等)、视频格式(MP4、

AVI等)、音频格式(MP3、WAV等)。不同的软件和设备对这些格式的支持程度不同。例如,学校的多媒体教学设备可能无法播放某些特殊编码的视频格式,教师需要额外的软件进行格式转换,这增加了教学资源使用的复杂性。

2.当整合不同来源的教学资源时,格式不兼容可能导致资源无法正常显示或播放。比如,从不同教育网站下载的课件,有些可能在某些操作系统下无法正常打开,影响了教师的备课效率和学生的学习体验。

(二)资源整合平台功能有限

1.许多学校或教育机构使用的教学资源整合平台功能不够完善。一方面,平台的搜索功能可能比较简陋,只能通过简单的文件名或关键词进行搜索,无法实现按照知识点、教学目标、适用年级等多维度的精准搜索。这使得教师在寻找合适的教学资源时,可能需要浏览大量无关信息。

2.另一方面,平台对资源的分类和标签不够准确和细致。例如,对于数学学科的教学资源,可能只简单分为代数和几何两类,而没有进一步细分,如函数、数列等具体知识点,不利于教师快速定位所需资源。

三、资源更新与版权方面

(一)资源更新不及时

1.知识是不断更新的,教学大纲和课程标准也会随着教育理念的发展而变化。然而,教学资源的更新往往滞后。例如,一些学科的前沿知识,如新兴的科学技术、社会热点事件在教材和教学资源中的体现不够及时。

2.对于一些在线课程平台,课程内容更新可能需要复杂的流程,包括课程制作、审核等环节,这导致新的教学理念和方法不能快速地融入教学资源中,影响了教学资源的时效性。

(二)版权问题复杂

1.信息技术环境下,教学资源的版权保护面临诸多挑战。一方面,教师和学生在使用网络教学资源时,可能会无意识地侵犯版权。例如,有些教师在制作课件时,会使用网络上的图片、文字等内容,但没有经过版权所有者的授权。

2.另一方面,版权所有者的权益难以有效维护。由于网络资源的传播范围广、速度快,侵权行为很难被及时发现和制止。同时,合法获取版权资源的成本较高,对于一些学校和教师来说,可能无法承受购买正版资源的费用,从而限制了高质量教学资源的使用。

第四节 提高信息技术在教学资源管理方面的应用效果

一、建立资源质量保障体系

(一)严格资源审核机制

1.学校或教育机构应建立自己的教学资源审核团队,对收集和制作的教学资源进行严格审核。审核人员可以包括学科专家、教学经验丰富的教师等。对于课件,要检查知识点的准确性、内容的完整性以及是否符合教学大纲要求;对于视频资源,要审核讲解的专业性、画面质量和声音清晰度等。

2.可以借鉴学术期刊的审核流程,设置初审、复审等环节。例如,初审主要检查资源的基本格式和内容框架是否符合要求,复审则由学科专家对资源的学术性和教学适用性进行深入评估。只有通过审核的资源才能进入教学资源库,供教师和学生使用。

(二)资源质量评价与反馈

1.建立教学资源质量评价系统,鼓励教师和学生对使用过的教学资源进行评价和反馈。评价可以包括资源的质量、实用性、趣味性等多个维度。例如,学生可以根据自己的学习效果对资源进行打分,并提出改进建议;教师可以从教学应用的角度评价资源是否有助于教学目标的实现。

2.根据评价和反馈结果,对教学资源进行分类管理。对于高质量、受欢迎的资源给予推荐,对于质量较差的资源及时进行修改或淘汰。同时,定期对评价数据进行分析,总结出资源质量存在的共性问题,以便有针对性地改进资源制作和收集工作。

二、优化资源整合平台

（一）提高资源格式兼容性

1.学校的信息技术部门可以安装多种格式转换软件,并对教师进行相关培训,使他们能够熟练地将不同格式的教学资源进行转换。例如,对于视频资源,可以安装格式工厂等软件,方便教师将不兼容的视频格式转换为学校多媒体设备支持的格式。

2.在选择教学资源整合平台时,优先考虑那些具有良好格式兼容性的平台。这些平台能够自动识别和转换常见的资源格式,或者提供插件来解决格式不兼容问题。同时,平台应该能够对不同格式的资源进行统一管理,方便教师和学生查看和使用。

（二）完善平台功能

1.升级资源整合平台的搜索功能,使其能够实现多维度精准搜索。除了文件名和关键词搜索外,还应增加按知识点、教学目标、适用年级、教材版本等条件进行搜索的功能。例如,教师可以通过选择学科、年级、知识点（如数学学科—初中二年级—函数）等条件,快速定位所需的教学资源。

2.细化资源分类和标签体系。可以参考学科知识体系和课程标准,对教学资源进行详细分类。例如,对于语文资源,可以按照文体（记叙文、说明文、议论文等）、知识点（修辞手法、文言文实词虚词等）、能力培养目标（阅读理解、写作能力等）等多个维度进行分类和标签标注,提高教师查找资源的效率。

三、加强资源更新与版权管理

（一）确保资源及时更新

1.与教学资源供应商建立长期合作关系,要求他们及时更新资源内容。对于在线课程平台,要监督课程制作方按照一定的时间表进行课程更新。例如,对于与教材紧密相关的课程,要求在教材修订后一定时间内完成相应课程内容的更新。

2.鼓励教师参与教学资源的更新工作。学校可以设立奖励机制,对积极更新教学资源的教师给予表彰和奖励。教师可以根据自己的教学实践和最新的学科动态,对已有的教学资源进行补充和完善。例如,教师可以将新的教学案例、最新的科研成果融入到课件和课程讲解中,提高教学资源的时效性。

(二)强化版权管理

1.开展版权教育活动,提高教师和学生的版权意识。可以通过举办版权知识讲座、发放宣传手册等方式,让教师和学生了解版权的重要性以及侵权的后果。例如,向教师介绍在制作课件和教学过程中如何正确引用网络资源,避免侵权行为。

2.建立版权管理系统,对教学资源的版权进行登记和管理。在资源入库时,明确资源的版权归属,并记录使用权限和范围。对于有版权风险的资源,要及时进行处理,如删除侵权内容或购买版权。同时,利用技术手段对教学资源的传播和使用进行监控,发现侵权行为及时制止并追究责任。

第五节 提高教师的资源制作技能

一、提供专业培训课程

(一)基础技能培训

1.针对教师资源制作的基础技能,如文档处理软件(Microsoft Word、WPS文字等)、演示文稿软件(Microsoft PowerPoint、WPS 演示等)的使用,开展系统培训。培训内容可以包括文档排版技巧,如字体设置、段落格式、页码添加等,以及演示文稿的制作技巧,如模板选择、图表插入、动画效果应用等。

2.对于音频和视频编辑软件,如 Adobe Audition、Adobe Premiere Pro 等,也应该提供基础操作培训。让教师掌握音频剪辑、混音,视频剪辑、添加字幕、特效制作等基本技能,以便他们能够制作出高质量的多媒体教学资源。

(二)进阶技能培训

1.开展进阶的教学设计与资源整合培训。帮助教师学会根据教学目标和学生特点进行教学资源的整体规划。例如,培训教师如何设计一个完整的在线课程,包括课程结构、教学环节安排、互动环节设计等。

2.提供虚拟现实(VR)、增强现实(AR)等新兴技术在教学资源制作中的应用培训。让教师了解这些新技术如何为教学资源增添新的维度,如通过VR技术制作沉浸式的历史场景教学资源,或者利用AR技术实现实物与虚拟信息相结合的理科实验教学资源。

二、搭建交流与分享平台

(一)校内交流平台

1.学校可以建立校内的教学资源制作交流平台,如论坛或工作坊。在这个平台上,教师可以分享自己制作教学资源的经验、技巧和遇到的问题。例如,一位擅长制作数学动画课件的教师可以分享他在动画设计软件中的操作步骤,以及如何通过动画更好地呈现数学概念。

2.定期组织校内的教学资源制作展示活动。让教师展示自己制作的优秀教学资源,如精美的课件、生动的教学视频等,并讲解制作思路和方法。这不仅可以促进教师之间的相互学习,还能激发教师制作高质量教学资源的积极性。

(二)校际交流平台

1. 联合周边学校或通过教育联盟搭建校际的教学资源制作交流平台。在这个平台上,教师可以接触到不同学校的教学资源制作风格和方法。例如,一些具有先进教育理念的学校可能在跨学科教学资源制作方面有独特的经验,通过校际交流,其他学校的教师可以学习和借鉴这些经验。

2.组织校际的教学资源制作竞赛活动。竞赛主题可以围绕特定学科、教学模式(如翻转课堂资源制作)等展开。通过竞赛,激励教师不断提高自己的资源制作水平,同时也能让教师在竞赛过程中习其他参赛者的优秀经验。

三、提供资源制作工具与模板

(一)工具推荐与支持

1.学校的信息技术部门可以定期向教师推荐适合教学资源制作的软件工具。这些工具应具有易用性和针对性。例如,对于制作简单的交互式课件,可以推荐使用 Articulate Storyline 等工具，它具有直观的操作界面和丰富的交互模板。

2.为教师提供工具使用的技术支持。可以设立专门的技术咨询热线或在线客服，当教师在使用工具过程中遇到问题时，能够及时得到解答。同时，针对一些复杂的工具，制作详细的使用手册和教程视频，方便教师自主学习。

(二)模板资源共享

1.收集和整理各种教学资源制作模板，如课件模板、教学设计模板、试卷模板等，并在学校内部共享。这些模板可以按照学科、年级、教学模式等进行分类。例如，对于语文古诗词教学，可以提供包含诗词原文展示、注释讲解、赏析环节等的课件模板，教师可以根据自己的教学内容对模板进行修改和完善。

2.鼓励教师自己制作并分享优秀的教学资源制作模板。对于分享高质量模板的教师，可以给予一定的奖励，如荣誉证书、教学资源制作工具的使用权等，以提高教师参与模板制作和分享的积极性。

四、建立激励与反馈机制

(一)激励机制

1.设立教学资源制作奖励制度，对制作出高质量教学资源的教师给予物质奖励，如奖金、教学设备购置补贴等。同时，也可以给予精神奖励，如优秀教学资源制作人称号、校内表彰大会表扬等。

2.将教学资源制作成果与教师的职称评定、绩效考核等挂钩。在职称评定中，将教学资源制作能力和成果作为重要的考核指标之一，激励教师不断提升自己的资源制作技能，积极投入到教学资源制作工作中。

(二)反馈机制

1.建立教学资源制作的反馈渠道，让教师能够及时得到关于自己制作资源的反馈信息。反馈可以来自学生、同行教师和教学管理人员。例如，学生可以通过问卷调查的方式对教师制作的教学资源进行评价，反馈资源是否易于理解、是否有趣等；同行教师可以从专业角度对资源的学术性和教学适用性进行评价。

2.根据反馈信息,为教师提供个性化的改进建议。对于资源制作技能存在不足的教师,安排针对性的培训或指导。例如,如果教师制作的课件在教学设计方面存在问题,如教学环节衔接不流畅,就可以安排教学设计专家对其进行一对一的指导,帮助教师提升资源制作技能。

第十章 建立多元评价与质量监控体系

第一节 如何建立多元评价与质量监控体系

一、多元评价与质量监控体系的重要性

在教育管理中，建立多元评价与质量监控体系具有至关重要的意义。

（一）促进学生全面发展

传统的评价体系往往过于注重学生的学业成绩，而忽视了学生的综合素质和个性发展。多元评价体系能够从多个维度对学生进行评价，包括学业成绩、创新能力、实践能力、社会责任感等，从而更好地促进学生的全面发展。

（二）提高教育教学质量

质量监控体系可以对教育教学过程进行全面监控，及时发现问题并采取措施加以改进。通过对教师的教学方法、教学内容、教学效果等进行评价，可以促进教师不断提高教学水平；通过对学生的学习态度、学习方法、学习效果等进行评价，可以激发学生的学习积极性，提高学习效果。

（三）增强教育管理的科学性和有效性

多元评价与质量监控体系能够为教育管理提供科学依据，使教育管理更加客观、公正、有效。通过对教育教学过程和结果的评价，可以了解教育教学的实际情况，为教育决策提供参考；通过对教育管理工作的评价，可以发现管理中的问题和不足，及时调整管理策略，提高管理效率。

二、多元评价体系的构建

(一)评价主体多元化

1.教师评价

(1)教师是教育教学活动的直接组织者和实施者,对学生的学习情况最为了解。教师评价可以从学生的学习态度、学习方法、学习成绩等方面进行,评价结果具有较高的可信度。

(2)为了提高教师评价的客观性和公正性,可以采用多种评价方式,如课堂观察、作业批改、考试评价等。同时,还可以建立教师评价反馈机制,让学生和家长对教师的评价进行反馈,促进教师不断提高教学水平。

2.学生自评

(1)学生自评是学生对自己学习过程和学习结果的评价。通过学生自评,可以培养学生的自我管理能力和自我反思能力,促进学生的自主学习。

(2)学生自评可以采用问卷调查、学习日记、学习反思等方式进行。在自评过程中,学生要对自己的学习目标、学习计划、学习方法、学习效果等进行全面评价,并提出改进措施。

3.学生互评

(1)学生互评是学生之间对学习过程和学习结果的评价。通过学生互评,可以培养学生的合作能力和团队精神,促进学生之间的相互学习。

(2)学生互评可以采用小组讨论、作品展示、角色扮演等方式进行。在互评过程中,学生要客观、公正地评价他人的学习表现,并提出建设性的意见和建议。

4.家长评价

(1)家长是学生的第一任老师,对学生的成长和发展有着重要的影响。家长评价可以从学生的品德修养、学习习惯、生活能力等方面进行,评价结果能够反映学生在家庭中的表现。

(2)为了提高家长评价的有效性,可以建立家长评价反馈机制,让教师对家长的评价进行反馈,促进家长与学校的合作。同时,还可以通过家长会、家访等方式,加强家长与学校的沟通与交流,共同关心和教育学生。

（二）评价内容多元化

1.学业成绩评价

（1）学业成绩是学生学习效果的重要体现，也是评价学生的重要依据之一。学业成绩评价可以采用考试、测验、作业等方式进行，评价结果要客观、公正、准确。

（2）在学业成绩评价中，要注重考查学生的基础知识和基本技能，同时也要关注学生的创新能力和实践能力。可以采用多样化的考试形式，如开卷考试、闭卷考试、口试、实验操作等，以全面考查学生的学习情况。

2.综合素质评价

（1）综合素质评价是对学生的品德修养、创新能力、实践能力、社会责任感等方面进行的评价。综合素质评价可以采用问卷调查、社会实践、作品展示等方式进行，评价结果要全面、客观、真实。

（2）在综合素质评价中，要注重考查学生的团队合作能力、沟通能力、领导能力等方面的表现。可以通过组织学生参加社会实践活动、科技创新活动、文艺体育活动等，培养学生的综合素质。

3.个性发展评价

（1）个性发展评价是对学生的兴趣爱好、特长优势、个性特点等方面进行的评价。个性发展评价可以采用问卷调查、作品展示、面试等方式进行，评价结果要尊重学生的个性差异，鼓励学生发挥自己的特长优势。

（2）在个性发展评价中，要注重考查学生的创新思维能力、实践动手能力、艺术审美能力等方面的表现。可以通过组织学生参加兴趣小组、社团活动、艺术比赛等，培养学生的个性特长。

（三）评价方法多元化

1.定量评价与定性评价相结合

（1）定量评价是采用数学方法对评价对象进行量化分析的评价方法。定量评价具有客观性、准确性、可比性等优点，但也存在一定的局限性，如不能全面反映评价对象的本质特征等。

（2）定性评价是采用描述性语言对评价对象进行分析和评价的评价方

法。定性评价具有主观性、灵活性、全面性等优点,但也存在一定的局限性,如评价结果不够准确、可比性不强等。

(3)在评价过程中,要将定量评价与定性评价相结合,充分发挥两种评价方法的优势,提高评价结果的科学性和有效性。

2.形成性评价与终结性评价相结合

(1)形成性评价是在教学过程中对学生的学习情况进行的评价。形成性评价具有及时性、反馈性、激励性等优点,能够及时发现学生学习中存在的问题,并采取措施加以改进。

(2)终结性评价是在教学结束后对学生的学习结果进行的评价。终结性评价具有总结性、鉴定性、选拔性等优点,能够对学生的学习效果进行全面评价。

(3)在评价过程中,要将形成性评价与终结性评价相结合,充分发挥两种评价方法的优势,提高评价结果的科学性和有效性。

3.自我评价与他人评价相结合

(1)自我评价是学生对自己学习过程和学习结果的评价。自我评价具有自我反思、自我激励、自我提高等优点,能够培养学生的自我管理能力和自我反思能力。

(2)他人评价是教师、学生、家长等对学生学习过程和学习结果的评价。他人评价具有客观性、公正性、全面性等优点,能够从不同角度对学生进行评价。

(3)在评价过程中,要将自我评价与他人评价相结合,充分发挥两种评价方法的优势,提高评价结果的科学性和有效性。

三、质量监控体系的构建

(一)建立质量监控组织机构

1.学校层面:学校成立教学质量监控领导小组,由校长任组长,分管教学的副校长任副组长,相关部门负责人为成员。教学质量监控领导小组负责制定学校教学质量监控的政策、制度和标准,组织开展教学质量监控工作,协调解决教学质量监控中出现的问题。

2.院系层面:院系成立教学质量监控工作小组,由院系负责人任组长,分管教学的副院长任副组长,相关科室负责人和教师代表为成员。教学质量监控工作小组负责制定院系教学质量监控的实施细则,组织开展院系教学质量监控工作,及时向学校教学质量监控领导小组反馈教学质量监控情况。

3.班级层面:班级成立教学质量监控信息员队伍,由学习委员任组长,各学科代表为成员。教学质量监控信息员队伍负责收集学生对教学的意见和建议,及时向院系教学质量监控工作小组反馈教学质量监控情况。

(二)建立质量监控指标体系

1.教师教学质量监控指标体系

(1)教师教学态度:包括教师的敬业精神、责任心、教学热情等方面的表现。

(2)教师教学方法:包括教师的教学方法是否得当、是否注重启发式教学、是否注重培养学生的创新能力等方面的表现。

(3)教师教学内容:包括教师的教学内容是否符合教学大纲要求、是否注重理论联系实际、是否及时更新教学内容等方面的表现。

(4)教师教学效果:包括学生的学习成绩、学习兴趣、学习能力等方面的提高情况。

2.学生学习质量监控指标体系

(1)学生学习态度:包括学生的学习积极性、自觉性等方面的表现。

(2)学生学习方法:包括学生的学习方法是否得当、是否注重自主学习、是否注重合作学习等方面的表现。

(3)学生学习内容:包括学生的学习内容是否符合教学大纲要求、是否注重基础知识和基本技能的掌握、是否注重综合素质的提高等方面的表现。

(4)学生学习效果:包括学生的学习成绩、学习能力、创新能力等方面的提高情况。

(三)建立质量监控信息反馈机制

1.信息收集

(1)通过课堂教学评价、学生座谈会、教师座谈会、教学检查等方式,收集教师教学质量和学生学习质量的信息。

（2）利用网络教学平台、教学管理系统等信息化手段,收集教师教学过程和学生学习过程的信息。

2.信息分析

（1）对收集到的信息进行分类、整理和分析,找出教学质量和学习质量存在的问题和不足。

（2）运用统计学方法、数据分析技术等手段,对教学质量和学习质量进行定量分析,为教学决策提供科学依据。

3.信息反馈

（1）将分析结果及时反馈给教师和学生,让他们了解自己的教学和学习情况,以便及时调整教学方法和学习方法。

（2）将分析结果反馈给学校领导和相关部门,为学校教学管理和决策提供参考依据。

四、多元评价与质量监控体系的实施保障

（一）加强组织领导

学校要高度重视多元评价与质量监控体系的建设工作，成立专门的领导机构,明确各部门的职责和分工,确保多元评价与质量监控体系的顺利实施。

（二）完善制度建设

学校要制定完善的多元评价与质量监控体系的相关制度,包括评价标准、评价方法、评价程序、质量监控指标体系、信息反馈机制等,确保多元评价与质量监控体系的规范化、科学化、制度化。

（三）加强队伍建设

学校要加强评价与监控队伍的建设，提高评价与监控人员的业务水平和综合素质。可以通过培训、交流、研讨等方式,提高评价与监控人员的评价能力和监控水平。

（四）加大经费投入

学校要加大对多元评价与质量监控体系建设的经费投入，确保评价与监控工作的顺利开展。可以设立专项经费,用于评价与监控设备的购置、评价与监控人员的培训、评价与监控工作的开展等。

第二节 质量监控体系在教育管理中的实施难点

一、评价指标的科学性与合理性

(一)指标全面性的挑战

在教育领域,学生的发展和教师的教学成果是多维度的。要全面衡量教育质量,就需要涵盖学业成绩、综合素质(如创新能力、实践动手能力、团队协作能力等)、情感态度(如学习兴趣、学习动机、自信心等)等多个方面的指标。然而,设计一个能够全面且精准反映这些复杂维度的指标体系是极具挑战性的。例如,对于学生的创新能力评估,很难用简单的几个量化指标来衡量,因为创新能力涉及思维的灵活性、独特性、问题解决能力等多个难以直接量化的因素。

(二)指标权重确定的困难

即使确定了评价指标,为每个指标分配合理的权重也是一个难点。不同的教育理念和教育目标可能导致对各指标权重的不同看法。例如,在传统教育观念中,学业成绩可能会被赋予较高的权重,而在强调素质教育的今天,综合素质和情感态度等方面的权重也需要适当提高。如何确定这些权重,才能既符合教育理念,又能真实反映教育质量,是一个复杂的问题。而且,不同学科、不同年级可能需要不同的权重分配,这进一步增加了确定权重的难度。

二、数据收集与处理的复杂性

(一)数据来源的多样性与整合难题

教育质量监控需要收集来自多个渠道的数据,包括学生的考试成绩、课堂表现记录、作业完成情况、教师的教学计划、教学反思、家长的反馈等。这些数据来源广泛,格式和内容也各不相同。例如,学生的课堂表现可能以教师的手写记录、课堂录像、电子课堂管理系统中的记录等多种形式存在。整合这些不同格式和来源的数据，并确保数据的准确性和一致性是一项艰巨的任务。

（二）数据处理与分析的技术要求

大规模的教育数据收集后，需要运用适当的统计方法和数据分析技术进行处理。这要求教育管理者和相关人员具备一定的数据分析能力，如掌握数据挖掘、机器学习等技术来发现数据中的潜在规律。然而，在教育领域，很多教育工作者可能缺乏这些专业的数据分析技能。而且，数据处理过程中还需要考虑数据的隐私保护等问题，特别是涉及学生个人信息的数据，这也增加了数据处理的复杂性。

三、参与主体的观念与配合度

（一）教师的抵触情绪

部分教师可能对质量监控体系存在抵触情绪。他们可能认为过多的监控会干扰正常的教学秩序，增加工作负担。例如，要求教师详细记录每堂课的教学过程和学生反应，用于质量监控，这可能会让教师觉得自己的教学被过度束缚，没有足够的教学自由。而且，教师可能担心监控结果会对自己的职业发展产生不利影响，如绩效评定、职称晋升等，从而对质量监控体系产生抵触。

（二）学生和家长的误解

学生和家长可能对质量监控体系的目的和意义理解不够准确。学生可能将质量监控简单地视为一种考核压力，而不是帮助自己提高学习质量的工具。例如，学生可能会对频繁的测试和评估感到厌烦，从而产生消极应对的情绪。家长可能过度关注监控结果中的学业成绩部分，而忽视了学生综合素质的培养，并且可能对监控结果产生不恰当的焦虑情绪，给学生和学校都带来压力。

四、反馈机制的有效性与及时性

（一）反馈信息的针对性和可操作性

质量监控体系的价值在于能够为教育教学提供有针对性的反馈，以促进改进。然而,要使反馈信息具有针对性和可操作性并不容易。例如,监控数据可能显示某班级学生在某一学科的某个知识点上掌握情况不佳,但要确定是教学方法的问题、教材内容的问题还是学生个体差异的问题,需要进一步深入分析。而且,反馈信息需要转化为具体的改进措施,如教师应该如何调整教学策略、学校应该如何提供支持等,这对反馈机制的设计和实施提出了很高的要求。

(二)反馈的及时性挑战

教育教学过程是一个动态的过程,及时的反馈对于改进教学至关重要。但是,在实际操作中,数据收集、分析和反馈环节可能会存在时间滞后的问题。例如,等到学期末对学生的综合学习情况进行分析并反馈给教师时,可能已经错过了最佳的教学调整时机。因此, 如何确保反馈能够及时到达教师、学生和家长手中,以便他们能够迅速采取行动,是质量监控体系实施过程中的一个难点。

第三节 制定教育质量监控体系评价指标

一、明确教育目标与理念

(一)以教育方针为导向

1.国家的教育方针为教育活动指明了方向,评价指标应与之紧密结合。例如,我国教育方针强调培养德、智、体、美、劳全面发展的社会主义建设者和接班人。这就要求在制定评价指标时,要涵盖学生品德修养、学业水平、身心健康、审美素养和劳动技能等多个方面。

2.深入研究国家教育政策文件,如课程标准、教育规划纲要等,提取其中关于教育质量的关键要求。比如,课程标准中对各学科知识与技能、过程与方法、情感态度与价值观的三维目标设定,就可以作为制定学科教学质量评价指标的重要依据。

（二）结合学校教育理念

1.每个学校都有自己独特的教育理念,如注重创新教育、国际化教育或个性化教育等。评价指标应体现学校的教育特色。例如,对于以创新教育为理念的学校,可以增加学生创新思维、创新实践成果等评价指标,像学生在科技创新比赛中的获奖情况、申请专利数量等。

2.学校的校训、培养目标等也为评价指标的制定提供了线索。如果学校的校训强调"博学、笃志、尚美、创新",那么在评价指标中就可以设置学生知识广度、学习意志、审美能力和创新意识等具体的观测点。

二、考虑评价对象的多样性

（一）学生层面

1.学业成绩指标

（1）这是最基本的评价维度,包括学科知识的掌握程度。可以通过考试成绩、作业完成质量等方式衡量。例如,在数学学科中,可以统计学生在单元测试、期末考试中的平均分、及格率、优秀率等;同时,分析学生作业中的错题率、解题步骤的规范性等。

（2）学习能力的提升也是重要指标。如学生的自主学习能力,可以观察学生制订学习计划、预习、复习的情况;思维能力可以通过学生解决开放性问题、逻辑推理题的表现来评估;信息素养则可以从学生利用网络资源、电子图书馆等进行学习的能力方面进行考查。

2.综合素质指标

（1）品德行为方面,设立如遵守校规校纪、尊重师长、关爱同学、社会责任感等指标。例如,通过记录学生参加志愿服务活动的次数、时长,以及在班级、学校活动中的协作表现等来衡量社会责任感。

（2）身心健康指标包括身体素质和心理素质。身体素质可以通过体育测试成绩、体育锻炼习惯来评价;心理素质则可以参考学生在压力环境下的情绪调节能力、应对挫折的能力等,比如通过心理健康测试、心理咨询记录等方式获取相关信息。

（3）艺术素养和劳动技能也是综合素质的重要组成部分。艺术素养可以通过学生在音乐、美术、舞蹈等艺术课程中的表现，以及参加艺术活动(如校园文艺演出、绘画比赛等)的情况来衡量；劳动技能可以观察学生在校园劳动、家务劳动中的实际操作能力，如手工制作、种植养殖等技能的掌握程度。

(二)教师层面

1.教学态度指标

(1)敬业精神是重要的一点，包括教师的出勤情况、备课认真程度等。例如，通过检查教师的教案是否详细、教学资源是否丰富来判断备课质量；观察教师是否按时上下课，有无随意调课等情况来考查出勤。

(2)对学生的关怀程度也不可忽视。这可以从教师与学生的沟通频率、是否关注学生的个体差异、对学习困难学生的帮助情况等方面进行评价。比如，统计教师与学生谈话的次数，查看教师是否为特殊学生制订个性化的学习计划等。

2.教学能力指标

(1)教学方法是否得当是关键因素。可以观察教师是否采用多样化的教学方法(如讲授法、讨论法、探究法等)，是否根据教学内容和学生特点灵活选择教学方法。例如，在理科实验课中，教师是否能够引导学生自主设计实验、操作实验和分析实验结果。

(2)教学内容的准确性和深度也是评价要点。考查教师是否准确传授学科知识，是否能结合学科前沿动态拓展教学内容。比如，在历史课教学中，教师是否能准确讲解历史事件，并且引入最新的考古发现或历史研究成果来丰富教学内容。

(3)教学效果可以通过学生的学习成绩、学习兴趣、课堂参与度等方面来衡量。例如，分析学生在教师所授课程中的成绩提升情况，观察学生在课堂上主动提问、回答问题的频率等。

三、确保指标的科学性与可操作性

(一)科学性

1.指标的系统性

(1)评价指标应形成一个完整的体系，各个指标之间相互关联、相互补充,能够全面反映教育质量。例如,在学生评价中,学业成绩、综合素质等各个维度的指标要相互配合,避免出现只重视学业成绩而忽视其他方面的情况。

(2)指标的层次结构要清晰,从宏观目标到具体观测点要有合理的分解。比如,在教师教学能力评价中,教学方法这一指标可以进一步细分为教学方法的多样性、教学方法与教学内容的匹配度、教学方法对学生学习积极性的激发程度等具体观测点。

2.指标的客观性

(1)尽量采用客观的数据和事实作为评价依据,减少主观因素的干扰。例如,在评价学生学业成绩时,以考试成绩、作业成绩等量化数据为主;在评价教师教学态度时,以考勤记录、教案检查结果等客观事实为依据。

(2)对于一些难以直接量化的指标,如学生的创新能力、教师的教学风格等,可以采用多个客观的间接指标来衡量。例如,对于学生创新能力,可以通过学生参加创新比赛的获奖情况、在课堂上提出创新性观点的次数等指标来综合评价。

(二)可操作性

1.指标的简易性

(1)评价指标应简单明了,易于理解和操作。避免使用过于复杂、抽象的概念和指标。例如,在学生品德评价中,使用"是否遵守校规校纪"这样简单直观的指标,而不是使用一些晦涩难懂的心理学或伦理学概念。

(2)指标的数据收集方式要简便易行。如果一个指标需要耗费大量的人力、物力和时间来收集数据,那么在实际操作中就很难实施。例如,评价学生的阅读量,可以通过学生的阅读笔记、读书报告等方式简单获取相关信息,而不是采用复杂的阅读跟踪软件。

2.指标的量化与质性相结合

(1)对于能够量化的指标,如学生成绩、教师教学工作量等,要明确量化标准和计算方法。例如,学生成绩可以采用百分制或等级制进行量化;教师教学工作量可以根据课时数、辅导学生次数等进行量化计算。

（2）同时，对于一些难以量化的指标，如学生的学习态度、教师的教学风格等，要采用质性评价方法，通过观察记录、案例分析、访谈等方式进行描述和评价。例如，在评价教师教学风格时，可以通过课堂观察记录教师的教学语言、肢体动作、与学生互动的方式等质性内容来进行评价。

第四节 质量监控体系在教育管理中的保障措施

一、制度保障

（一）建立健全评价制度

1.制定科学、全面的教育质量评价制度，明确规定评价的目的、主体、对象、内容、方法和程序等。例如，对于学生的评价，要涵盖学业成绩、综合素质、个性发展等多个维度，并且详细说明每个维度的评价标准和方式。对于教师的评价，要包括教学态度、教学方法、教学效果等方面，同时明确不同评价指标的权重。

2.建立评价周期制度，规定定期（如每学期或每年）进行全面评价，同时穿插不定期的专项评价（如针对某一学科教学改革后的效果评价），确保评价的持续性和动态性。

（二）完善数据管理制度

1.建立严格的数据收集、整理、存储和使用制度。明确数据收集的责任主体，规定教师、学校管理人员等在数据收集过程中的职责。例如，教师要负责记录学生的课堂表现、作业完成情况等基础数据。

2.制定数据安全和隐私保护制度，确保学生和教师的个人信息不被泄露。采用加密技术、访问控制等手段对教育数据进行保护，同时对涉及数据处理的人员进行数据安全培训，增强他们的安全意识。

（三）规范反馈制度

1.构建完善的反馈制度，明确反馈的渠道、方式和时间。例如，规定学校要在一定时间内(如评价结束后两周内)将评价结果反馈给教师和学生,并且要通过多种渠道进行反馈,包括面对面会议、书面报告、在线平台等。

2.建立反馈信息的跟踪制度,要求教师和学生对反馈信息进行回应,说明他们针对反馈所采取的改进措施,并对改进效果进行定期汇报,确保反馈能够真正起到促进教育质量提升的作用。

二、人员保障

(一)提升专业素质

1.对教育管理人员进行质量监控体系相关知识和技能的培训,包括教育评价理论、数据分析方法、反馈策略等内容。例如,定期组织教育管理人员参加专业研讨会,邀请专家举办讲座,使他们能够深入理解质量监控体系的原理和操作方法。

2.加强教师的评价素养培训,让教师了解评价的重要性,掌握多样化的评价方法,如形成性评价、表现性评价等。同时,培训教师如何利用评价结果改进教学,提高教师的自我监控和自我提升能力。

(二)明确人员职责

1.明确学校领导、教学管理人员、教师、学生等在质量监控体系中的角色和职责。例如,学校领导负责整体规划和监督质量监控体系的实施,教学管理人员负责具体组织和协调评价工作,教师负责提供教学数据和根据反馈改进教学,学生负责积极配合评价工作并利用反馈促进自身学习。

2.建立责任追究制度,对于在质量监控过程中出现的敷衍塞责、弄虚作假等行为进行严肃处理,确保每个环节的工作都能够认真落实。

三、技术保障

(一)选择合适的技术工具

1.引入先进的教育管理软件和数据分析工具,帮助学校进行高效的数据收集、分析和反馈。例如,选用学习管理系统(LMS)来记录学生的学习过程数据,如在线学习时间、作业提交情况等;利用数据挖掘工具对学生成绩数据进行分析,发现成绩波动的潜在因素。

2.对于一些需要特殊技术支持的评价方式,如在线测试、虚拟实验室评价等,要确保学校具备相应的硬件和软件设施。例如,建设在线测试平台,保证平台的稳定性和安全性,为学生提供公平、公正的测试环境。

（二）技术维护与更新

1.建立专业的技术维护团队,负责学校教育技术设备和软件的日常维护和管理。定期对设备进行检查和维修,对软件进行更新和升级,确保技术工具能够正常运行。例如,及时更新学习管理系统的功能,以适应新的教学模式和评价需求。

2.设立技术培训计划,让教育管理人员和教师能够熟练掌握和使用相关技术工具。例如,为教师提供关于新的在线教学平台使用方法的培训,使他们能够更好地利用技术手段开展教学和参与质量监控。

四、资源保障

（一）经费支持

1.学校要为质量监控体系的建设和运行提供充足的经费支持。经费主要用于购买技术设备、软件许可证、培训课程、数据存储和安全保障等方面。例如,每年安排一定比例预算用于更新教育管理软件,确保其功能的先进性。

2.设立专项经费,鼓励教师开展与教育质量监控相关的研究项目和教学改革实践。例如,资助教师进行基于质量监控数据的教学方法改进实验,推动教学质量的持续提升。

（二）资源整合

1.整合校内和校外的教育资源,为质量监控体系提供支持。校内资源包括图书馆、实验室、多媒体教室等设施,要充分利用这些资源开展多样化的评价活动。例如,利用实验室开展实验技能的评价。

2.加强与校外教育机构、科研单位的合作,共享优质教育资源和先进的评价理念。例如,与专业的教育评价机构合作,引进他们的评价工具和方法,提升学校质量监控体系的科学性和有效性。

第十一章 高中阶段的应试教育与素质教育

第一节 高中应试教育的现状与影响

一、现状

(一)教学围绕考试转

在高中应试教育模式下，教学内容和进度紧密围绕高考科目和考试大纲展开。教师以传授考试重点和解题技巧为主要任务，学生则将大量时间用于背诵知识点、做练习题和模拟考试。

(二)高强度的学习压力

为了在高考中取得好成绩，学生往往面临着巨大的学习压力。长时间的学习、频繁的考试和激烈的竞争让学生身心疲惫，甚至出现焦虑、抑郁等心理问题。

(三)以成绩为唯一评价标准

学校和家长通常以学生的考试成绩作为评价其学习成果和能力的唯一标准。成绩好的学生被视为优秀，而成绩不理想的学生则可能受到批评。

二、影响

(一)知识掌握较为扎实

应试教育注重对知识点的系统学习和反复训练，使得学生在高考所涉及的学科知识方面掌握得较为扎实。这为学生进入大学学习相关专业知识奠定了一定的基础。

（二）培养竞争意识

激烈的竞争环境让学生从小就培养起竞争意识，学会在压力下努力奋斗。这种竞争意识在一定程度上有助于学生在未来的社会生活中积极进取、勇于拼搏。

三、局限性

然而，应试教育也存在着明显的局限性。它过于注重知识的灌输和考试技巧的训练，忽视了学生的个性发展、创新能力和综合素质的培养。学生往往缺乏独立思考能力、实践能力和社会责任感，难以适应未来社会的多元化需求。

第二节 高中素质教育的内涵与价值

一、内涵

（一）全面发展

素质教育强调学生的全面发展，不仅注重学生的学业成绩，还重视学生的品德修养、身心健康、艺术素养、社会实践等方面的培养。

（二）个性发展

尊重学生的个性差异，鼓励学生根据自己的兴趣、特长和潜力选择适合自己的发展道路。培养学生的创新精神和实践能力，让每个学生都能在自己擅长的领域发挥出最大的潜力。

（三）学习

培养学生的自主学习能力和终身学习意识，使学生在离开学校后仍能不断学习、不断进步，适应社会的发展变化。

二、价值

（一）培养创新人才

素质教育注重培养学生的创新思维和实践能力，为社会培养具有创新精神和创造力的人才。这些人才能够在科技、文化、经济等领域发挥重要作用，推动社会的进步和发展。

（二）提升学生综合素质

通过全面发展的教育，学生的综合素质得到提升，具备良好的品德、健康的心理、丰富的知识和较强的实践能力。这有助于学生更好地适应社会生活，实现自己的人生价值。

（三）促进教育公平

素质教育关注每个学生的发展，不单纯以成绩论英雄。它为那些在传统应试教育中可能被忽视的学生提供了更多的发展机会，促进了教育公平。

三、高中应试教育与素质教育的平衡与融合

（一）平衡

1.转变教育观念

学校、家长和社会应转变传统的应试教育观念，认识到素质教育的重要性。树立正确的人才观和教育质量观，不以高考成绩作为衡量学生和学校的唯一标准。

2.优化课程设置

在高中课程设置中，既要保证高考科目的教学质量，又要增加素质教育课程的比重。例如，开设艺术、体育、社会实践等课程，丰富学生的学习生活，培养学生的综合素质。

3.改进教学方法

教师应采用多样化的教学方法，既注重知识的传授，又注重学生能力的培养。鼓励学生积极参与课堂讨论、小组合作和实践活动，提高学生的自主学习能力和创新思维。

4.完善评价体系

建立多元化的评价体系，综合考虑学生的学业成绩、品德表现、社会实践等方面。采用考试、作业、课堂表现、实践活动等多种评价方式，全面客观地评价学生的学习成果和综合素质。

（二）融合

1.以素质教育为导向的应试教育

在应试教育中融入素质教育的理念和方法，让学生在准备高考的过程中不仅掌握知识，还能培养创新能力、实践能力和综合素质。例如，在教学中注重培养学生的思维能力和解题方法，而不是单纯地死记硬背知识点。

2.素质教育中的应试能力培养

素质教育并不排斥应试能力的培养。在素质教育过程中，可以通过适当的考试和评价来检验学生的学习成果和能力水平。同时，注重培养学生的应试技巧和心理素质，让学生在考试中能够发挥出自己的真实水平。

3.共同促进学生成长

应试教育和素质教育并非对立关系，而是可以相互融合、共同促进学生成长的。通过平衡和融合两者，为学生提供更加全面、优质的教育，培养出既具有扎实的学科知识，又具备创新精神、实践能力和综合素质的新时代人才。

高中应试教育与素质教育各有其特点和价值。在高中教育中，我们应努力寻求两者的平衡与融合，为学生的未来发展奠定坚实的基础。

第三节 应试教育对学生个性发展的积极影响和消极影响

一、积极影响

（一）培养自律和时间管理能力

在应试教育环境下，学生面临着紧凑的学习安排和频繁的考试。为了应对这些挑战，学生需要学会自律，合理安排自己的学习时间。例如，他们会制订学习计划，按照计划完成各项学习任务。这种自律和时间管理能力在学生的个性发展中至关重要，不仅有助于他们在学业上取得成功，也为他们未来的工作和生活奠定了良好的基础。

（二）激发竞争意识和上进心

应试教育通常以考试成绩作为评价学生的主要标准，这使得学生之间存在着激烈的竞争。在竞争过程中，学生为了取得更好的成绩，会不断努力学习，激发自己的竞争意识和上进心。这种竞争意识和上进心可以促使学生在面对困难和挑战时不轻易放弃，努力克服困难，追求卓越。

（三）提供明确的目标和方向

教育为学生设定了明确的学习目标，即通过各种考试进入更高层次的学校。这种明确的目标和方向可以让学生在学习过程中有动力和方向感，避免盲目学习。学生知道自己的努力方向，会更加专注地投入学习中，为实现自己的目标而努力奋斗。

二、消极影响

（一）限制个性特长的发展

应试教育注重考试科目的学习，学生的大部分时间和精力都被用于学习语文、数学、英语等主要科目。这使得学生很少有时间和机会去发展自己的个性特长，如音乐、绘画、体育等。即使学生有某方面的特长和兴趣，也可能因为学业压力而无法得到充分的发展。

（二）压抑创造力和创新思维

应试教育强调对知识的记忆和应试技巧的掌握，学生往往被要求按照标准答案回答问题，缺乏独立思考和创新的空间。长期处于这种教育模式下，学生的创造力和创新思维会受到压抑，难以形成独特的见解和创新的想法。例如，在课堂上，老师通常会给出标准答案，学生为了取得好成绩，会尽量按照标准答案回答问题，不敢提出自己的不同看法。这种情况在一定程度上抑制了学生的创造力和创新思维的发展。

（三）导致心理压力过大

应试教育下的学生面临着巨大的学习压力和考试压力，他们需要不断地努力学习，以取得好成绩。这种长期的压力可能会导致学生出现焦虑、抑郁等心理问题，影响他们的身心健康和个性发展。

第四节 如何培养学生在应试教育环境下的个性发展

一、学校方面

(一)多元化课程设置

除了传统的考试科目,学校可以增加丰富多样的选修课程,涵盖艺术、音乐、体育、科技、文学等领域。例如,开设摄影课、手工制作课、编程课等,让学生根据自己的兴趣爱好进行选择。这样可以为学生提供发展个性特长的机会,满足不同学生的需求。某高中在课程设置上进行了改革,除了常规的语文、数学、英语等课程外,还增加了绘画、书法、机器人编程等选修课程。学生们可以根据自己的兴趣选择相应的课程,在学习中充分发挥自己的个性和创造力。

(二)个性化教学方法

教师可以采用分层教学、小组合作学习等方式,根据学生的不同学习水平和特点进行有针对性的教学。对于学习能力较强的学生,可以提供更具挑战性的学习任务,鼓励他们进行深入探究;对于学习困难的学生,则给予更多的关注和支持,帮助他们逐步提高。

在数学教学中,老师根据学生的成绩和学习能力将班级分为不同的层次,为每个层次的学生制订不同的教学计划和学习任务。对于成绩优异的学生,老师会布置一些拓展性的数学难题,让他们进行自主探究;对于成绩中等的学生,注重巩固基础知识和提高解题能力;对于学习困难的学生,老师会进行个别辅导,帮助他们掌握基本的数学概念和方法。

(三)丰富的课外活动

学校可以组织各种社团活动、科技竞赛、文艺表演等,为学生提供展示个性和才华的平台。例如,成立文学社、话剧社、科技创新俱乐部等社团,让学生在活动中培养兴趣爱好、锻炼组织能力和团队合作精神。某高中的文学社定期组织诗歌朗诵会、作文比赛等活动,吸引了众多热爱文学的学生参与。学生们在活动中不仅提高了文学素养,还锻炼了自己的表达能力和自信心,充分展现了自己的个性和才华。

二、教师方面

(一)尊重学生个性差异

教师要关注每个学生的独特之处,尊重他们的兴趣爱好、学习方式和思维方式。在教学过程中,鼓励学生发表不同的观点和想法,不轻易否定学生的个性表现。例如,当学生提出与教材不同的观点时,老师可以引导学生进行深入讨论,鼓励他们用证据支持自己的观点。

在课堂讨论中,学生小李提出了一个与传统观点不同的看法,老师没有立即否定他,而是鼓励他详细阐述自己的观点,并引导其他学生一起讨论。这种尊重学生个性差异的教学方式,激发了学生的思考和创新能力。

(二)个性化评价与反馈

教师在评价学生时,不能仅仅以考试成绩为标准,而要综合考虑学生的学习过程、努力程度、个性特长等方面。给予学生个性化的评价和反馈,让学生了解自己的优势和不足,明确自己的发展方向。

老师在评价学生的作文时,不仅关注语言表达和结构逻辑,还注重学生的独特视角和创意。对于有创意的作文,老师会给予特别的表扬和鼓励,并提出针对性的改进建议,帮助学生进一步发展自己的写作风格。

(三)引导学生自我认知

教师可以通过开展主题班会、心理辅导等活动,帮助学生了解自己的兴趣爱好、优势和不足,引导学生进行自我认知。让学生明白自己的个性特点,从而更好地发挥自己的优势,弥补自己的不足。在主题班会上,老师组织学生进行自我认知的活动。学生们通过填写自我评估问卷、与同学交流等方式,了解自己的兴趣爱好和优点缺点。老师根据学生的自我评估结果,给予个性化的指导和建议,帮助学生制订个人发展计划。

三、家庭方面

(一)营造宽松的家庭氛围

家长要为孩子营造一个宽松、民主的家庭氛围,尊重孩子的选择和决定。不要过分强调考试成绩,而是关注孩子的全面发展和个性成长。例如,当孩子对某个兴趣爱好表现出浓厚的兴趣时,家长可以给予支持和鼓励,为孩子提供必要的学习资源和条件。

(二)培养孩子的独立思考能力

家长在日常生活中要鼓励孩子独立思考,提出自己的观点和想法。不要轻易给出答案,而是引导孩子通过自己的思考和探索找到解决问题的方法。例如,当孩子遇到学习上的问题时,家长可以与孩子一起讨论,启发孩子的思维,培养他们的独立思考能力。

(三)支持孩子参加课外活动

家长要支持孩子参加各种课外活动,如体育比赛、艺术表演、社会实践等。这些活动可以让孩子在实践中锻炼自己的能力,发展个性特长,丰富人生阅历。

四、学生自身方面

(一)积极探索兴趣爱好

学生要主动探索自己的兴趣爱好,利用课余时间参加各种兴趣小组或社团活动。通过尝试不同的活动,发现自己的特长和潜力,为个性发展找到方向。小张在课余时间参加了学校的摄影社团,通过学习摄影技术和参加摄影比赛,他发现自己对摄影有着浓厚的兴趣。于是,他利用业余时间不断学习和实践,提高自己的摄影水平,逐渐形成了自己的摄影风格。

(二)学会自主学习

在应试教育环境下,学生要学会自主学习,掌握适合自己的学习方法。不仅要完成老师布置的学习任务,还要主动拓展知识面,深入探究自己感兴趣的领域。例如,利用网络资源、图书馆书籍等进行自主学习,培养自己的独立思考能力和创新精神。小王在学习过程中非常注重自主学习,他会根据自己的学习情况制订学习计划,合理安排学习时间。同时,他还会利用网络课程、在线学习平台等资源,拓展自己的知识面,深入学习自己感兴趣的学科领域。

(三)培养良好的心理素质

学生要学会应对应试教育带来的压力,培养良好的心理素质。可以通过参加体育锻炼、心理辅导等方式，缓解压力，保持积极乐观的心态。同时，要学会正确看待考试成绩，不要过分追求高分，而是注重自己的成长和进步。小李在面对考试压力时，会通过跑步、听音乐等方式缓解压力。他也会积极参加学校组织的心理辅导活动，学习应对压力的方法和技巧。在学习过程中，他注重自己的进步和成长，不会因为一次考试成绩不理想而气馁，而是总结经验教训，继续努力。

第五节 如何在应试教育的环境下保持学生的学习兴趣

一、教师层面

（一）采用多样化教学方法

教师可以运用多种教学方法，如情景教学、案例教学、小组讨论、角色扮演等，让课堂变得生动有趣。例如，在语文课堂上讲解古诗词时，可以通过情景再现的方式，让学生扮演诗人，体会诗词中的意境和情感；在历史课堂上，可以运用案例分析的方法，让学生通过具体的历史事件理解历史发展的规律。一位历史老师在讲解"二战"历史时，采用了角色扮演的方式，让学生分别扮演不同国家的领导人，模拟"二战"时期的重要会议。学生们在这个过程中积极参与，对历史知识的理解更加深刻，同时也提高了学习兴趣。

（二）关注学生个体差异

教师要了解每个学生的学习特点、兴趣爱好和学习能力，因材施教。对于学习能力较强的学生，可以提供一些拓展性的学习任务；对于学习困难的学生，要给予更多的关心和帮助，找到适合他们的学习方法。例如，在数学教学中，对于擅长数学的学生，可以布置一些奥数题目让他们挑战；对于数学基础较弱的学生，教师可以进行个别辅导，帮助他们掌握基础知识。李老师在班级中注意到学生小王对物理非常感兴趣，于是在课后向他推荐了一些物理科普书籍和实验视频，并鼓励他参加物理竞赛。小王在老师的关注和鼓励下,对物理的学习兴趣更加浓厚。

（三）给予积极反馈和鼓励

教师要及时给予学生积极的反馈和鼓励，让学生感受到自己的努力和进步得到了认可。可以通过表扬、奖励等方式激励学生,增强他们的自信心和学习动力。例如,在课堂上表扬回答问题积极的学生,或者给作业完成优秀的学生颁发小奖品。张老师在批改作业时, 会写下一些鼓励的话语,如"你的作业完成得非常出色,继续加油！""你的思路很清晰,很棒！"等。学生们看到老师的评语后,学习积极性大大提高。

二、教学内容层面

（一）联系实际生活

将教学内容与实际生活联系起来, 让学生感受到知识的实用性和趣味性。例如,在化学课堂上,可以讲解生活中的化学现象,如为什么铁会生锈、为什么醋可以去除水垢等;在地理课堂上,可以让学生分析当地的自然环境和经济发展情况。一位地理老师在讲解气候类型时,让学生观察当地的天气变化,分析属于哪种气候类型。学生们通过这种方式,对地理知识有了更直观的认识,学习兴趣也大大提高。

（二）引入前沿知识

在教学中适当引入学科前沿知识和最新研究成果,激发学生的好奇心和求知欲。例如,在生物课堂上,可以介绍一些最新的生物技术和医学研究进展;在信息技术课堂上,可以展示一些前沿的科技应用,如人工智能、虚拟现实等。王老师在信息技术课上,向学生展示了人工智能在图像识别、语音处理等方面的应用,学生们对人工智能产生了浓厚的兴趣,纷纷表示想要深入了解这一领域的知识。

（三）丰富教学资源

教师可以利用多媒体资源,如图片、视频、音频等,丰富教学内容,提高学生的学习兴趣。例如,在英语课堂上,可以播放英语电影、歌曲等,让学生在轻松愉快的氛围高中习英语;在物理课堂上,可以通过实验视频展示物理现象,增强学生的直观感受。刘老师在物理课上,通过播放一段关于宇宙探索的视频,引出了本节课的主题——万有引力。学生们被视频中的壮观景象所吸引,对万有引力的学习充满了期待。

三、学生层面

(一)设定明确的学习目标

学生可以根据自己的实际情况,设定明确的学习目标,如提高某一学科的成绩、掌握某种技能等。有了目标,学生就会有努力的方向和动力,学习兴趣也会随之提高。例如,学生小李给自己设定了本学期数学成绩提高 20 分的目标,他为了实现这个目标,积极主动地学习数学,学习兴趣也越来越浓厚。小王想要参加英语演讲比赛,于是他给自己制订了详细的学习计划,每天练习英语口语和听力。在这个过程中,他的英语水平不断提高,对英语的学习兴趣也越来越大。

(二)培养自主学习能力

学生要学会自主学习,掌握适合自己的学习方法。可以通过阅读课外书籍、参加课外活动等方式拓宽知识面,提高学习能力。例如,学生可以利用课余时间阅读一些与学科相关的科普书籍、杂志等,或者参加学科竞赛、社团活动等。小张喜欢阅读科普书籍,他通过阅读《时间简史》《果壳中的宇宙》等书籍,对物理产生了浓厚的兴趣。同时,他还参加了学校的物理社团,在社团活动中与同学们一起进行物理实验和讨论,进一步提高了自己的物理水平。

(三)与同学合作学习

学生可以与同学组成学习小组,共同学习、互相交流、互相帮助。在合作学习的过程中,学生可以分享学习经验和方法,解决学习中遇到的问题,提高学习效率和兴趣。例如,在数学学习中,学生可以组成小组,一起讨论数学难题,互相讲解解题思路。小赵和几个同学组成了数学学习小组,他们每周都会一起讨论数学问题,分享学习心得。在这个过程中,他们不仅提高了数学成绩,还增进了彼此之间的友谊,学习兴趣也大大提高。

四、学校和家庭层面

(一)营造良好的学习氛围

学校和家庭要共同营造良好的学习氛围,为学生提供安静、舒适的学习环境。学校可以通过布置教室、举办学习活动等方式,营造积极向上的学习氛围;家庭可以为孩子提供独立的学习空间,鼓励孩子学习。某学校在教室里设置了图书角和学习园地,展示学生的优秀作品和学习成果。学生们在这样的环境高中习,积极性和兴趣都得到了提高。同时,家长也可以在家里为孩子布置一个温馨的学习角落,让孩子感受到学习的重要性。

(二)开展丰富多彩的课外活动

学校可以开展丰富多彩的课外活动,如科技节、文化艺术节、体育比赛等,让学生在活动中展示自己的才能,提高学习兴趣。例如,在科技节上,学生可以参加各种科技竞赛和展示活动,激发对科学技术的兴趣;在文化艺术节上,学生可以表演节目、展示艺术作品,提高对文化艺术的热爱。某学校举办了一场科技节,学生们积极参与机器人竞赛、科技创新作品展示等活动。在这个过程中,学生们不仅学到了很多科技知识,还提高了对学习的兴趣和热情。

(三)加强家校合作

学校和家庭要加强沟通与合作,共同关注学生的学习和成长。家长可以与老师保持密切联系,了解孩子的学习情况,配合老师做好教育工作。老师也可以向家长反馈学生的学习进步和问题,共同促进学生的发展。李老师定期与家长沟通学生的学习情况,家长也会积极配合老师的工作,关注孩子的学习进度。在老师和家长的共同努力下,学生的学习兴趣和成绩都有了明显提高。

第六节　应试教育与素质教育如何实现有机结合

一、教育理念层面

(一)树立正确的教育价值观

教育者、家长和社会各界都要认识到,应试教育和素质教育并非对立关系,而是可以相互融合、相互促进的。应试教育在一定程度上能够检验学生对知识的掌握程度,而素质教育则注重培养学生的综合素养和创新能力。树立正确的教育价值观,既要关注学生的学业成绩,也要重视学生的品德、思维、实践等方面的发展。例如,学校可以通过举办教育讲座、家长学校等活动,向教师、家长和学生传达正确的教育价值观,让大家明白素质教育和应试教育结合的重要性。

(二)强调全面发展的教育目标

明确教育的目标是培养全面发展的人,既要让学生在学术上取得优异成绩,又要注重培养学生的社会责任感、创新精神、实践能力等综合素质。在制定教育目标时,要兼顾应试教育和素质教育的要求,使学生在知识学习的同时,能够发展自己的个性和特长,提高综合能力。一所高中在制定教育目标时,明确提出要培养学生的"学术素养、创新能力、社会责任感、健康体魄和审美情趣",将应试教育和素质教育的目标有机融合在一起。

二、教学实践层面

(一)优化课程设置

在课程设置上,既要保证应试教育所需的基础学科课程,又要增加素质教育的特色课程。例如,开设艺术、体育、科技实践等课程,丰富学生的学习体验,培养学生的兴趣爱好和特长。同时,将素质教育的内容融入基础学科课程中,如在语文教学中注重培养学生的阅读能力、表达能力和审美能力,在数学教学中培养学生的逻辑思维和创新思维。

(二)改进教学方法

采用多样化的教学方法,既满足应试教育对知识传授的要求,又能激发学生的学习兴趣和主动性,培养学生的综合素质。例如,运用探究式教学、合作学习、情境教学等方法,让学生在自主探究和合作交流中学习知识,提高能力。同时,利用现代教育技术,如多媒体教学、在线学习平台等,丰富教学资源,提高教学效果。一位数学老师在教学中采用项目式学习的方法,让学生以小组为单位,通过调查、分析和解决实际问题,学习数学知识。在这个过程中,学生不仅掌握了数学知识和技能,还提高了团队合作能力、沟通能力和问题解决能力。

（三）完善评价体系

建立多元化的评价体系，既考查学生的学业成绩，又关注学生的综合素质发展。评价方式可以包括考试、作业、课堂表现、实践活动、作品展示等多种形式。同时，评价标准要体现素质教育的要求，如创新能力、实践能力、社会责任感等。通过完善评价体系，引导学生全面发展，促进应试教育和素质教育的有机结合。某高中在评价学生时，除了期末考试成绩外，还会考虑学生的平时作业完成情况、课堂参与度、社会实践活动表现等因素。同时，学校还设立了"创新之星""实践能手""品德标兵"等荣誉称号，鼓励学生在综合素质方面发展。

三、教师素养层面

（一）提升教师专业能力

教师要不断提升自己的专业知识和教学能力，既能够熟练掌握应试教育的教学方法和技巧，又能有效地开展素质教育。教师可以通过参加培训、教研活动、学术交流等方式，不断更新教育理念和教学方法，提高自己的教育教学水平。学校组织教师参加"素质教育与应试教育融合"的专题培训，邀请教育专家举办讲座和指导。教师们通过培训，学习了新的教学方法和理念，提高了自己在素质教育和应试教育方面的教学能力。

（二）培养教师的综合素质

教师不仅要有扎实的学科知识，还要具备良好的品德修养、创新精神、实践能力等综合素质。学校可以通过开展师德师风建设、教师读书活动、教师社团活动等方式，培养教师的综合素质，为学生树立榜样。一所学校开展了教师读书活动，鼓励教师阅读教育经典著作、文学作品、科普书籍等，提高教师的文化素养和综合素质。同时，学校还组织教师参加志愿者活动、社会实践活动等，培养教师的社会责任感和实践能力。

四、社会环境层面

（一）转变社会观念

社会各界要转变对教育的片面认识，不再单纯以考试成绩和升学率来评价学校和学生。要认识到素质教育对学生未来发展的重要性,营造有利于素质教育和应试教育有机结合的社会氛围。媒体可以通过宣传素质教育的成功案例、优秀学生的综合素质表现等方式,引导社会观念的转变。媒体报道了一位在科技创新方面取得优异成绩的高中生,他不仅在学科竞赛中获奖,还拥有多项发明专利。这样的报道可以让社会各界看到素质教育的成果,从而转变对教育的片面认识。

(二)加强教育资源投入

政府和社会要加大对教育的投入,为学校提供更多的教育资源,支持学校开展素质教育活动。例如,建设现代化的实验室、图书馆、艺术场馆等,为学生提供良好的学习环境。同时,鼓励企业、社会组织等参与教育,为学校提供实践基地、师资培训等支持。

应试教育与素质教育的有机结合需要教育理念、教学实践、教师素养和社会环境等多方面的共同努力。只有这样,才能培养出既具有扎实的学术基础,又具备创新精神、实践能力和社会责任感的全面发展的人才。

第十二章 国外高中教育现状

第一节 教育理念

一、个性化发展

国外高中教育普遍强调尊重学生的个性差异，注重培养学生的独特兴趣和才能。学校和教师会根据学生的不同特点和需求，提供个性化的教育方案。例如，在一些国家，学生可以根据自己的兴趣选择特定的课程或学习项目，如艺术、音乐、体育、科技等领域的专业课程。以美国为例，高中阶段就有丰富的选修课程供学生选择，学生可以根据自己的未来职业规划或兴趣爱好来定制自己的学习路径。这种个性化的教育有助于学生充分发挥自己的优势，培养他们的自信心和独立思考能力。

二、全人教育

强调学生的全面发展，不仅注重学术成绩，还重视学生的品德、社交能力、情感健康和身体素质等方面的培养。学校会通过各种课程和活动来促进学生的综合素质提升。例如，很多国外高中都设有品德教育课程、社会实践活动、体育俱乐部等，让学生在不同的领域得到锻炼和发展。在英国的高中教育中，除了学术课程外，还非常注重学生的体育活动和艺术培养。学校会组织各种体育比赛和艺术表演，鼓励学生积极参与，培养他们的团队合作精神、创造力和审美能力。

第二节 教学方法

一、探究式学习

鼓励学生主动探索和发现知识,而不是单纯地接受教师的灌输。教师通常会提出问题或设置情境,引导学生通过自主研究、实验、讨论等方式来寻找答案。这种教学方法有助于培养学生的批判性思维、问题解决能力和自主学习能力。

比如在德国的高中课堂上,教师可能会让学生分组研究一个历史事件或科学现象,学生需要自己收集资料、分析问题、提出观点,并在课堂上进行展示和讨论。通过这种方式,学生不仅学到了知识,还提高了自己的研究能力和表达能力。

二、项目式学习

以项目为载体,让学生在完成项目的过程中学习和应用知识。学生通常需要组成小组,共同制订项目计划、分工合作、解决问题,最终完成项目任务。这种教学方法可以培养学生的团队合作能力、实践能力和创新能力。澳大利亚的一些高中经常开展项目式学习活动,如让学生设计并制作一个环保装置、组织一场社区活动等。学生在项目实施的过程中,需要运用多学科知识,与同学协作,面对各种挑战,从而提高自己的综合素质。

第三节 课程设置

一、多元化课程

国外高中的课程种类丰富多样,除了传统的学术课程外,还包括艺术、音乐、体育、技术、职业教育等课程。学生可以根据自己的兴趣和未来发展方向选择适合自己的课程。例如,在加拿大的高中,学生可以选择学习烹饪、木工、汽车维修等职业技能课程,为未来的职业发展做好准备。这种多元化的课程设置可以满足不同学生的需求,让学生在学习中找到自己的兴趣点,激发他们的学习热情。同时,也有助于培养学生的综合素养,为他们的未来发展提供更多的选择。

二、国际课程

许多国外高中开设国际课程,如国际文凭课程(IB)、剑桥国际课程(A-Level)等。这些课程具有国际化的教学标准和评价体系,注重培养学生的国际视野和跨文化交流能力。学生通过学习这些课程,可以更好地适应全球化的发展趋势,为将来进入国际大学深造打下基础。例如,在新加坡的一些高中,学生可以选择学习 IB 课程,该课程涵盖了语言、数学、科学、人文、艺术等多个领域,要求学生进行独立研究、社区服务等活动,培养学生的综合素质和全球意识。

第四节 评价体系

一、综合评价

国外高中的评价体系通常较为综合,不仅考虑学生的考试成绩,还会考虑学生的课堂表现、作业完成情况、项目参与度、社会实践等方面。评价方式多样,包括教师评价、学生自评、同学互评等。例如,在瑞典的高中,学生的成绩不仅仅取决于期末考试,还包括平时的课堂表现、小组作业、项目报告等。教师会根据学生的整体表现给出综合评价,这种评价方式更加全面地反映了学生的学习能力和综合素质。这种综合评价体系有助于鼓励学生积极参与各种学习活动,培养他们的团队合作精神、沟通能力和自我管理能力。

二、过程性评价

注重学生的学习过程,而不是仅仅关注结果。教师会在教学过程中及时给予学生反馈,帮助学生发现自己的问题和不足,及时调整学习策略。例如,在芬兰的高中,教师会定期与学生进行一对一的谈话,了解学生的学习进展和困难,给予个性化的指导和建议。这种过程性评价可以让学生更加清楚地了解自己的学习情况,提高学习的针对性和有效性。

第五节 师资队伍

一、高素质教师

国外高中通常要求教师具备较高的学历和专业素养。教师不仅要掌握扎实的学科知识,还要具备良好的教育教学能力和沟通能力。许多国家的高中教师都需要经过严格的选拔和培训,才能上岗任教。例如,在日本,高中教师一般都拥有硕士以上学历,并且需要通过国家教师资格考试和地方教育局的面试。教师在入职后还会接受定期的培训和专业发展活动,以不断提高自己的教学水平。高素质的教师队伍可以为学生提供高质量的教育服务,激发学生的学习兴趣,引导学生健康成长。

二、教师自主权

国外高中教师通常具有较大的教学自主权,可以根据学生的实际情况和自己的教学经验,选择合适的教学方法和教材。教师还可以参与学校的课程设计和教学管理,为学校的发展提出建议和意见。例如,在德国的高中,教师可以根据自己的专业特长和教学风格,设计个性化的教学方案。学校也会鼓励教师进行教学创新和实践,为教师提供相应的支持和资源。教师的自主权可以充分发挥教师的专业优势和创造力,提高教学质量和效果。同时,也有助于增强教师的职业认同感和责任感,促进教师的专业发展。

第六节 借鉴国外先进教育方法

一、探究式学习

(一)激发主动学习

在这种学习模式下,学生围绕一个问题或主题自主地去探索、研究。例如,美国的高中课堂上,老师会提出"你会推荐你的外地朋友去城镇的小溪玩吗"这样与生活息息相关的问题,引导学生通过查阅资料、实地实验、小组讨论等方式寻找答案。这能极大地激发学生的好奇心和求知欲,让他们从被动接受知识转变为主动探索知识,培养学生独立思考和解决问题的能力。国内可以在课程中增加探究式学习的环节,鼓励学生提出问题、分析问题并解决问题,提高学生学习的积极性和主动性。

(二)理论与实践结合

探究式学习强调将所学知识与实际生活相结合,让学生在实践中理解和应用知识。比如学生在探究溪水质量的过程中,需要运用科学知识进行实验、测量和分析,这样不仅能加深对知识的理解,还能提高知识的运用能力。国内教育可以加强课程与实际生活的联系,开展实验课程、实地调研等活动,让学生在实践中学习。

二、项目式学习

(一)培养综合能力

学生在完成一个项目的过程中,需要综合运用多学科的知识和技能,包括计划制订、团队协作、沟通表达、时间管理等。例如,在制作一个物理乐器的项目中,学生不仅要运用物理知识理解乐器的发声原理,还要具备动手能力将其制作出来,同时需要与团队成员沟通协作,共同完成项目。国内学校可以引入项目式学习,让学生在完成项目的过程中,提高综合素养和实践能力。

(二)强调学生主体地位

项目式学习以学生为中心,学生在项目的选择、计划的制订和实施过程中拥有很大的自主权和话语权,可以根据自己的兴趣和能力选择项目,并自主地进行探究和学习。这有助于培养学生的创新精神和自主学习能力。国内教育可以适当减少教师的主导作用,给予学生更多的自主空间,让学生成为学习的主人。

三、个性化教学

(一)关注个体差异

国外高中注重关注每个学生的特点和需求,采用小班化教学,教师可以更好地了解每个学生的学习情况和个性特点,为学生提供个性化的指导和支持。例如,英国的阿博茨霍尔姆学校,师生比维持在一个稳定的小范围内,教师能够针对每名学生的特点开展个性化教学。国内可以适当缩小班级规模,让教师有更多的精力关注每个学生的发展,根据学生的不同情况制订个性化的教学计划。

(二)挖掘学生潜力

尊重学生的兴趣和特长,鼓励学生在自己擅长的领域深入学习和发展。国外高中提供丰富多样的课程和活动,让学生有更多的选择机会,发现自己的兴趣点和潜力所在。比如,新加坡的高中除了必修课程外,还开设了美术特选课程、音乐特选课程等多种选修课程。国内学校可以进一步丰富课程体系,增加选修课程的种类和数量,为学生提供更多的发展空间,挖掘学生的潜力。

四、体验式教学

(一)社会实践活动

国外高中非常重视学生的社会实践活动,鼓励学生参与社区服务、义工活动、实习等,让学生在实践中了解社会、锻炼自己。例如,美国的学生在暑假会参加社会义工、打工等活动,加拿大的学生也会参与社区活动、环保活动等。国内可以加强学生与社会的联系,增加社会实践活动的机会,培养学生的社会责任感和实践能力。

(二)户外教育

开展户外教育活动,如野外生存训练、实地考察等,让学生在自然环境高中习和成长。这种教学方式可以培养学生的团队合作精神、生存技能和环保意识。例如,澳大利亚的高中假期会组织学生参加野营、户外探险等活动。国内可以适当开展户外教育课程和活动,让学生在亲近自然的过程高中习和锻炼。

五、多元化评价体系

(一)综合评价

国外高中的评价体系不仅仅关注学生的考试成绩,还包括课堂表现、作业完成情况、项目参与度、社会实践等多个方面。例如,法国的高中在评价学生时,会考虑学生在博物馆参观学习、参加公益活动等方面的表现。国内可以建立多元化的评价体系,全面评价学生的学习成果和综合素质,避免单一的考试评价方式对学生造成的压力。

(二)过程性评价

注重对学生学习过程的评价,及时给予学生反馈和指导,帮助学生发现自己的问题和不足,促进学生的学习和成长。例如,德国的高中教师会定期与学生进行交流,了解学生的学习进展,并给予个性化的建议。国内教育可以加强过程性评价,关注学生的学习过程,及时调整教学策略,提高教学效果。

第十三章 高中教育前瞻

高中教育作为基础教育的重要阶段，对学生的成长和发展起着至关重要的作用。在当今快速发展的时代，高中教育也面临着诸多挑战和机遇。展望未来，高中教育有望在以下几个方面展现出前瞻性的发展趋势。

一、个性化教育

随着科技的不断进步，个性化教育将成为高中教育的重要发展方向。通过大数据分析和人工智能技术，学校可以更好地了解每个学生的学习特点、兴趣爱好和优势劣势，为学生量身定制个性化的学习计划。例如，智能学习平台可以根据学生的学习进度和能力水平，为学生推荐适合的学习资源和练习题，帮助学生更高效地学习。同时，教师也可以根据学生的个性特点，采用不同的教学方法和策略，满足学生的多样化需求。

二、跨学科教育

未来的高中教育将更加注重跨学科教育，打破学科之间的界限，培养学生的综合素养和创新能力。跨学科教育可以让学生从不同的角度思考问题，拓宽学生的视野，提高学生的解决问题的能力。例如，将科学、技术、工程、数学(STEM)教育与艺术、人文等学科相结合，开展项目式学习和探究式学习，让学生在实践中学习和应用多学科知识。此外，跨学科教育还可以促进学科之间的融合和创新，为学生的未来发展打下坚实的基础。

三、创新教育

创新是未来社会发展的核心动力，高中教育也将更加注重培养学生的创新精神和实践能力。学校可以通过开设创新课程、举办科技创新活动、建立创新实验室等方式，激发学生的创新热情和创造力。例如，开展机器人编程、3D 打印、虚拟现实等科技创新课程，让学生在实践中学习和掌握创新技术;举办科技创新大赛、创业挑战赛等活动,为学生提供展示创新成果的平台;建立创新实验室,为学生提供创新实践的场所和设备。

四、国际化教育

随着全球化的加速发展,国际化教育将成为高中教育的重要组成部分。学校可以通过开展国际交流与合作、引进国际课程、培养国际化人才等方式,提高学生的国际视野和跨文化交流能力。例如,与国外学校建立友好关系,开展师生互访、联合办学等活动,让学生了解不同国家的文化和教育;引进国际课程,如国际文凭课程(IB)、剑桥国际课程(A-Level)等,为学生提供国际化的教育资源;培养国际化人才,让学生具备全球视野、跨文化交流能力和国际竞争力。

五、素质教育

素质教育将继续成为高中教育的核心目标,注重培养学生的综合素质和社会责任感。学校可以通过开展品德教育、心理健康教育、社会实践等活动,提高学生的品德修养、心理素质和社会适应能力。例如,开展志愿服务、社区服务等社会实践活动,让学生了解社会、关心他人、增强社会责任感;开展心理健康教育课程和活动,关注学生的心理健康,提高学生的心理素质和应对压力的能力。

六、教育科技融合

教育科技的融合将为高中教育带来新的变革和机遇。学校可以利用互联网、大数据、人工智能、虚拟现实等技术,创新教学模式和方法,提高教学质量和效率。例如,开展在线教学、混合式教学等新型教学模式,让学生随时随地进行学习;利用大数据分析学生的学习行为和成绩,为教师提供教学反馈和建议;利用人工智能技术开展智能辅导和个性化学习,为学生提供更加精准的学习支持。

未来的高中教育将更加注重个性化、跨学科、创新、国际化、素质教育和教育科技融合等方面的发展,为学生的成长和发展提供更加优质的教育服务。

第十四章 高中教育的挑战与机遇

高中阶段是学生成长和发展的关键时期，也是教育面临诸多挑战与机遇的阶段。

一、挑战

(一)应试教育压力

高考作为选拔性考试，给学生、家长和学校带来了巨大的压力。为了在高考中取得好成绩，学生往往需要投入大量的时间和精力进行应试训练，这可能导致学生的学习负担过重，影响身心健康。同时，应试教育模式可能会限制学生的思维发展和创新能力的培养，使学生缺乏对知识的深入理解和应用能力。例如，一些学生为了应对高考，每天花费大量时间背诵知识点、做大量的练习题，缺乏对知识的真正理解和探索。这种应试教育模式可能会让学生在进入大学后感到不适应，缺乏自主学习和创新能力。

(二)学生个体差异大

高中学生在学习能力、兴趣爱好、性格特点等方面存在较大的个体差异。然而，传统的班级授课制往往难以满足每个学生的个性化需求，导致部分学生在学习过程中感到困难或无法充分发挥自己的潜力。此外，学生的家庭背景、社会环境等因素也会对他们的学习和发展产生影响，增加了教育的复杂性和难度。比如，有些学生在数学方面有较高的天赋，但在语文学习上却存在困难；有些学生来自贫困家庭，可能缺乏良好的学习资源和支持。教育者需要面对这些个体差异，寻找有效的教育方法和策略。

(三)师资队伍建设

优秀的师资队伍是高中教育质量的重要保障。然而，目前高中教师面临着工作压力大、职业发展空间有限、待遇不高等问题，这可能导致教师队伍的不稳定和优秀教师的流失。此外,随着教育改革的不断推进,教师需要不断更新教育理念和教学方法,提高自身的专业素养和教育教学能力,这也给教师带来了新的挑战。例如,一些高中教师每天需要上多节课,还要批改大量的作业和试卷,工作压力很大。同时,一些教师可能缺乏参加培训和学习的机会,难以适应新的教育教学要求。

（四）教育资源不均衡

由于地区经济发展水平的差异,高中教育资源在城乡之间、不同地区之间存在着不均衡的现象。一些贫困地区和农村地区的高中学校可能缺乏优质的师资、教学设施和教育资源,这严重影响了当地学生的学习和发展。此外,一些重点高中和普通高中之间也存在着资源差距,导致教育不公平的问题。比如,一些农村地区的高中学校可能没有现代化的实验室、图书馆和多媒体教室,学生无法享受到优质的教育资源。而一些重点高中则拥有丰富的教育资源和优秀的师资队伍,吸引了大量的优秀学生。

二、机遇

（一）教育改革与创新

随着社会的发展和进步,教育改革与创新成为必然趋势。高中教育也在不断探索新的教育模式、教学方法和评价体系,以适应时代的需求。例如,新高考改革强调综合素质评价、选课走班制等,为学生提供了更多的选择和发展空间。同时,教育信息化的发展也为高中教育带来了新的机遇,如在线教育、智慧课堂等新型教育模式的出现,为学生提供了更加丰富的学习资源和个性化的学习体验。例如,一些学校利用在线教育平台,为学生提供优质的课程资源和辅导服务,让学生可以随时随地进行学习。同时,智慧课堂的应用也让教学更加生动、高效,提高了学生的学习兴趣和参与度。

（二）社会需求多元化

当今社会对人才的需求呈现出多元化的趋势,不再仅仅看重学生的学术成绩,更注重学生的综合素质和创新能力。这为高中教育提供了新的机遇,学校可以根据社会需求,调整教育目标和课程设置,培养具有创新精神、实践能力和社会责任感的高素质人才。例如,开设职业技能课程等,为学生的未来发展做好准备。比如,一些高中学校与企业合作,开设职业技能培训课程,让学生了解不同职业的需求和发展前景,为学生的未来职业规划提供指导。同时,学校也可以鼓励学生参加科技创新比赛、社会实践活动等,培养学生的创新能力和社会责任感。

(三)国际交流与合作

随着全球化的加速发展,国际交流与合作日益频繁。高中教育也可以借助这一机遇,开展国际交流与合作项目,拓宽学生的国际视野,培养学生的跨文化交流能力和全球竞争力。例如,学校可以组织学生参加国际交流活动、留学项目等,让学生了解不同国家的文化和教育体系,学习先进的教育理念和教学方法。

三、科技发展助力教育

在当今时代,科技的飞速发展为教育带来了前所未有的机遇和变革。科技与教育的深度融合,正重塑着教育的形态,为培养适应未来社会发展的人才提供了强大的助力。

(一)科技为教育带来的机遇

1.丰富的教学资源

(1)互联网的普及使得海量的教育资源触手可及。学生可以通过在线课程平台、教育网站等获取来自世界各地的优质课程、学习资料和教学视频。例如,慕课(MOOC)平台汇聚了众多高校和知名教师的课程,学生可以根据自己的兴趣和需求进行选择学习。这打破了传统教育资源的地域限制,让每个学生都有机会接触到最优质的教育资源。

(2)数字图书馆为学生提供了丰富的电子书籍、学术期刊和研究报告等资源。学生可以随时随地进行阅读和研究,拓宽自己的知识面。同时,数字图书馆还可以通过智能推荐系统,根据学生的阅读历史和兴趣爱好为其推荐相关的书籍和资料,提高学生的学习效率。

(3)个性化学习体验,人工智能和大数据技术可以根据学生的学习数据和行为模式,为学生提供个性化的学习方案。例如,智能学习系统可以分析学生的学习进度、知识掌握程度和学习习惯等,为学生推荐适合的学习内容和学习方法。同时,系统还可以根据学生的反馈及时调整学习方案,确保学生能够高效地学习。虚拟现实(VR)和增强现实(AR)技术可以为学生创造沉浸式的学习体验。学生可以通过 VR/AR 设备进入虚拟的学习场景,如历史事件的再现、科学实验的模拟等,增强学习的趣味性和互动性。这种个性化的学习体验可以激发学生的学习兴趣,提高学习效果。

(4)高效的教学管理,教育管理系统可以实现教学过程的信息化管理,提高教学管理的效率和质量。教师可以通过系统进行课程安排、作业布置、考试管理等工作,学生可以通过系统提交作业、查看成绩和学习进度等。同时,系统还可以为学校管理者提供数据分析和决策支持,帮助他们更好地了解教学情况和学生需求,制定科学合理的教育政策。

在线教育平台可以为教师提供教学资源共享、教学交流和教学评价等服务。教师可以通过平台分享自己的教学经验和教学资源,与其他教师进行交流和合作,提高自己的教学水平。同时,学生和家长也可以通过平台对教师的教学进行评价和反馈,促进教师的教学改进。

(二)科技在教育中的应用

1.在线教育

在线教育打破了传统教育的时间和空间限制,让学生可以随时随地进行学习。在线课程平台提供了丰富的课程资源,涵盖了各个学科和领域。学生可以根据自己的需求和兴趣选择适合自己的课程进行学习。同时,在线教育还可以通过互动式教学、在线答疑等方式提高学生的学习效果。例如,一些在线英语学习平台采用了人工智能技术,为学生提供个性化的英语学习方案。学生可以通过平台进行听说读写的练习,系统会根据学生的练习情况进行智能评估和反馈,帮助学生提高英语水平。

2.智能教育软件

智能教育软件可以为学生提供个性化的学习辅导和练习。例如,智能题库软件可以根据学生的学习进度和知识掌握程度为学生生成个性化的练习题,帮助学生巩固所学知识。同时,智能辅导软件还可以为学生提供在线答疑、学习计划制订等服务,提高学生的学习效率。

一些智能教育软件还采用了游戏化的学习方式，将学习内容融入游戏中，让学生在玩游戏的过程中学习知识。这种学习方式可以激发学生的学习兴趣，提高学生的学习积极性。

3.虚拟现实和增强现实技术

虚拟现实和增强现实技术可以为学生创造沉浸式的学习体验。例如，在历史教学中，教师可以通过 VR/AR 技术让学生身临其境地感受历史事件的发生场景，增强学生的学习兴趣和记忆效果。在科学教学中，教师可以通过 VR/AR 技术让学生进行虚拟实验，提高学生的实践能力和创新思维。

一些企业和教育机构还开发了专门的 VR/AR 教育产品，如 VR 历史博物馆、AR 科学实验箱等。这些产品可以为学生提供更加丰富和生动的学习体验，提高学生的学习效果。

（三）科技发展助力教育面临的挑战

1.技术设备和网络条件的限制

科技发展助力教育需要一定的技术设备和网络条件支持。然而，在一些贫困地区和农村地区，学校可能缺乏必要的技术设备和网络条件，无法享受到科技发展带来的教育红利。此外，即使在一些发达地区，学校也可能面临着技术设备更新换代快、维护成本高等问题。

为了解决这些问题，政府和社会各界需要加大对教育信息化的投入，为学校提供必要的技术设备和网络条件支持。同时，学校也需要加强对技术设备的管理和维护，提高设备的使用效率和寿命。

2.教师信息技术素养的提升

科技发展助力教育需要教师具备一定的信息技术素养。然而，目前一些教师可能缺乏对信息技术的了解和应用能力，无法有效地将科技手段应用到教学中。此外，教师还需要不断学习和更新自己的信息技术知识和技能，以适应科技发展的变化。

为了提高教师的信息技术素养，学校可以组织教师参加信息技术培训和研修活动，为教师提供学习和交流的机会。同时，政府和教育部门也可以出台相关政策，鼓励教师积极应用信息技术进行教学改革和创新。

3.学生信息素养和自律能力的培养

科技发展助力教育也对学生的信息素养和自律能力提出了更高的要求。学生需要具备一定的信息检索、分析和评价能力,能够有效地利用网络资源进行学习。同时,学生还需要具备一定的自律能力,能够合理安排自己的学习时间,避免沉迷于网络和游戏。

为了培养学生的信息素养和自律能力,学校可以开设信息素养课程,培养学生的信息意识和信息能力。同时,家长也需要加强对孩子的监督和引导,帮助孩子养成良好的学习习惯和自律能力。

科技的飞速发展为教育带来了巨大的机遇和挑战。我们应该充分利用科技的优势,推动教育的改革和创新,为培养适应未来社会发展的人才做出贡献。同时,我们也需要正视科技发展带来的挑战,采取有效措施加以解决,确保科技发展助力教育的可持续发展。